INHALT

1 BEREICHE DER ARBEITSWELT

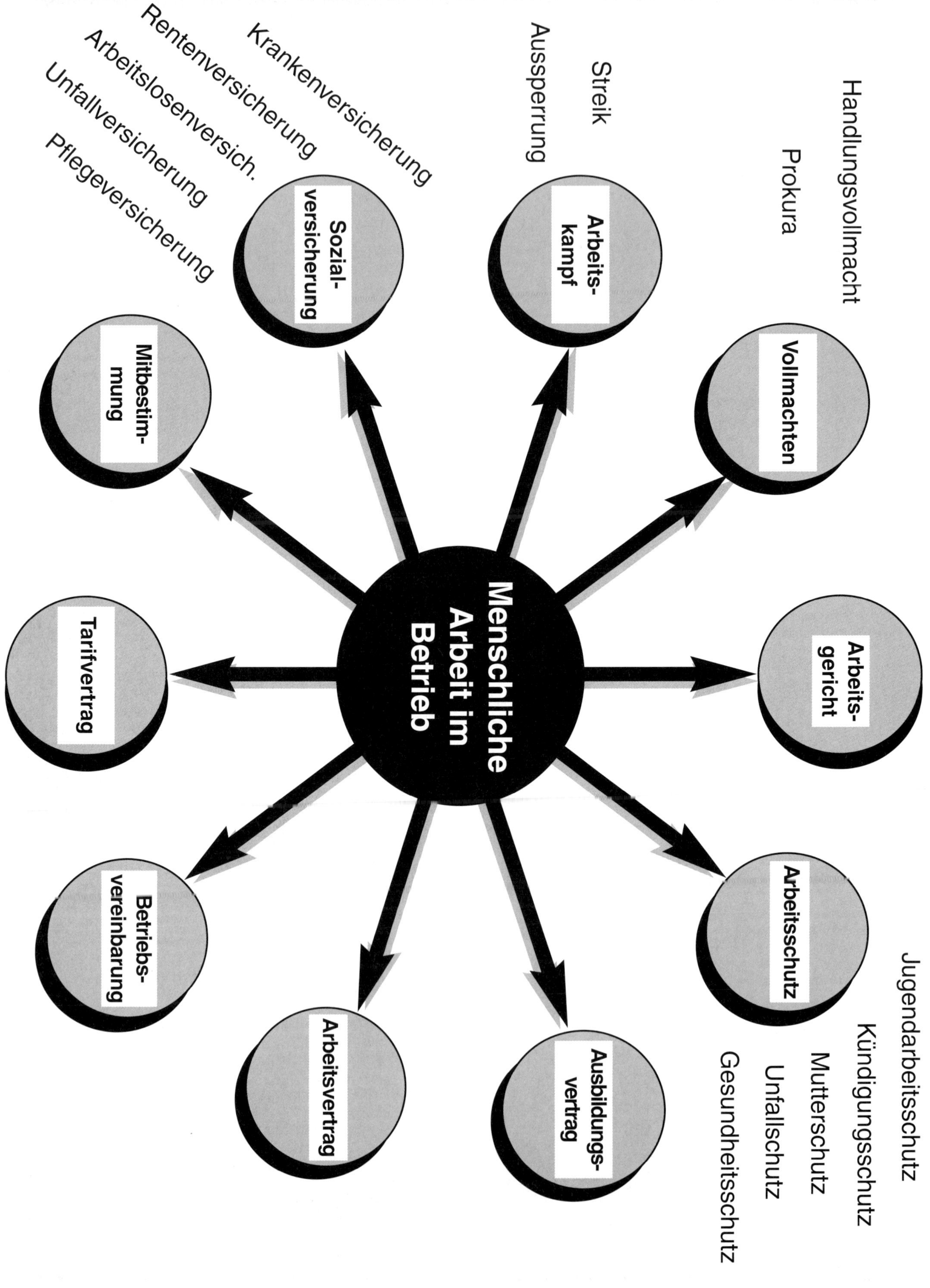

Bild (vgl. Farbfolie) Menschliche Arbeit im Betrieb: Bereiche der Arbeitswelt

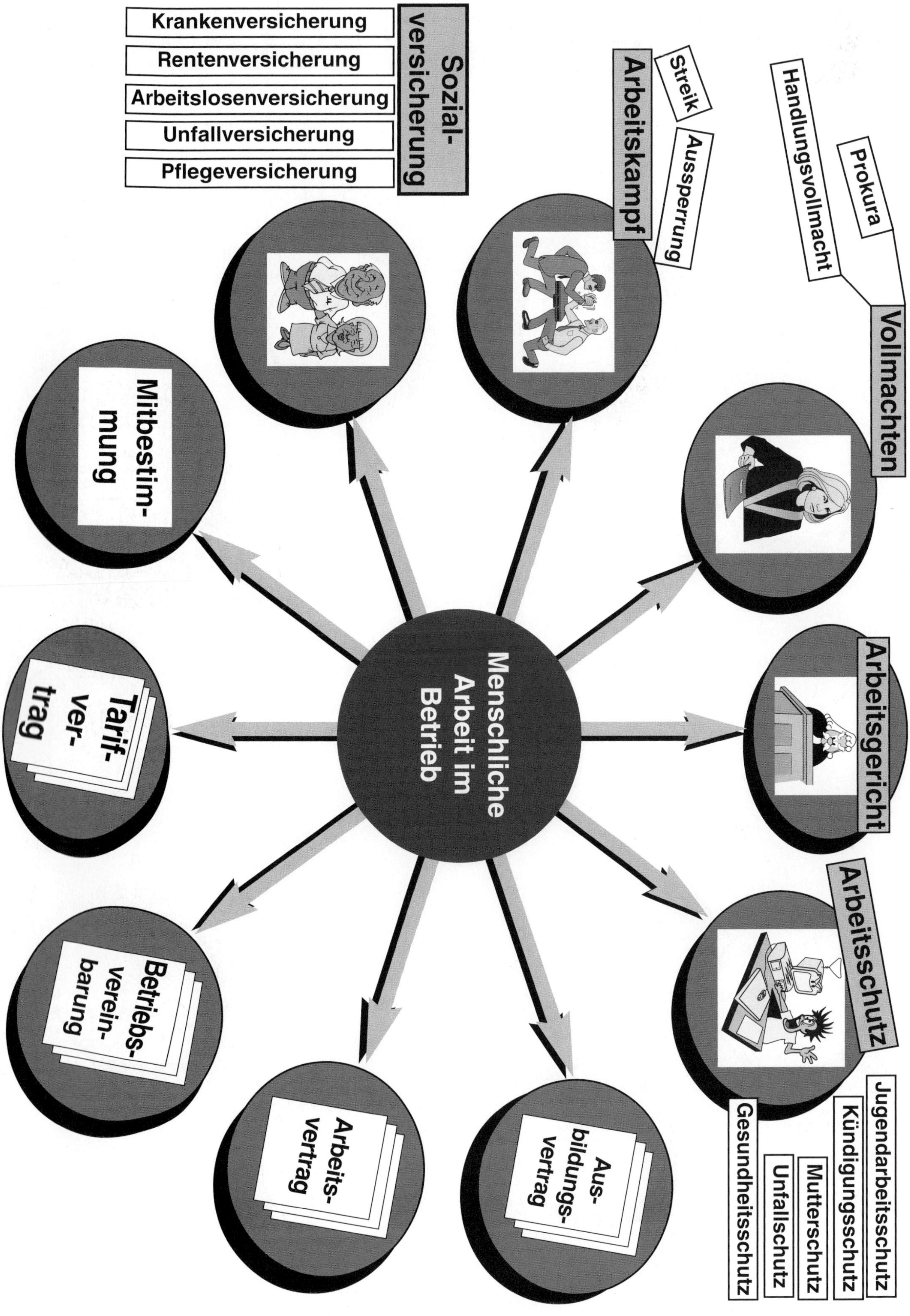

BEREICHE DER ARBEITSWELT

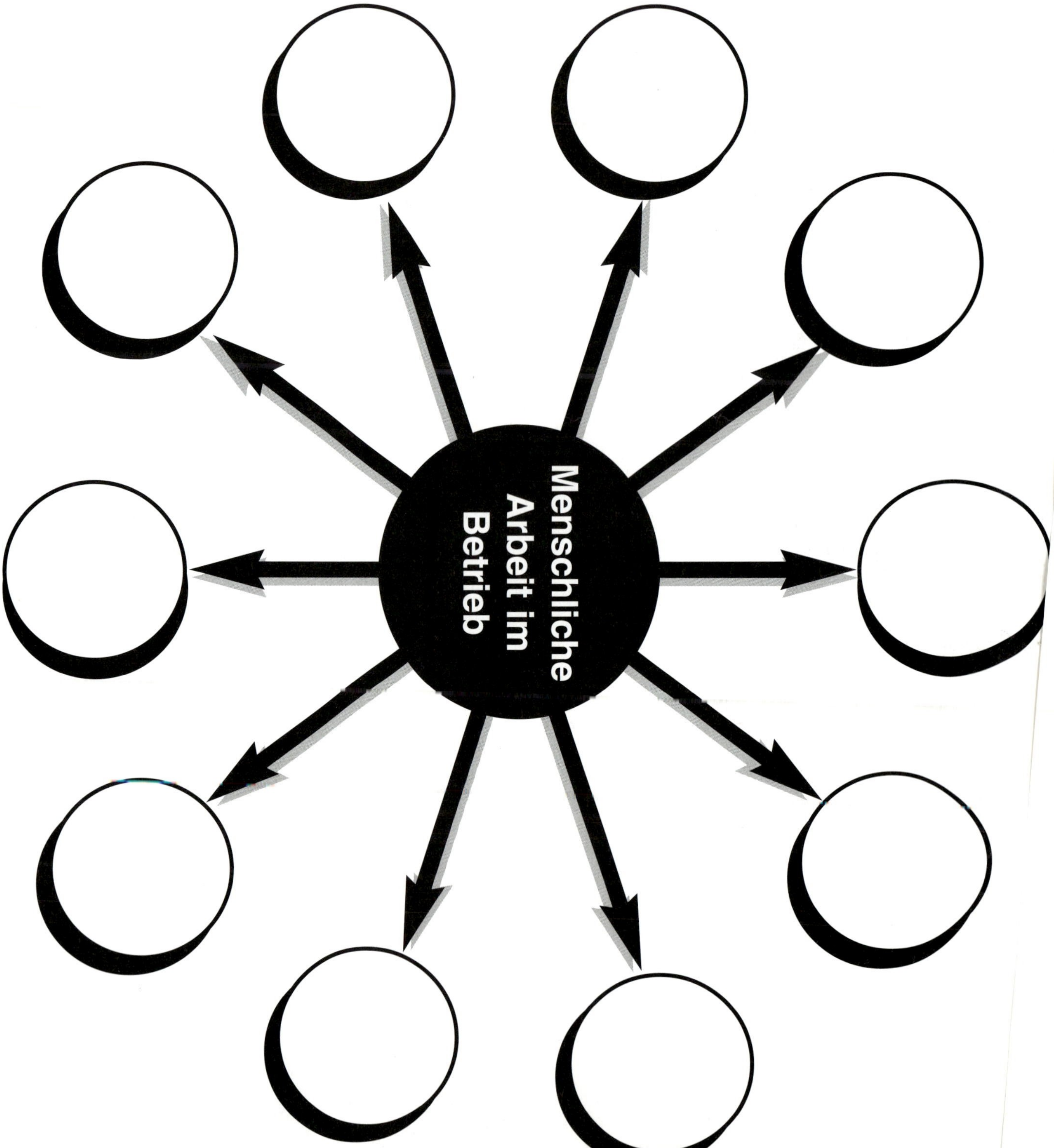

Kopiervorlage

Menschliche Arbeit im Betrieb: Bereiche der Arbeitswelt

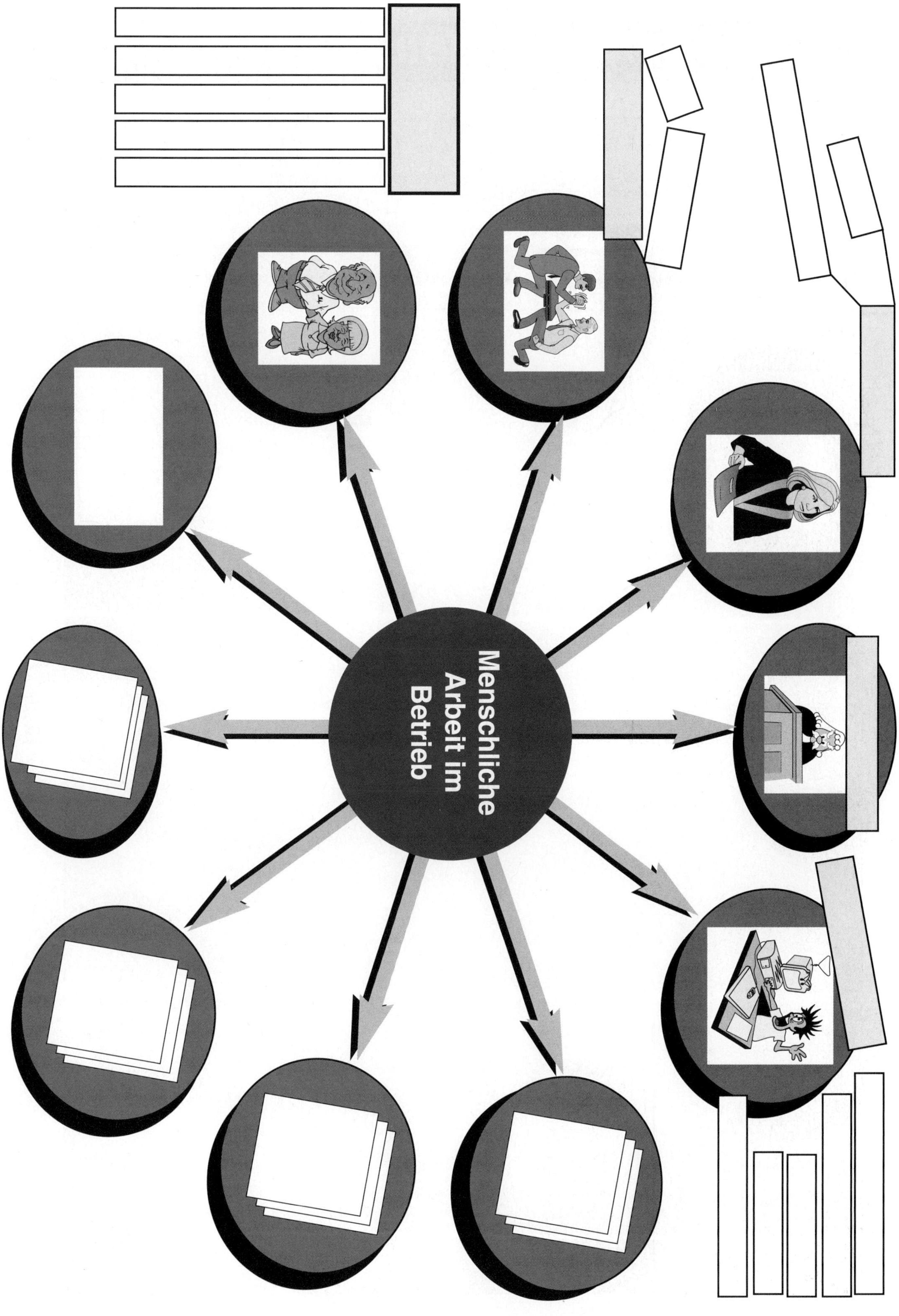

2 DER BERUFSAUSBILDUNGSVERTRAG

Tafelbild

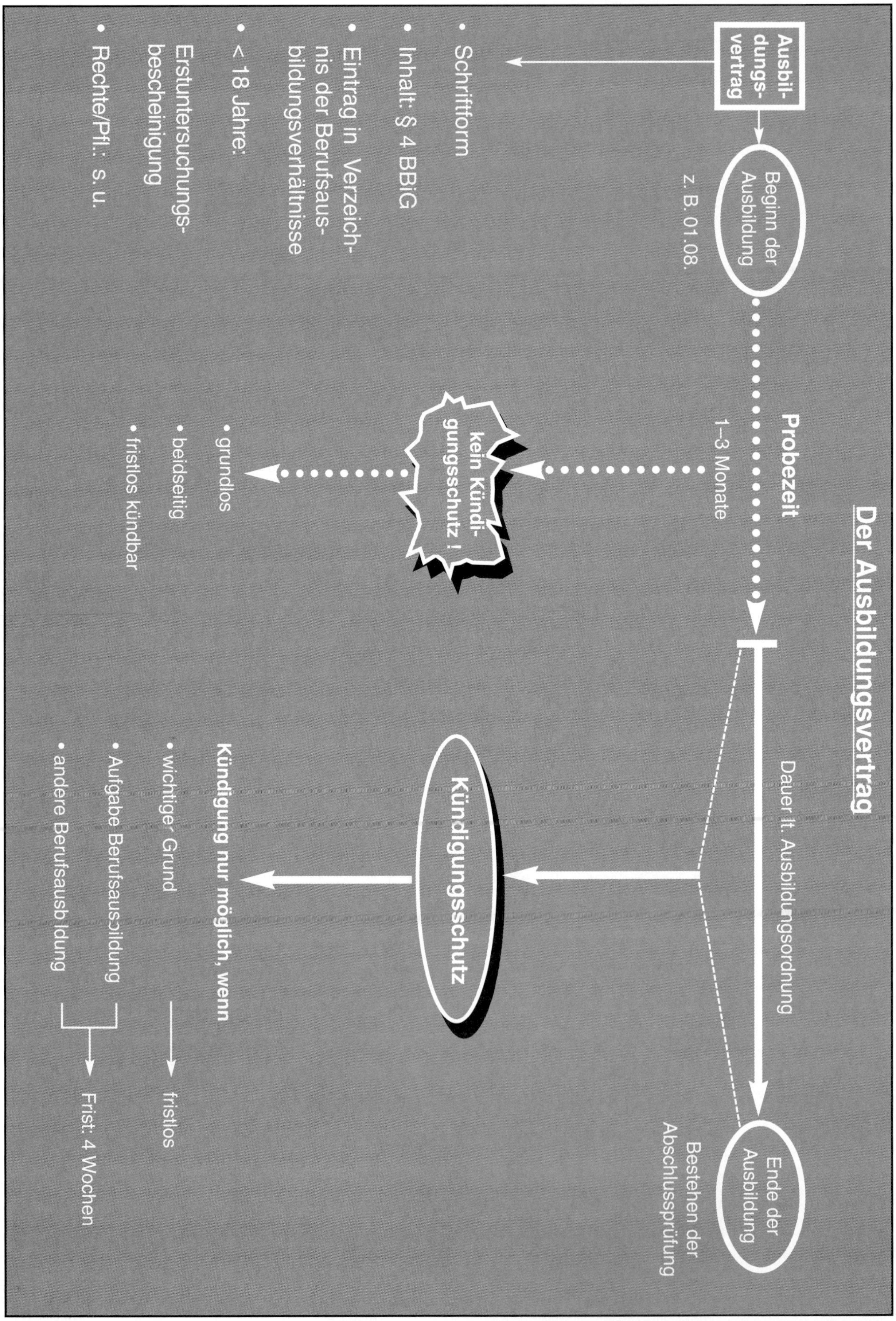

Der Berufsausbildungsvertrag

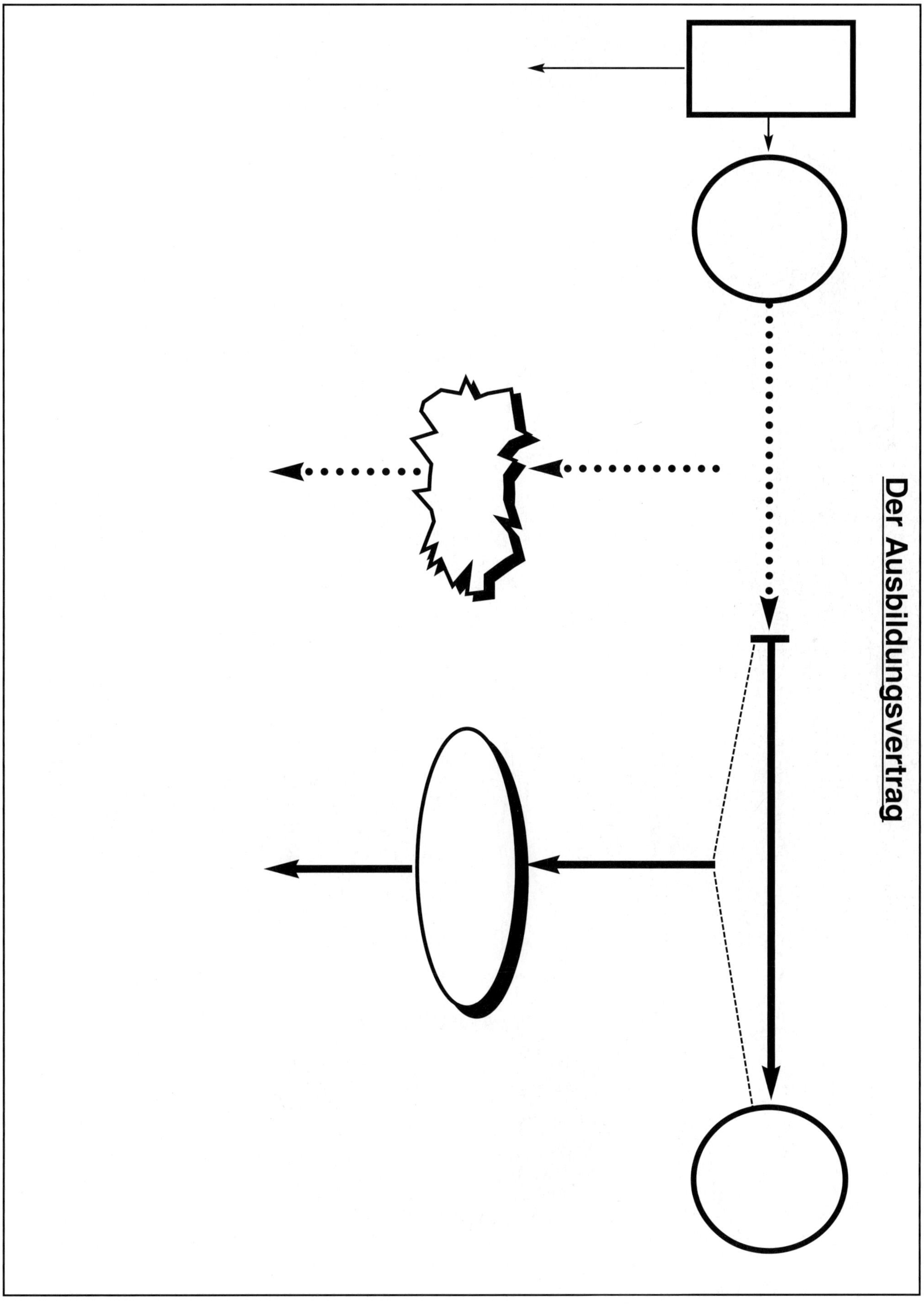

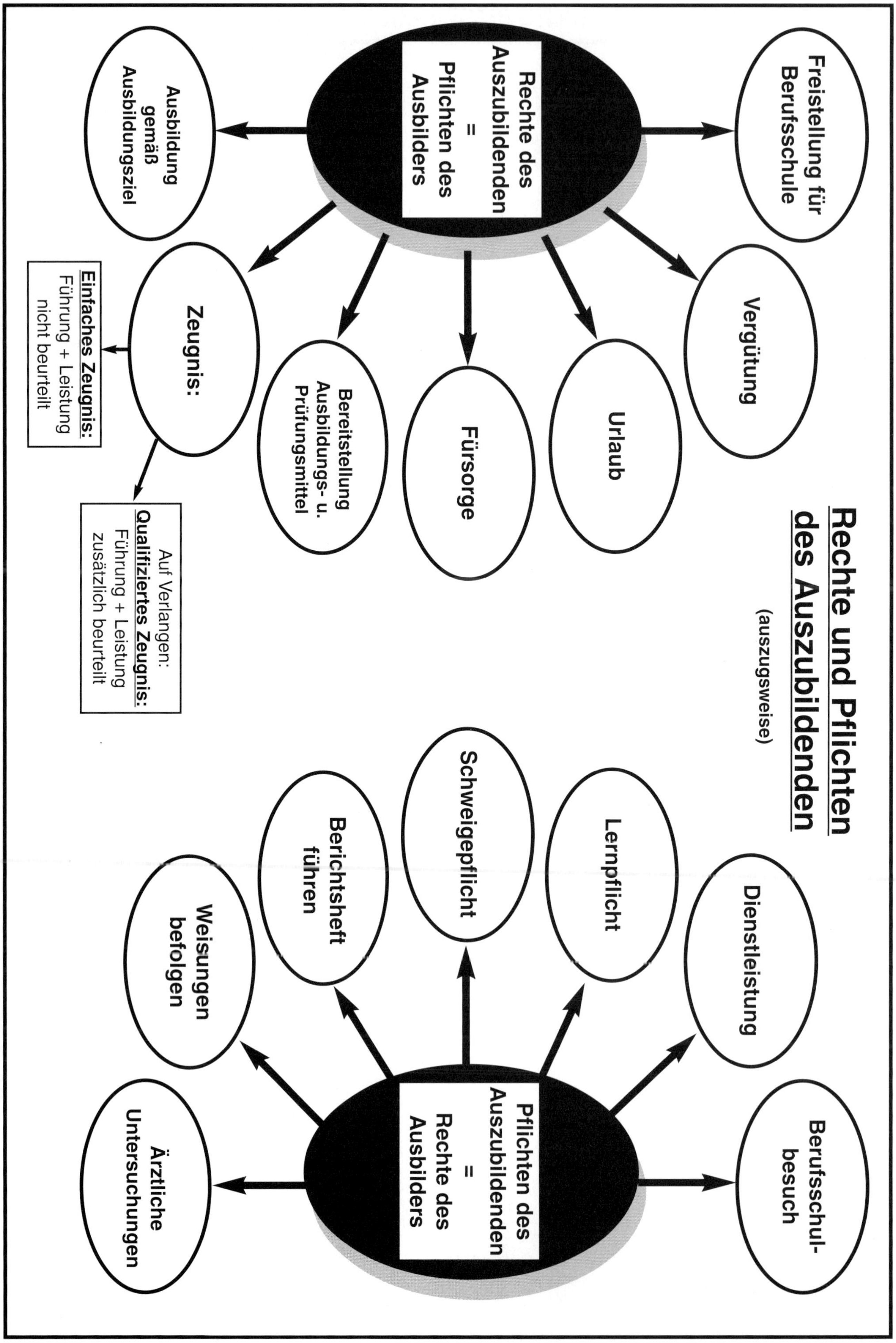
Rechte und Pflichten des Auszubildenden
(auszugsweise)
Rechte des Auszubildenden = Pflichten des Ausbilders
Freistellung für Berufsschule
Vergütung
Urlaub
Fürsorge
Bereitstellung Ausbildungs- u. Prüfungsmittel
Zeugnis:
Einfaches Zeugnis: Führung + Leistung nicht beurteilt
Auf Verlangen: Qualifiziertes Zeugnis: Führung + Leistung zusätzlich beurteilt
Ausbildung gemäß Ausbildungsziel
Pflichten des Auszubildenden = Rechte des Ausbilders
Berufsschulbesuch
Dienstleistung
Lernpflicht
Schweigepflicht
Berichtsheft führen
Weisungen befolgen
Ärztliche Untersuchungen

Kopiervorlage — Menschliche Arbeit im Betrieb: Berufsausbildung

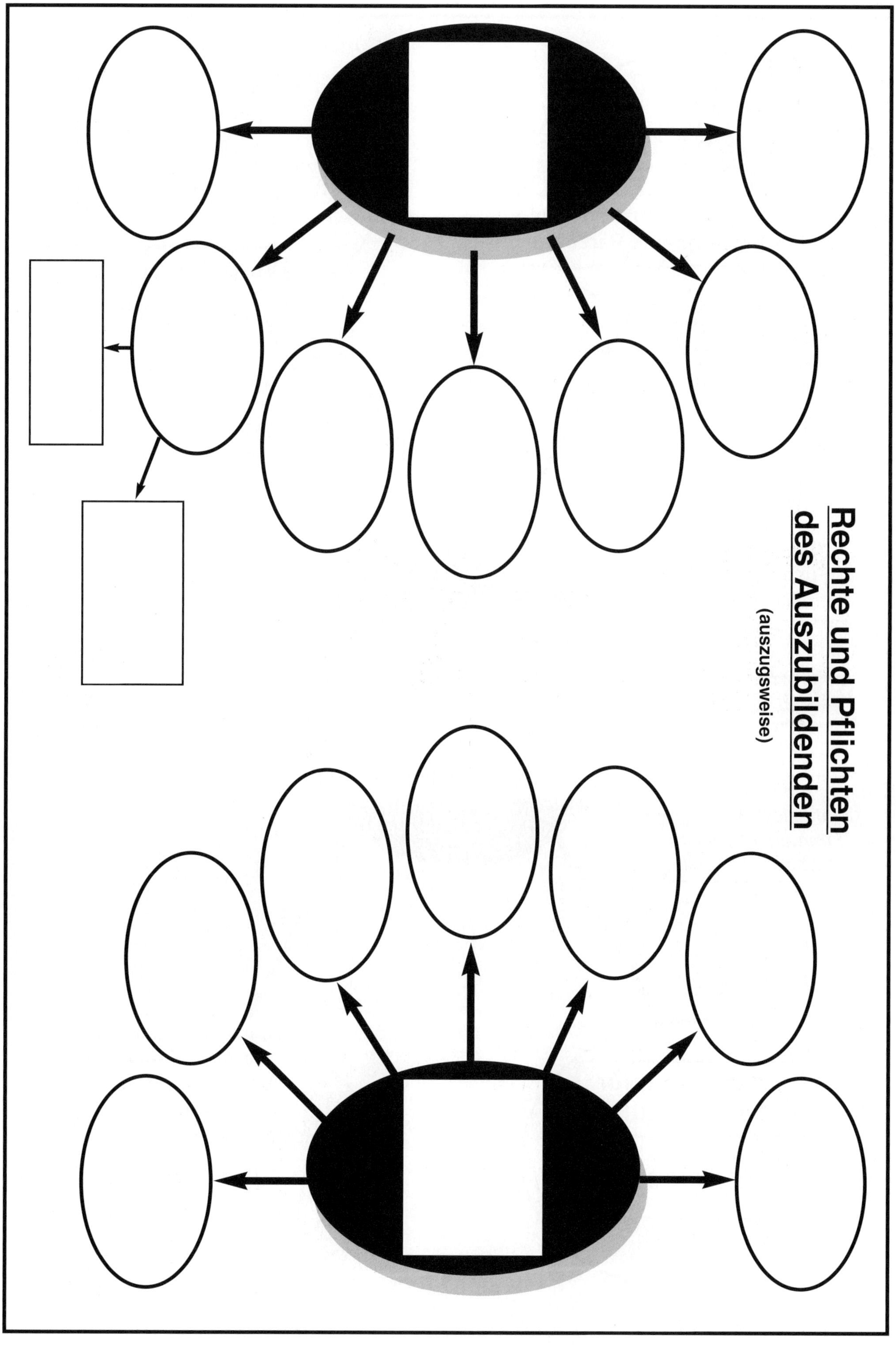

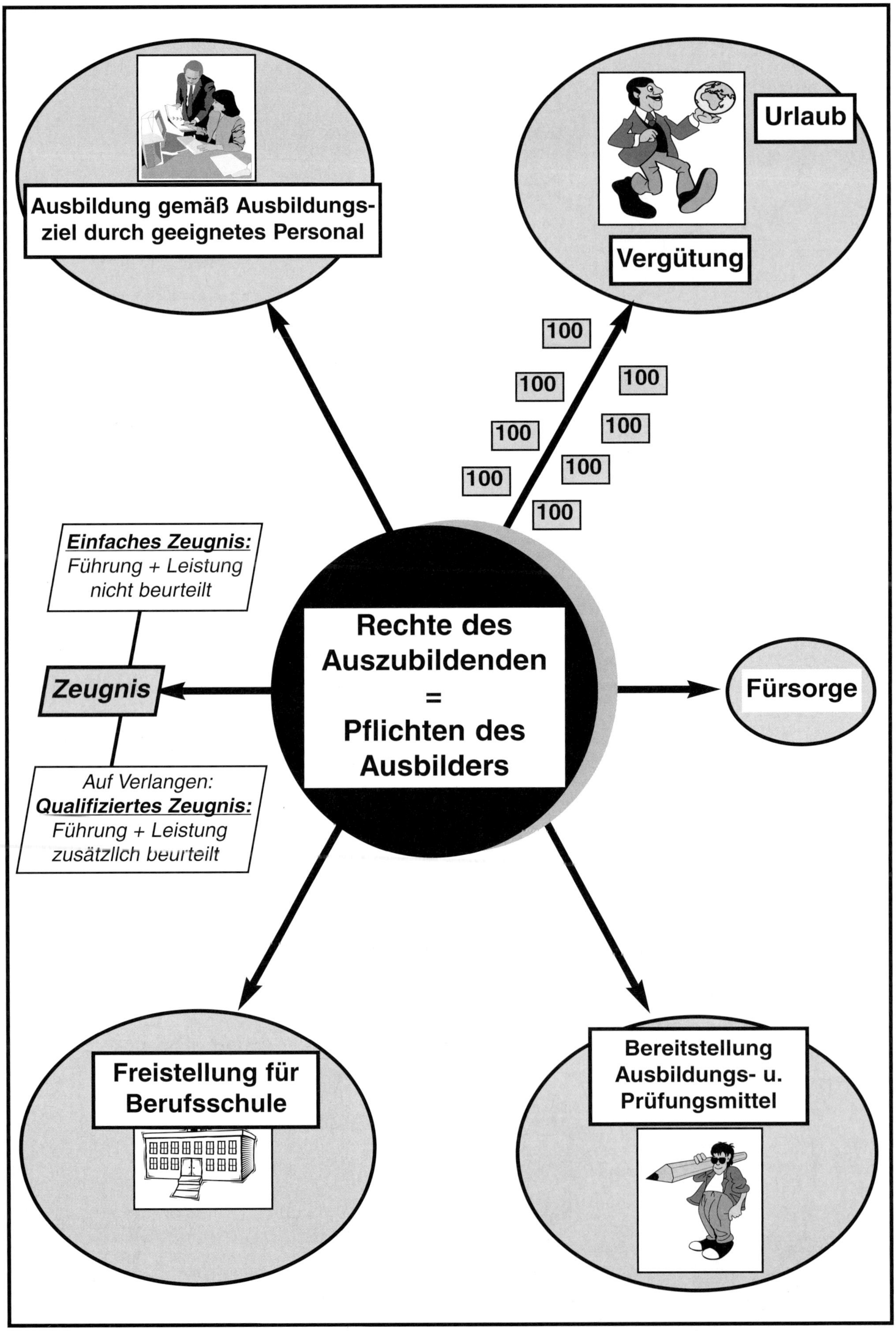
Rechte des Auszubildenden = Pflichten des Ausbilders
Ausbildung gemäß Ausbildungsziel durch geeignetes Personal
Urlaub
Vergütung
100
100
100
100
100
100
100
100
Fürsorge
Zeugnis
Einfaches Zeugnis: Führung + Leistung nicht beurteilt
Auf Verlangen: Qualifiziertes Zeugnis: Führung + Leistung zusätzlich beurteilt
Freistellung für Berufsschule
Bereitstellung Ausbildungs- u. Prüfungsmittel

Kopiervorlage

Menschliche Arbeit im Betrieb: Berufsausbildung

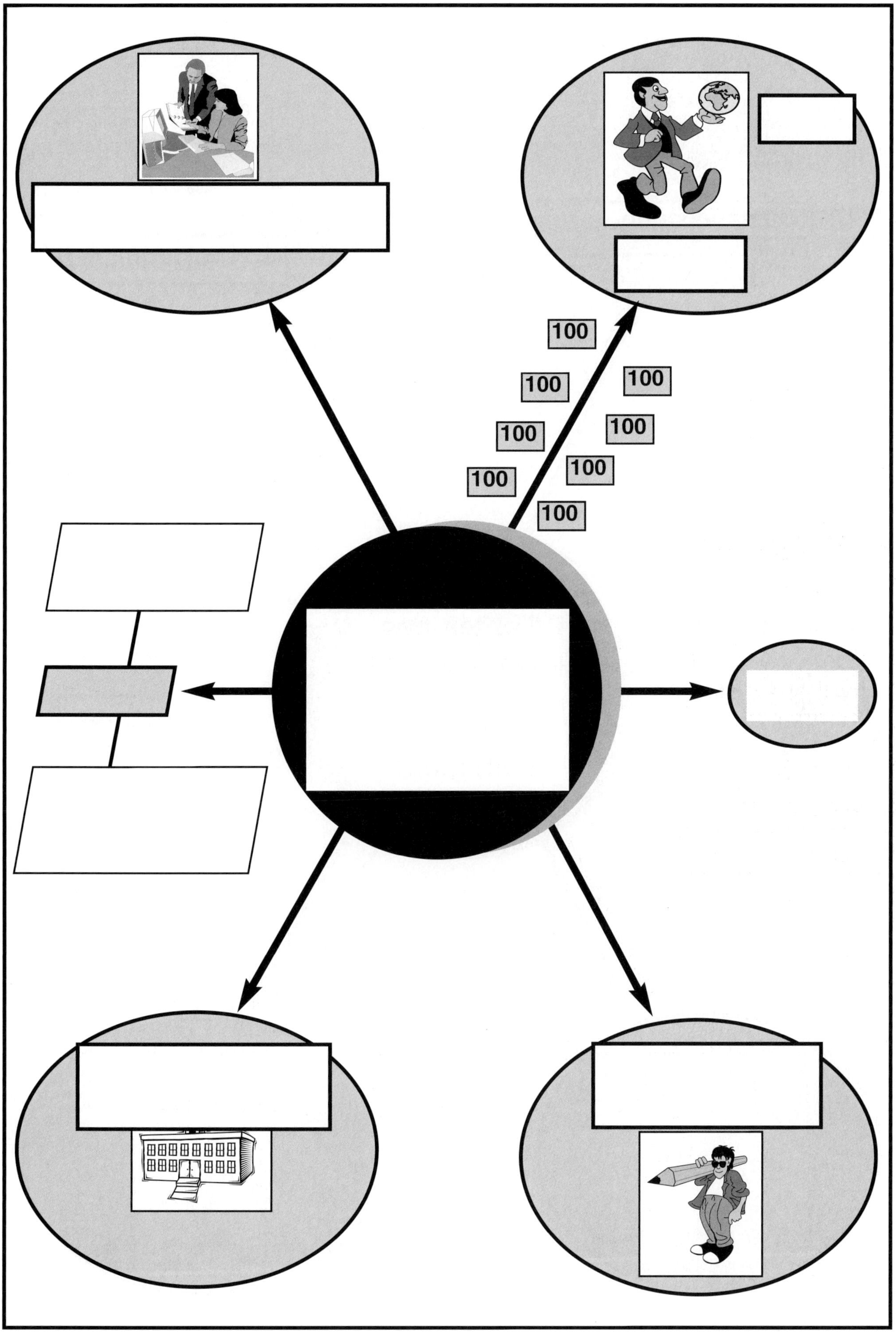

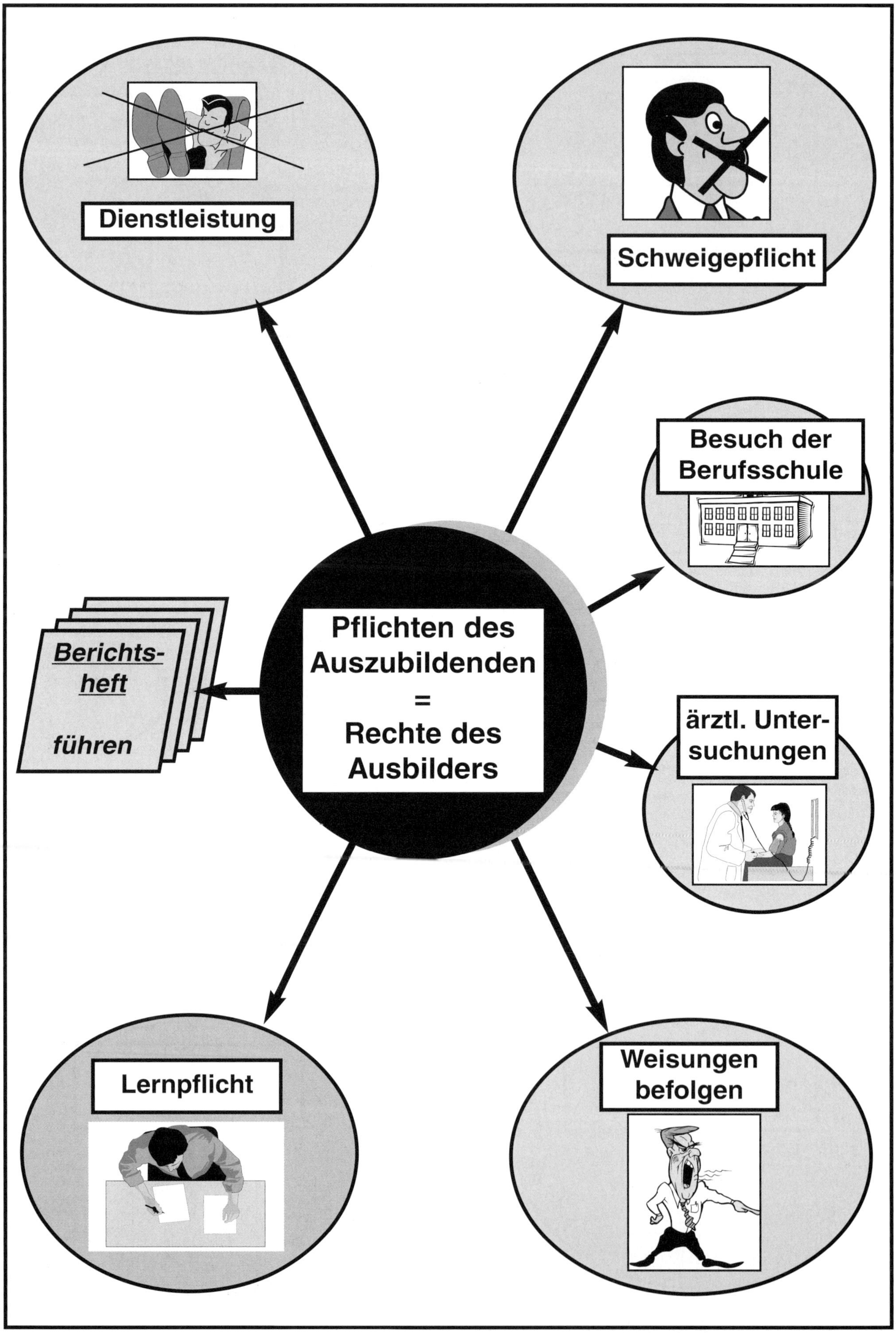
Pflichten des Auszubildenden = Rechte des Ausbilders
Dienstleistung
Schweigepflicht
Besuch der Berufsschule
ärztl. Untersuchungen
Weisungen befolgen
Lernpflicht
Berichtsheft führen

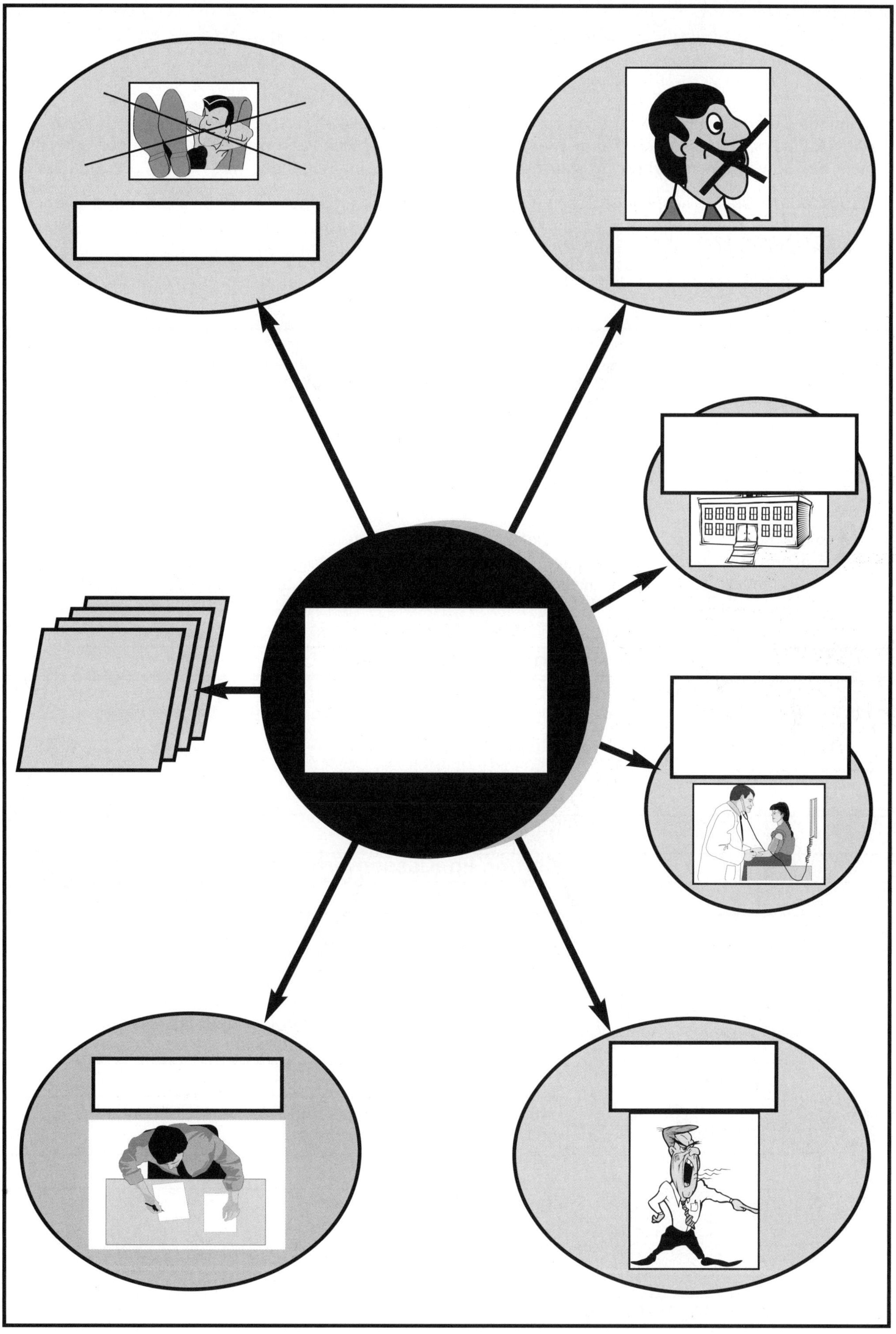

Fallbeispiel zum handlungsorientierten Unterricht:

Der Berufsausbildungsvertrag

Vorbemerkungen

- Folgende Unterrichtseinheit führte ich zusammen mit einem Kollegen in zwei Parallelklassen (Klasse 11 Wirtschaftsgymnasium) durch **(Team-Teaching)**. Selbstverständlich kann die Unterrichtseinheit auch in einer Klasse von **einem Lehrer** (Normalfall) gehalten werden. Im Folgenden wird hiervon ausgegangen.
- **Raumbedarf:** Die Rollenspieler müssen ungestört üben können, sodass - je nach Anzahl der „Rollenspielgruppen" - entsprechende Räumlichkeiten vorhanden sein sollten. Alternativ: Einübung der Rollenspiele außerhalb der Unterrichtszeit.
- **Zeitbedarf:** mindestens zwei Unterrichtsstunden.

Ablaufskizze

Informations- und Organisationsphase

1. Zielangabe: Der Berufsaubildungsvertrag (Überschrift Tafelbild)
2. Hinweise zum geplanten Ablauf
3. Gruppeneinteilung (Fünf Gruppen)
4. Verteilung der Aufgabenblätter, Gesetzestexte und Ausbildungsverträge an die einzelnen Gruppen mit entsprechenden Hinweisen. Alternative: Die Schüler erhalten die Aufgabenblätter bereits einige Tage vorher und müssen sich die Informationen (Arbeitsmaterialien) selbst beschaffen.

↓

Gruppenarbeitsphase

- Fachliche Information durch Schüler anhand der Gesetzestexte bzw. des Ausbildungsvertrages.
- Vorbereitung der Rollenspiele – Proben der Rollenspiele
- Vorbereitung der Referate – Darstellungen auf Folien

↓

Durchführung im Klassenverband

↓

Rollenspiel Gruppe 1 → **Vorstellungsgespräch** – Beifall – Stellungnahmen durch Schüler zu Verhaltensweisen im Rollenspiel; analog bei folgenden Rollenspielen

↓

Referat Gruppe 2 →
- **Ausbildungsvertrag / Rechte u. Pflichten** in anschaulicher Form
- z. T. Tafelbild ergänzen / evtl. Arbeitsblatt

↓

Rollenspiele Gr. 3/4 →
- **Kündigung, Kündigungsschutz des Auszubildenden**
- z. T. Tafelbild ergänzen

↓

Rollenspiel Gruppe 5 →
- **Ende der Ausbildungszeit**
- Tafelbild vollständig ergänzen

↓

Vertiefungs- und Übungsphase – Kritische Gesamtbetrachtung

Arbeitsaufträge und Materialien für die einzelnen Gruppen

Gruppe 1

Sie streben eine Ausbildung zum Industriekaufmann an. Aufgrund einer Annonce in der Tageszeitung bewerben Sie sich schriftlich bei der Möbelfabrik Teufel GmbH. Vor drei Tagen erhielten Sie ein Schreiben der besagten Firma, in welchem Sie der Personalchef bat, sich heute in seinem Büro vorzustellen.

Simulieren Sie ein möglichst realitätsnahes kurzes **Vorstellungsgespräch,** in dem mehrere oder alle Mitglieder der Gruppe Funktionen übernehmen.

Mögliche Beteiligte: Personalchef, Ausbildungsleiter, Bewerber, Sekretärin ...

Gruppe 2

Ihre Aufgabe besteht darin, in möglichst anschaulicher, kurzer Form die anderen Schüler über folgende Themenbereiche zu **informieren:**

- **Berufsausbildungsvertrag:** Form und Mindestangaben (vgl. § 4 Berufsbildungsgesetz)
- Wesentliche **Rechte und Pflichten des Auszubildenden** (vgl. §§ 6 - 12 und 20 BBiG)
- Erläutern Sie die Rechte und Pflichten anhand einiger **Beispiele.**

Gruppe 3

Die Möbelfabrik Teufel GmbH hat seit kurzem einen neuen Geschäftsführer. Angesichts der angespannten wirtschaftlichen Situation, in der sich das Unternehmen augenblicklich befindet, sollen die Kosten verringert werden, wo immer dies möglich erscheint. Der Geschäftsführer beabsichtigt u. a., die Zahl der Mitarbeiter herabzusetzen. Auch zwei Auszubildende sollen entlassen werden. Mit dem einen von beiden wurde der Ausbildungsvertrag vor drei Wochen, mit dem anderen vor einem Jahr geschlossen.

§ 15 Berufsbildungsgesetz regelt die **Kündigung** eines Berufsausbildungsverhältnisses. Stellen Sie die Konfliktsituation zwischen Geschäftsführer u. Auszubildenden in einem **Rollenspiel** dar.

Mögliche Beteiligte: Geschäftsführer, Auszubildende, Ausbildungsleiter, Betriebsratsmitglied ...

Gruppe 4

Sie sind seit drei Wochen kaufmännisch Auszubildender in der Firma Teufel GmbH. Das Arbeitsklima behagt Ihnen in keinster Weise. Sie möchten daher **kündigen** und eine Ihnen angebotene neue Ausbildungsstelle antreten.
Ein anderer Auszubildender, dem das „teuflische” Arbeitsklima ebenso nicht behagt, möchte ebenfalls die Firma verlassen und sich in einem anderen Betrieb für eine andere Berufstätigkeit ausbilden lassen. Sein Ausbildungsvertrag wurde vor zehn Monaten geschlossen.

§ 15 Berufsbildungsgesetz regelt die Kündigung eines Berufsausbildungsverhältnisses. Stellen Sie die Konfliktsituation zwischen Geschäftsführer und Auszubildenden in einem **Rollenspiel** dar.

Mögliche Beteiligte: Geschäftsführer, Auszubildende, Ausbildungsleiter, Betriebsratsmitglied ...

Gruppe 5

In der Firma Teufel GmbH gibt es Probleme. In mehreren Ausbildungsverträgen von kaufmännischen Auszubildenden wurden Ausbildungszeiten bis 30. August vereinbart. Die Auszubildenden bestanden jedoch bereits am 10. Juli ihre Abschlussprüfung und stellen nun entsprechende Gehaltsforderungen.

Stellen Sie den Konfliktfall in einem Rollenspiel dar. Beachten Sie dabei die folgenden rechtlichen Bestimmungen: §§ 14 und 17 Berufsbildungsgesetz

Mögliche Beteiligte: Geschäftsführer, Auszubildende, Ausbildungsleiter, Betriebsratsmitglied ...

Rechte und Pflichten aus dem Ausbildungsvertrag

Rollenspiel von Andrea Kreuz

Rollenkarte Daniel

Daniel ist seit 1. August als Auszubildender zum Steuerfachangestellten im Steuerbüro von Frau Lorenz beschäftigt. Seit Beginn seiner Ausbildung muss er Belege sortieren, abheften und Kopien anfertigen. Zudem erledigt er täglich Botengänge (Post, Bank, Mittagessen für seine Chefin beim Italiener nebenan besorgen) und ist für das Einlassen der Mandanten, die einen Beratungstermin haben, zuständig.

Eine direkte Bezugsperson ist ihm nicht zugewiesen. Frau Lorenz wollte - so war es beim Einstellungsgespräch vereinbart worden - die Ausbildung persönlich übernehmen.

Neben den sieben im Steuerbüro beschäftigten ausgebildeten Steuerfachangestellten beschäftigt Frau Lorenz einen Bürokaufmann, der nur halbtags arbeitet. Außerdem bildet Frau Lorenz neben Daniel noch zwei weitere Auszubildende, Anja und Ralf, die sich beide im zweiten Ausbildungsjahr befinden, aus.
Die Tätigkeiten, die nun von Daniel ausgeführt werden, wurden vorher abwechselnd von ihnen erledigt. Anja und Ralf sind seitdem mit dem Erstellen von einfachen Einkommenssteuererklärungen, Umsatzsteuervoranmeldungen und der Berechnung von Fristen und Terminen beauftragt.

Daniel ist besorgt, dass er, „wenn es so weiter geht", mit den praktischen Ausbildungsinhalten ins Hintertreffen gerät und somit die Ausbildung „nicht schafft." Er entschließt sich, mit Frau Lorenz zu sprechen.

Arbeitsaufträge:

1. Bereiten Sie sich in Ihrer Gruppe darauf vor, im folgenden **Rollenspiel** die Interessen des Auszubildenden Daniel zu vertreten, der möglichst umgehend neue Tätigkeiten kennen lernen möchte. Notieren Sie stichpunktartig Argumente, um Frau Lorenz davon zu überzeugen. Ziehen Sie dazu das Berufsbildungsgesetz, einen (Ihren) Ausbildungsvertrag bzw. Ihr Lehrbuch heran. Überlegen Sie sich auch, wie Sie reagieren, falls Frau Lorenz nicht auf die Argumente von Daniel eingeht.

2. Einigen Sie sich in Ihrer Gruppe, wer die Rolle von Daniel im Rollenspiel übernimmt.

Rollenkarte „Ausbildende Frau Lorenz"

Frau Lorenz ist Steuerberaterin und Inhaberin eines florierenden Steuerbüros. Sie beschäftigt sieben ausgebildete Steuerfachangestellte, einen Bürokaufmann, der nur halbtags arbeitet und drei Auszubildende.

Die Auszubildenden Anja und Ralf, die nun im zweiten Ausbildungsjahr sind, haben Frau Lorenz, die eigentlich für die Ausbildung verantwortlich ist, noch nicht viel Arbeit gemacht. Dafür ist Frau Lorenz ihnen sehr dankbar, da sie täglich zehn Stunden arbeitet, um der wachsenden Mandantenzahl gerecht zu werden. Die Auszubildenden laufen im Betrieb so mit, lernen ihn kennen und tragen durch ihre Arbeit ihren Teil zum Erfolg des Büros bei. Mit der Arbeit von Anja und Ralf ist Frau Lorenz zufrieden. Zwar weiß sie nicht so recht, was die beiden eigentlich genau tun, aber da keine Klagen kommen, ist für sie so weit alles in Ordnung.

Zum 1. August hat Frau Lorenz Daniel als neuen Auszubildenden zum Steuerfachangestellten eingestellt. Frau Lorenz sieht Daniel, wenn er einen Mandanten zu ihrer Bürotür begleitet oder wenn er von Botengängen zurück kehrt. Zudem holt Daniel täglich das Mittagessen für Frau Lorenz vom Italiener nebenan. Aus ihrer eigenen Ausbildungszeit hat Frau Lorenz die Erfahrung mitgebracht, dass „Lehrjahre keine Herrenjahre" sind. Ausbilden sieht Frau Lorenz in Anbetracht der Jugendarbeitslosigkeit als gesellschaftliche Pflicht an.

Daniel bittet um ein Gespräch. Er hat angekündigt, über seine Ausbildungsbedingungen reden zu wollen.

Arbeitsaufträge:

1. Bereiten Sie sich in Ihrer Gruppe darauf vor, im folgenden Rollenspiel die Interessen von Frau Lorenz zu vertreten, die möchte, dass Daniel bei unveränderten Ausbildungsbedingungen weiterarbeitet. Notieren Sie stichpunktartig Argumente, um Daniel davon zu überzeugen. Ziehen Sie dazu auch das Berufsbildungsgesetz, einen (Ihren) Ausbildungsvertrag bzw. Ihr Lehrbuch heran. Überlegen Sie sich, wie Sie reagieren, wenn Daniel auf seinen Wünschen beharrt.

2. Einigen Sie sich in Ihrer Gruppe, wer die Rolle von Frau Lorenz im Rollenspiel übernimmt.

Liebe Beobachtungsgruppe „Ausbildende Frau Lorenz“,

das Rollenspiel findet zwischen dem Auszubildenden Daniel und seiner Chefin, der Steuerberaterin Frau Lorenz statt. Daniel hat seine Ausbildung zum Steuerfachangestellten am 1. August begonnen. Seither erledigt er Botengänge, sortiert Belege, öffnet Mandanten die Tür, kopiert und holt das Mittagessen für Frau Lorenz.

Daniel ist besorgt, mit der praktischen Ausbildung ins Hintertreffen zu geraten. Daher sucht er das Gespräch mit Frau Lorenz, die eigentlich für die Ausbildung verantwortlich ist, sich aber überhaupt nicht darum kümmert.

Ihre Aufgabe ist es, das Verhalten von Frau Lorenz während des Spiels zu beobachten und anschließend zu kommentieren. Die unten stehenden Fragen sollen Sie dabei unterstützen.

Arbeitsauftrag:

1. Notieren Sie sich stichpunktartig Argumente, die Frau Lorenz verwenden könnte. Ziehen Sie dazu Ihren eigenen Ausbildungsvertrag, das Berufsbildungsgesetz bzw. Ihr Lehrbuch heran.
2. Machen Sie sich mit dem Beobachtungsauftrag vertraut und klären Sie eventuell vorhandene Fragen dazu in Ihrer Gruppe.

Beobachtungsauftrag:

1. Wie reagierte Frau Lorenz auf den Wunsch von Daniel, eine verbesserte Ausbildung zu erhalten?
2. Durch welche Argumente versuchte Frau Lorenz, Daniel von der Richtigkeit seiner Ausbildung zu überzeugen?
3. Wie hat Frau Lorenz sich letztendlich verhalten?
4. Empfinden Sie das Ende des Rollenspiels als „natürlich“ oder wurde die Einigung (falls vorhanden) eher „künstlich“ erzeugt?

Liebe Beobachtungsgruppe „Auszubildender Daniel“,

das Rollenspiel findet zwischen dem Auszubildenden Daniel und seiner Chefin, der Steuerberaterin Frau Lorenz statt. Daniel hat seine Ausbildung zum Steuerfachangestellten am 1. August begonnen. Seither erledigt er Botengänge, sortiert Belege, öffnet Mandanten die Tür, kopiert und holt das Mittagessen für Frau Lorenz.

Daniel ist besorgt, mit der praktischen Ausbildung ins Hintertreffen zu geraten. Daher sucht er das Gespräch mit Frau Lorenz, die eigentlich für die Ausbildung verantwortlich ist, sich aber überhaupt nicht darum kümmert.

Ihre Aufgabe ist es, das Verhalten von Daniel während des Spiels zu beobachten und anschließend zu kommentieren. Die unten stehenden Fragen sollen Sie dabei unterstützen.

Arbeitsauftrag:

1. Notieren Sie sich stichpunktartig Argumente, die Daniel verwenden könnte. Ziehen Sie dazu Ihren eigenen Ausbildungsvertrag, das Berufsbildungsgesetz bzw. Ihr Lehrbuch heran.
2. Machen Sie sich mit dem Beobachtungsauftrag vertraut und klären Sie eventuell vorhandene Fragen dazu in Ihrer Gruppe.

Beobachtungsauftrag:

1. Mit welchen Argumenten versuchte Daniel, Frau Lorenz davon zu überzeugen, ihm anspruchsvollere Aufgaben zu übertragen?
2. Argumentierte Daniel mit den entsprechenden Gesetzen bzw. seinem Ausbildungsvertrag?
3. Wie hat Daniel auf die Versuche von Frau Lorenz, ihn von der Richtigkeit seiner Ausbildung zu überzeugen, reagiert? (Welche Argumente? Selbstbewusst? Sicheres Auftreten? ...)
4. Wurden Spannungen während der Diskussion sichtbar? Wenn ja, wurde versucht, diese abzubauen? Wie?
5. Wie hat Daniel sich letztlich verhalten?
6. Wie sind die beiden auseinander gegangen? (Verärgert, friedlich, ...?)

Ablauf des Unterrichts

Die SchülerInnen bilden **vier Gruppen:**

1. Spielergruppe Auszubildender Daniel
2. Spielergruppe Ausbildende Frau Lorenz
3. Beobachtungsgruppe Daniel
4. Beobachtungsgruppe Frau Lorenz

Vorher sollte klargestelllt werden, dass aus der Spielergruppe jeweils eine Person spielen muss. Die Argumentation des Spielenden wird aber vorher in den jeweiligen Spielergruppen besprochen.

Die SchülerInnen erhalten die **Arbeitsblätter**. (Die Spielergruppen erhalten evtl. zusätzlich jeweils eine Kopie eines Ausbildungsvertrags bzw. verwenden ihren eigenen Ausbildungsvertrag).

Das Rollenspiel wird durchgeführt.

(Am besten ist es, das Rollenspiel so einzuleiten, dass der **Lehrer** die Rolle des Sekretärs übernimmt, der die Ausbildende Frau Lorenz fragt, ob sie nun Zeit für ein Gespräch mit Daniel, ihrem Auszubildenden hat).

Danach folgt die Auswertung des Rollenspiels:

- Die **Beobachter** stellen ihren Beobachtungsauftrag vor und berichten über ihre Beobachtungen.

- Anschließend folgt die **Bewertung** des Rollenspiels.

  Hier sollte man noch einmal auf die unterschiedlichen Tätigkeiten (Besorgung des Mittagessens beim Italiener vs. Kopieren, Botengänge, Sortieren von Belegen) eingehen und die Unterschiedlichkeiten darstellen.

  Das Problem der Durchführung eines solchen Gesprächs in der Probezeit sollte aufgegriffen werden.

  Die SchülerInnen werden wahrscheinlich in dieser Auswertungsphase von eigenen Erlebnissen aus dem Betrieb berichten, die dann weiter besprochen werden können.

  Im Prinzip geht es darum (vgl. auch die **Sachanalyse**), dass die Ausgestaltung der jeweiligen Situation, in der sich ein Auszubildender befindet, ausschlaggebend dafür ist, wie man sich „verhalten sollte“.

Die von mir verfolgten Intentionen

- Die SchülerInnen sollen lernen, geschickt innerhalb des Interessenkonfliktes zwischen Ausbildender und Auszubildendem zu argumentieren.

- Auszubildende möchten in der Regel möglichst viele berufsbezogene Tätigkeiten erlernen, während Ausbildende oft die Einstellung haben, dass sich die Einstellung eines Auszubildenden „irgendwann rechnen muss“. Sie sollen die für ihre Position passenden Argumente vorbringen, aber auch schlagkräftig auf die Argumente der Gegenseite eingehen. Dafür und für das Abschätzen, inwieweit sich ein Kompromiss lohnt, ist bei der Erarbeitung der Argumente auch die Position der jeweils anderen Seite zu berücksichtigen.

- Als Basis der Argumentation sind die gesetzlichen Grundlagen zu verwenden.

- Durch die Vorbereitung auf das Rollenspiel sollen sie den Schluss ziehen, dass man sich auch im „wirklichen Leben“ auf solche Gespräche vorbereiten muss, um die „richtigen Argumente“ vorbringen zu können. Durch das Rollenspiel, in dem man aktiv werden muss, soll sichtbar werden, dass man für seine Rechte eintreten muss.

- Es muss zwischen ausbildungsfremden Tätigkeiten (z. B. Besorgung des Mittagessens) und Tätigkeiten, die zwar nicht sehr anspruchsvoll sind, aber dennoch zur Ausbildung gehören (z. B. Botengänge), unterschieden werden. Erwartete Schlussfolgerung hieraus: Ausbildungsfremde Tätigkeiten können verweigert werden (es sei denn, sie fallen in der Ausbildungsstätte an und werden von allen gleichermaßen erledigt), während die anderen Tätigkeiten in das Weisungsrecht des Ausbildenden fallen und - soweit das Ausbildungsziel nicht gefährdet ist - zu erfüllen sind.

- Die Angemessenheit der Durchsetzung der gesetzlichen Rechte in der jeweiligen Situation ist abzuwägen. Die Vor- und Nachteile der Durchführung eines solchen Gesprächs in der Probezeit sind zu benennen.

Kurze Sachanalyse

- Die Rechte und Pflichten der Vertragsparteien finden sich in den gesetzlichen Grundlagen (**Berufsbildungsgesetz**).

- Der Ausbildende ist verpflichtet, dem Auszubildenden die Kenntnisse zu vermitteln, die er benötigt, um das **Ausbildungsziel** in der dafür vorgesehenen Ausbildungszeit zu erreichen. Dazu muss die Berufsausbildung durch den Ausbildenden zeitlich und sachlich planmäßig gegliedert werden.

- Der Ausbildende hat das Recht, **Weisungen** zu erteilen, denen der Auszubildende zu folgen hat.

- Dem Auszubildenden dürfen nur Verrichtungen übertragen werden, die dem **Bildungszweck** dienen. Das Weisungsrecht des Ausbildenden findet hier also eine Begrenzung. Jedoch darf keine lebensfremde, der Praxis des Arbeitslebens ferne Auslegung greifen. So sind Neben- und Hilfstätigkeiten, wie z. B. Kaffee kochen, zulässig, soweit sie von allen Auszubildenden und anderen Arbeitnehmern in gleichem Umfang übernommen werden. Die Bitte eines Ausbilders, die Besorgung eines Einkaufs zu erledigen, gehört nicht zur Ausübung eines Weisungsrechts.

- Der Auszubildende kann sich **weigern**, diese **berufsfremde Arbeit** auszuführen. Inwieweit dies vernünftig ist, hängt von der Betrachtungsweise der betreffenden Person und der konkreten Situation ab. Kommt dies ab und an mal vor und ist die Ausbildung ansonsten sehr gut, sollte man sich diesem nicht entziehen. Ist es jedoch die tagtägliche Aufgabe des Auszubildenden, sollte man sich dieser Situation eher widersetzen.

  Als **zur Berufsausbildung zugehörig** ist hingegen das Kopieren von Unterlagen, das Empfangen von Mandanten und die Erledigung von Botengängen zu bezeichnen. Jedoch können sie nicht allein die Tätigkeiten des Auszubildenden im Steuerbüro bestimmen, da so das Erreichen des Ausbildungsziels eher unwahrscheinlich ist.

- Die Frage, ob ein solches Gespräch noch während der **Probezeit** geführt werden sollte, kann nicht eindeutig beantwortet werden. So besteht auf der einen Seite die Gefahr, dass der Ausbildende während der Probezeit kündigt, wenn der Auszubildende aus Sicht der Ausbildenden zu viel verlangt. Auf der anderen Seite ist es risikobehaftet, den Ablauf der Probezeit abzuwarten, da es dann nur noch mit der Zustimmung des Ausbildenden möglich ist, in ein anderes Steuerbüro zu wechseln.

Dieses Rollenspiel ist so konzipiert, dass die Durchführung eines solchen Gesprächs **während der Probezeit** sinnvoll ist.

Begründung:

Anja und Ralf, die beiden anderen Auszubildenden mussten diese Tätigkeiten (Kopieren, Botengänge, Besorgung des Mittagessens) ebenfalls während ihrer gesamten Ausbildung erledigen.

Die im Rollenspiel aufgeführten Tätigkeiten, die sie nun erledigen (einfache Einkommensteuererklärungen, ...) gehören laut Ausbildungsordnung bereits in das erste Ausbildungsjahr.

Kreuzworträtsel (Thema: Ausbildungsverhältnis)

Das Lösungswort (von oben nach unten gelesen) ergibt eine auch nach der Ausbildungszeit empfehlenswerte Aktivität.

1. Bei Verstoß gegen diese Pflicht kann der Arbeitgeber Schadenersatz fordern.
2. Sie beträgt ein bis drei Monate.
3. Formvorschrift für Ausbildungsvertrag
4. Die Prüfer lassen es sich bei der Abschlussprüfung vorlegen.
5. Ort der „Erholung" vom Betriebsstress des Auszubildenden
6. Pflicht des Auszubildenden
7. Der Betrieb muss sie zur Verfügung stellen.
8. Gesetzliche Grundlage des Ausbildungsverhältnisses
9. Hier endet im positiven Fall die Ausbildungszeit.
10. Im Vergleich zum Angestellten hat der Auszubildende während der Ausbildungszeit Vorteile hinsichtlich .....
11. Dem Auszubildenden sind nur ..... Tätigkeiten zu übertragen.
12. Sie ist dem Auszubildenden vor Beginn der Ausbildung vom Ausbildenden zur Verfügung zu stellen.
13. Am Ende des Ausbildungsverhältnisses ist ein ..... auszustellen.

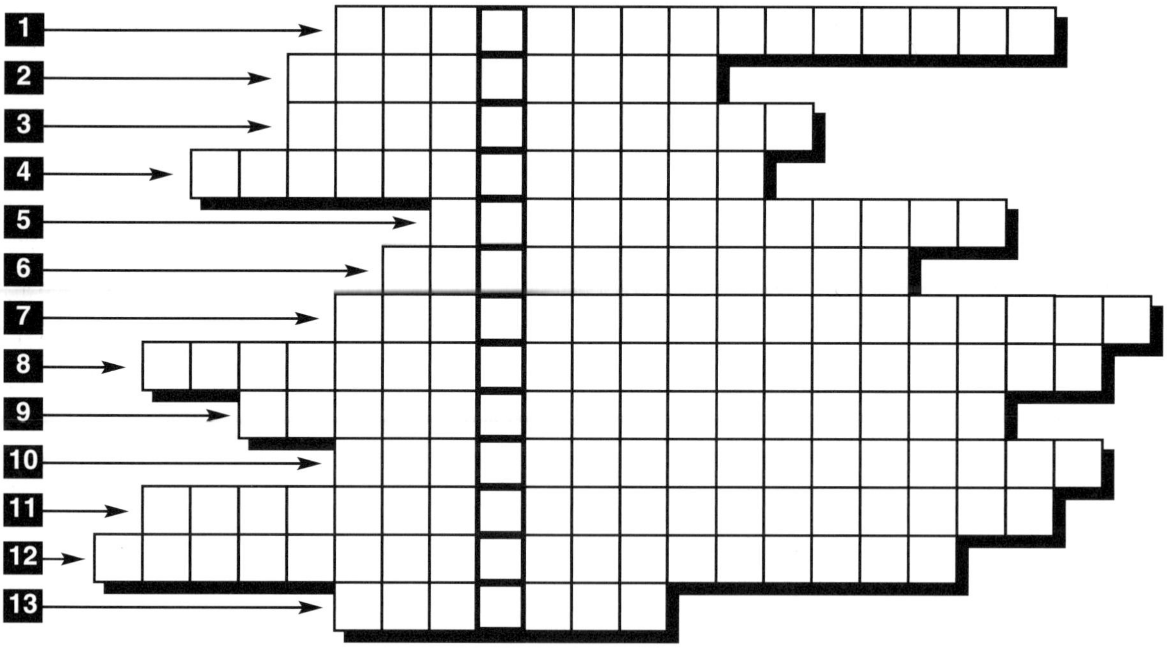

Lösungen: **(Lösungswort: WEITERBILDUNG)**

1. Schweigepflicht
2. Probezeit
3. Schriftform
4. Berichtsheft
5. Berufsschule
6. Lernpflicht
7. Ausbildungsmittel
8. Berufsbildungsgesetz
9. Abschlussprüfung
10. Kündigungsschutz
11. ausbildungsbezogene
12. Ausbildungsordnung
13. Zeugnis

Test: Ausbildungsverhältnis

1.	In welchem **Gesetz** sind Regelungen über Ausbildungsverträge enthalten?	**1**
2.	Welche **Formvorschrift** gilt für Ausbildungsverträge?	**1**
3.	Nennen Sie je zwei typische **Rechte** und **Pflichten** des Auszubildenden.	**2**
4.	Wie lange muss die **Probezeit** eines Auszubildenden mindestens, wie lange darf sie maximal dauern?	**1**
5.	Welche **Kündigungsregeln** gelten für Auszubildende a) während der Probezeit b) nach der Probezeit?	**4**
6.	Wann **endet** das Ausbildungsverhältnis?	**1**
		10

Lösungen

1.	Berufsbildungsgesetz	**1**
2.	Schriftform	**1**
3.	Typische Rechte: (zwei!) • Freistellung zur Berufsschule • Ausbildung gemäß Ausbildungsziel, • Bereitstellung Ausbildungs- und Prüfungsmittel ... Typische Pflichten: (zwei!) • Berufsschulbesuch • Berichtsheft führen • Lernpflicht ...	**2**
4.	Ein Monat bis drei Monate.	**1**
5.	a) Jederzeit frist- und grundlos kündbar b) Unkündbar. Ausnahmen: • fristlose Kündigung bei wichtigem Grund • Aufgabe der Berufsausbildung • andere Berufsausbildung	**4**
6.	Mit Ablauf der Ausbildungszeit. Besteht Auszubildender vor Ablauf der Ausbildungszeit die Abschlussprüfung, so endet das Berufsausbildungsverhältnis mit Bestehen der Abschlussprüfung	**1**
		10

AKTUALITÄTSSERVICE

Ausbildungsvertrag: auch mündlich gültig?

Der Fall: Mit einer angehenden Rechtsanwaltsgehilfin wurde mündlich ein Ausbildungsvertrag geschlossen. Sie argumentierte, der Ausbildungsvertrag sei mangels Schriftform unwirksam. Ihr stehe daher ein normaler Arbeitslohn zu. Der Arbeitgeber weigerte sich - sie klagte.

Urteil: Die Klage wurde abgewiesen.

Begründung:

Nach neuem EU-Recht ist Schriftform des Ausbildungsvertrages vorgesehen, doch reicht auch hier (wie nach deutschem Recht) eine nachträgliche schriftliche Bestätigung aus. Selbst wenn diese gesetzlich vorgesehene schriftliche Bestätigung seitens des Arbeitgebers nicht erteilt wird, bleibt der Ausbildungsvertrag für beide Seiten verbindlich.

BAG Az.: 5 AZR 713/96

Nochmal: Schriftform des Ausbildungsvertrages

- Grundsätzliche Pflicht des Ausbilders: spätestens vor Beginn der Ausbildung Ausbildungsvertrag schriftlich niederlegen!
- Kommt Ausbilder dieser Pflicht nicht nach: Ausbildungsvertrag dennoch gültig. Schriftform ist nicht Wirksamkeitsvoraussetzung! Vertrag wird auch nicht nachträglich unwirksam. Jedoch:
  - Verstoß gegen die Schriftform = Ordnungswidrigkeit
  - Auszubildender kann Schadenersatz verlangen, sofern durch den Mangel der Schriftform ein Schaden entstanden ist.

BAG v. 21.8.97, 5 AZR 713/96

Berufsschulpflicht missachtet

- Wiederholte und teilweise erhebliche Fehlzeiten des Auszubildenden beim Berufsschulunterricht

  = schwere arbeitsvertragliche Pflichtverletzungen

  = beharrliche Arbeitsverweigerung

  = Grund für eine **fristlose Kündigung.**
- Jedoch: fristlose Kündigung kurz vor Abschluss der Ausbildung oder vor Prüfungstermin wäre nicht gerechtfertigt.

LAG Düsseldorf

3 ARBEITSVERTRAG: RECHTE UND PFLICHTEN

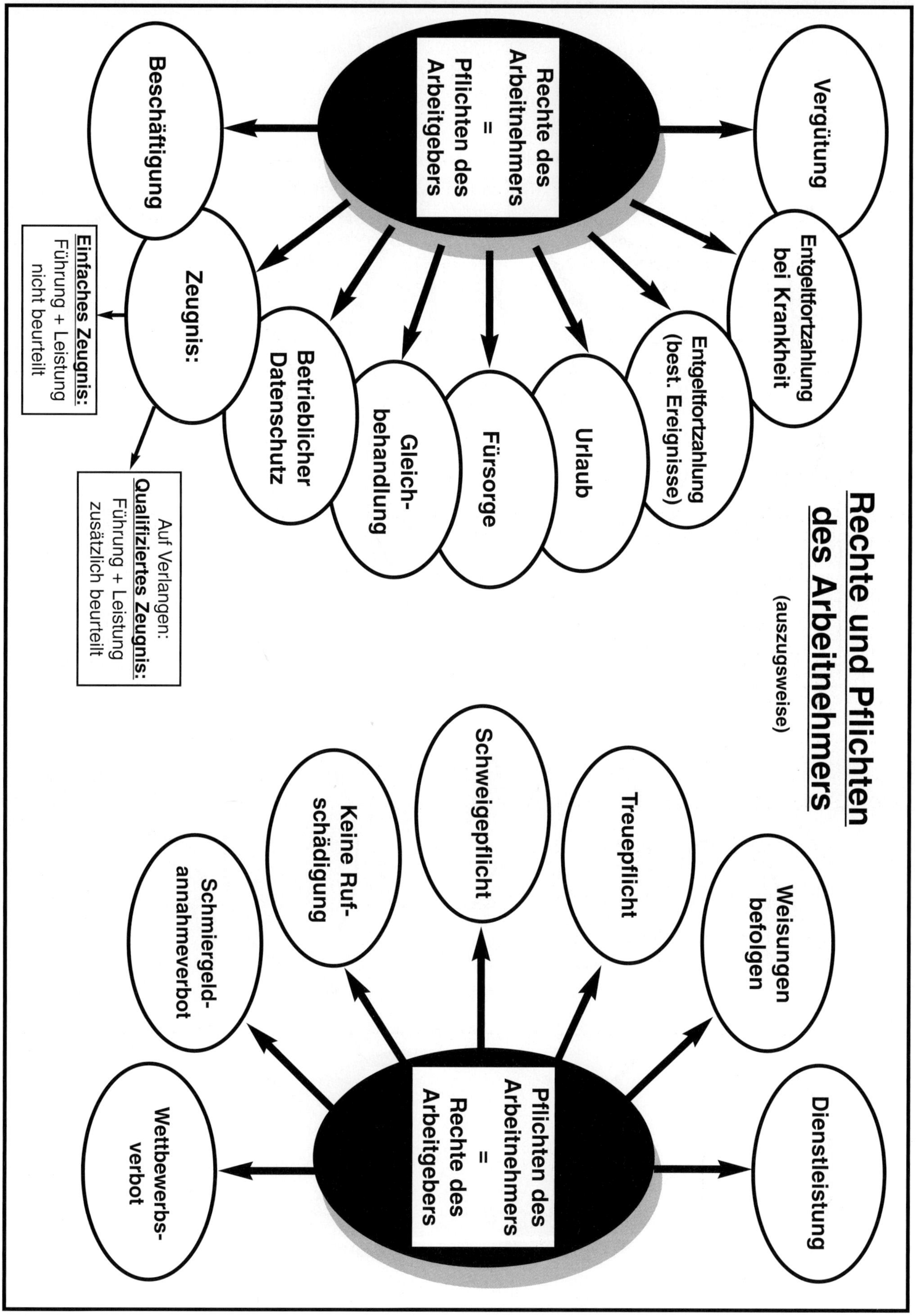

ARBEITSVERTRAG: RECHTE UND PFLICHTEN

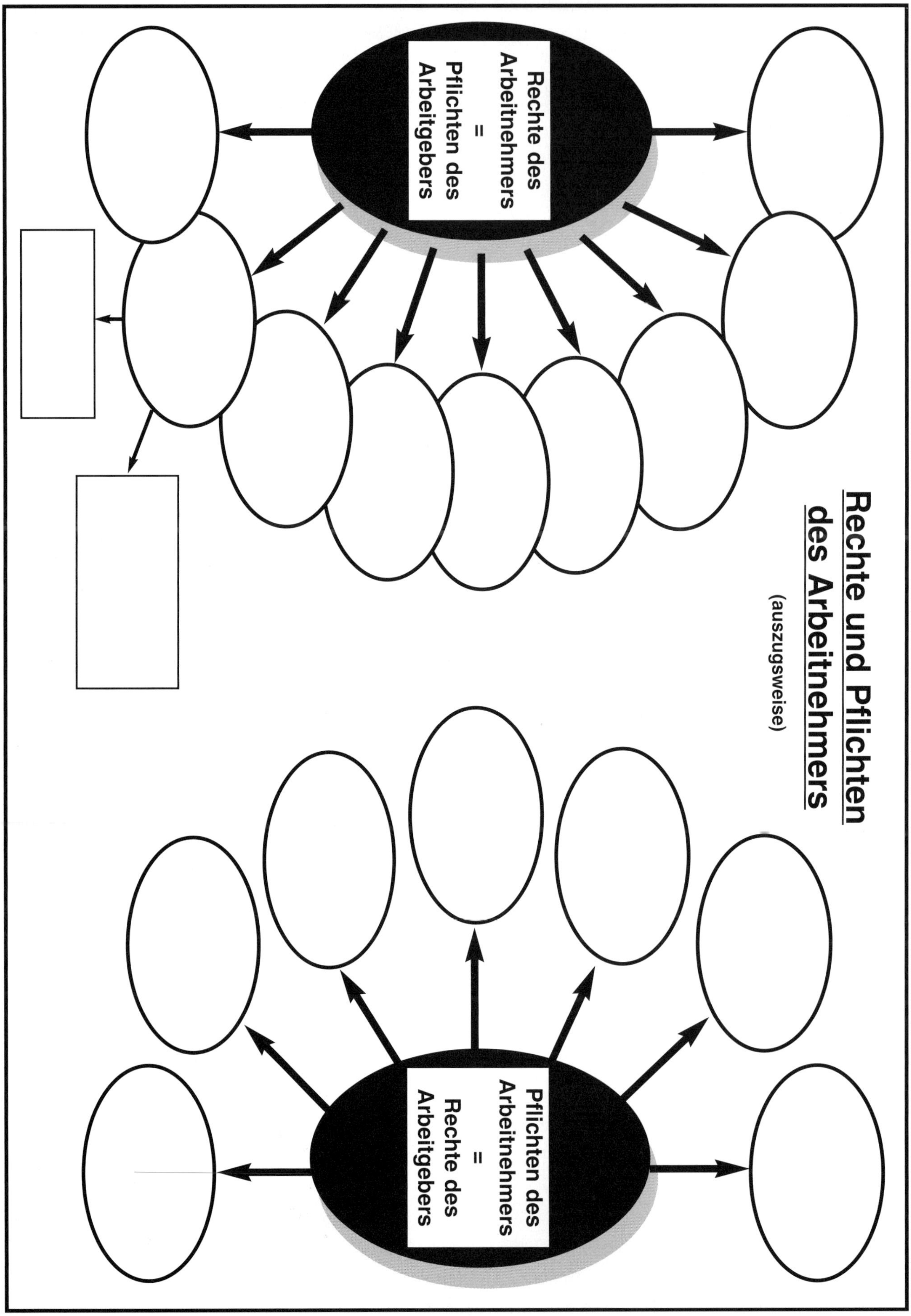

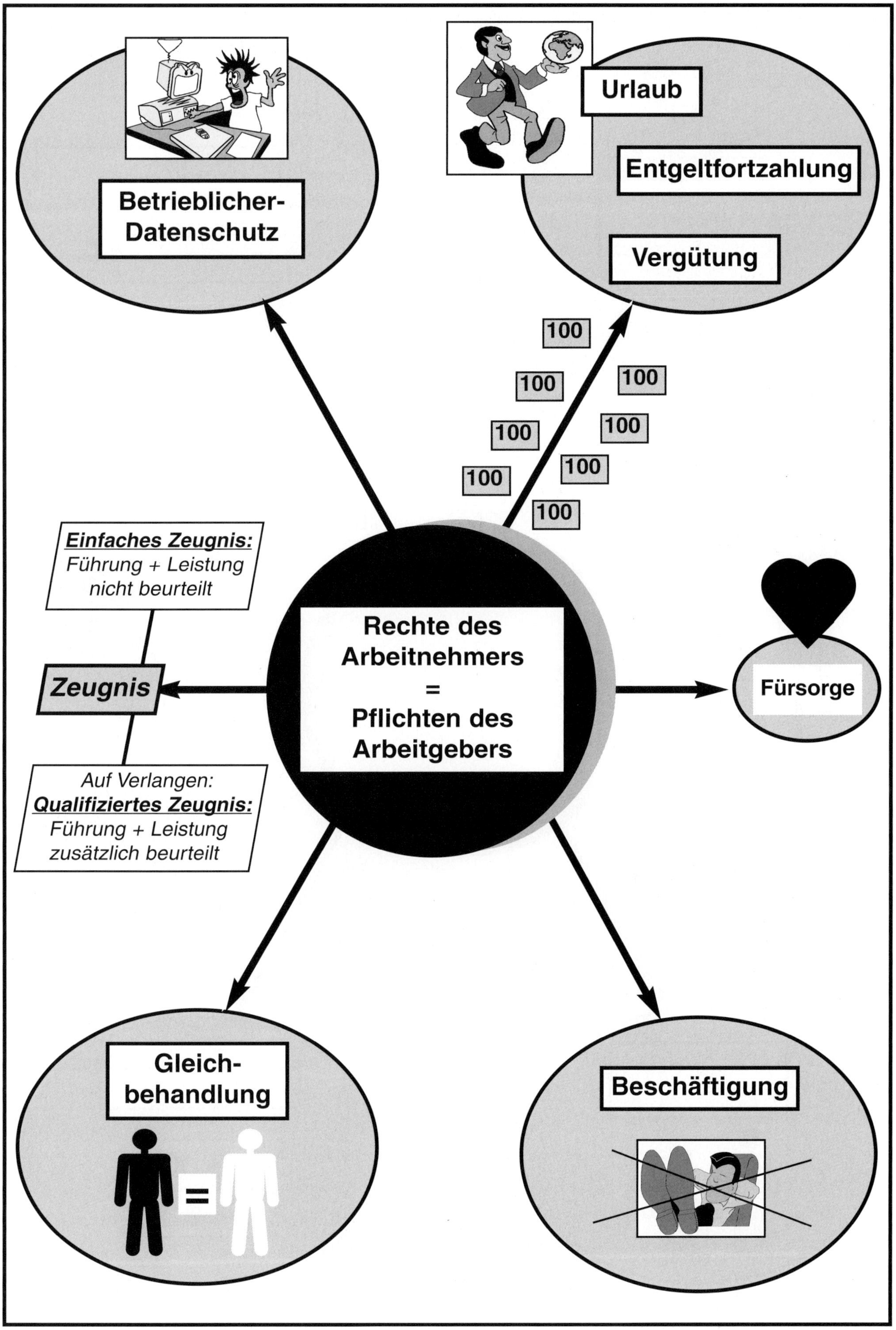
Betrieblicher-Datenschutz
Urlaub
Entgeltfortzahlung
Vergütung
100
100
100
100
100
100
100
100
Einfaches Zeugnis: Führung + Leistung nicht beurteilt
Zeugnis
Auf Verlangen: Qualifiziertes Zeugnis: Führung + Leistung zusätzlich beurteilt
Rechte des Arbeitnehmers = Pflichten des Arbeitgebers
Fürsorge
Gleichbehandlung
=
Beschäftigung

Kopiervorlage

Menschliche Arbeit im Betrieb: Arbeitsvertrag

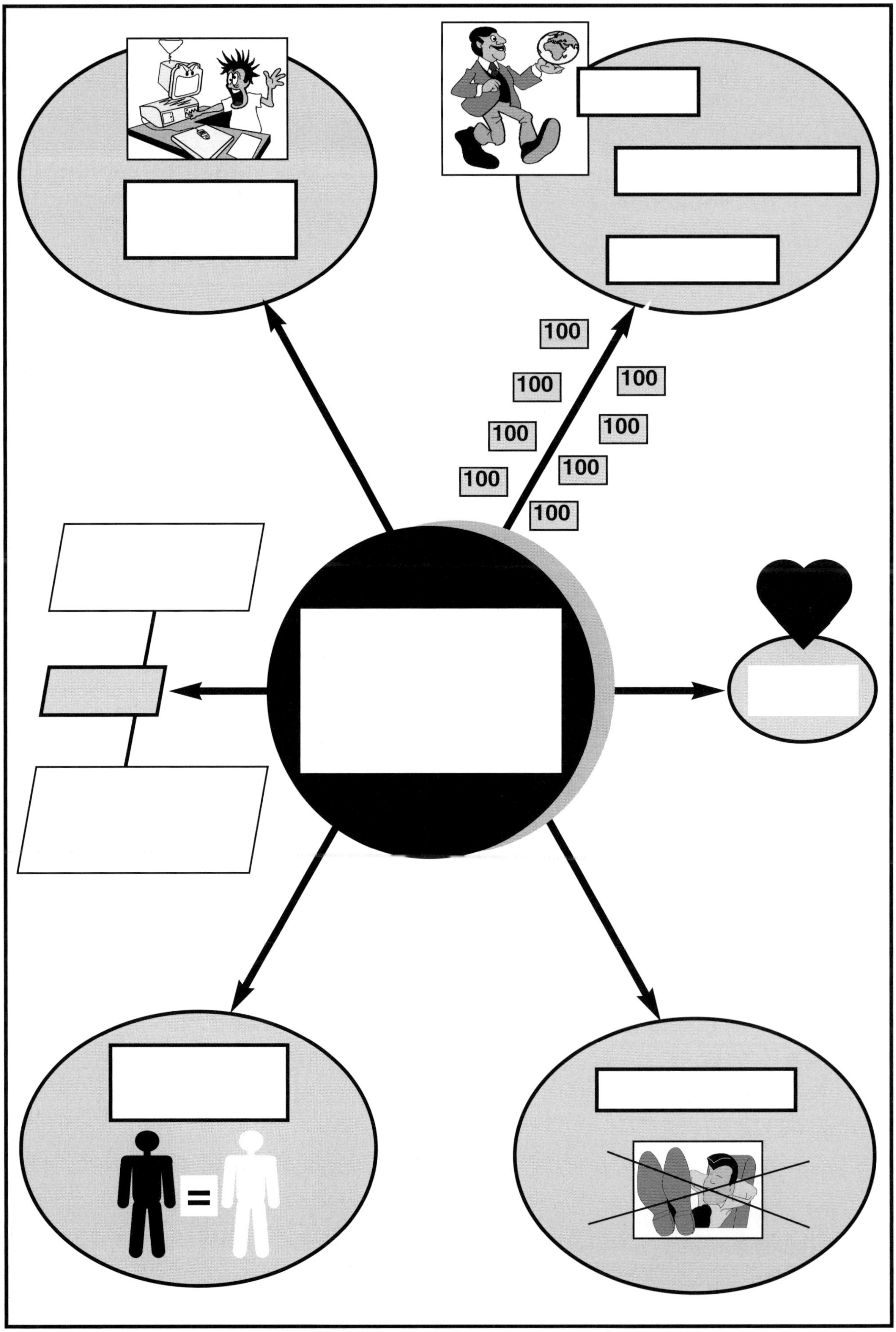

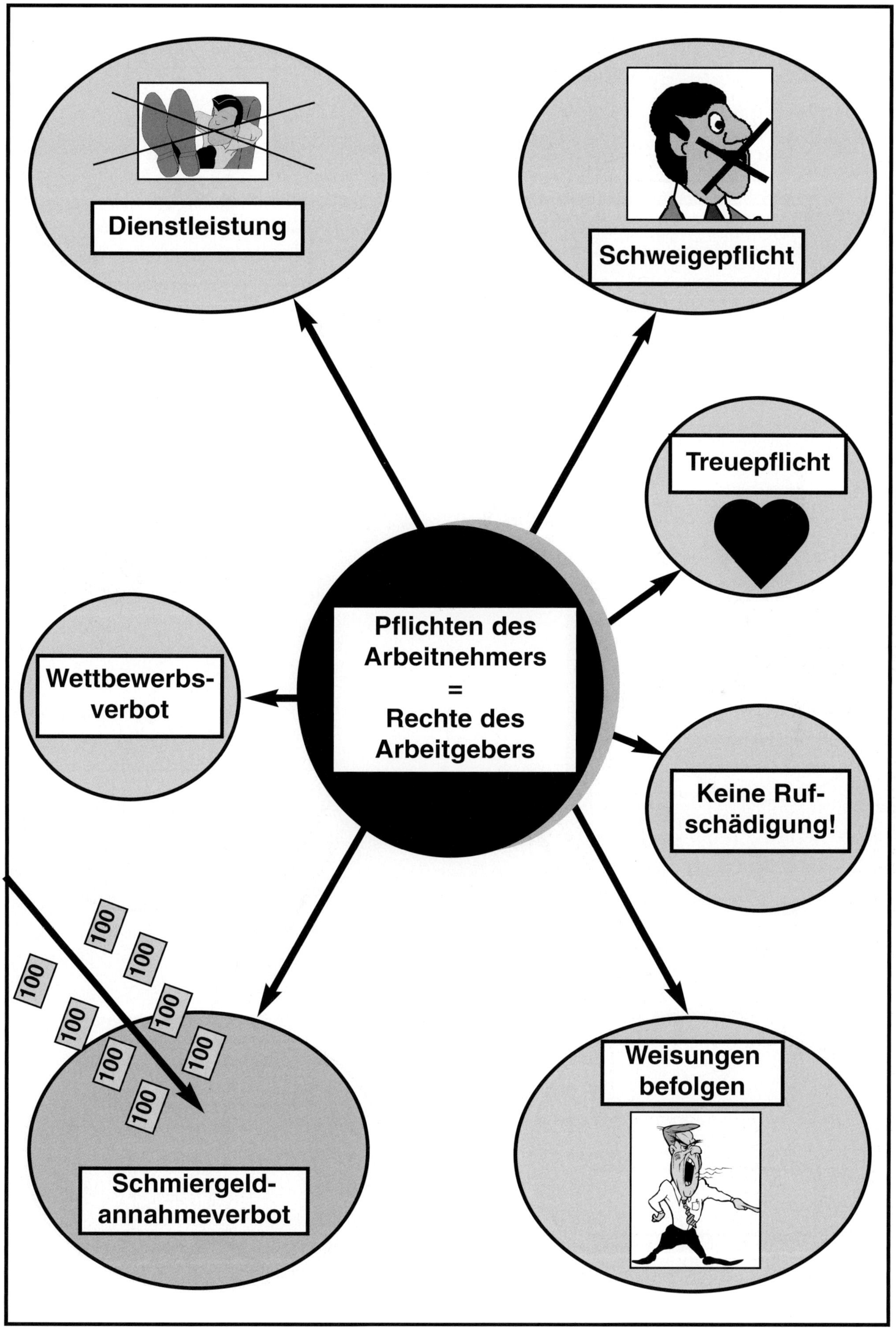
Pflichten des Arbeitnehmers = Rechte des Arbeitgebers
Dienstleistung
Schweigepflicht
Treuepflicht
Wettbewerbs-verbot
Keine Ruf-schädigung!
Schmiergeld-annahmeverbot
Weisungen befolgen
100

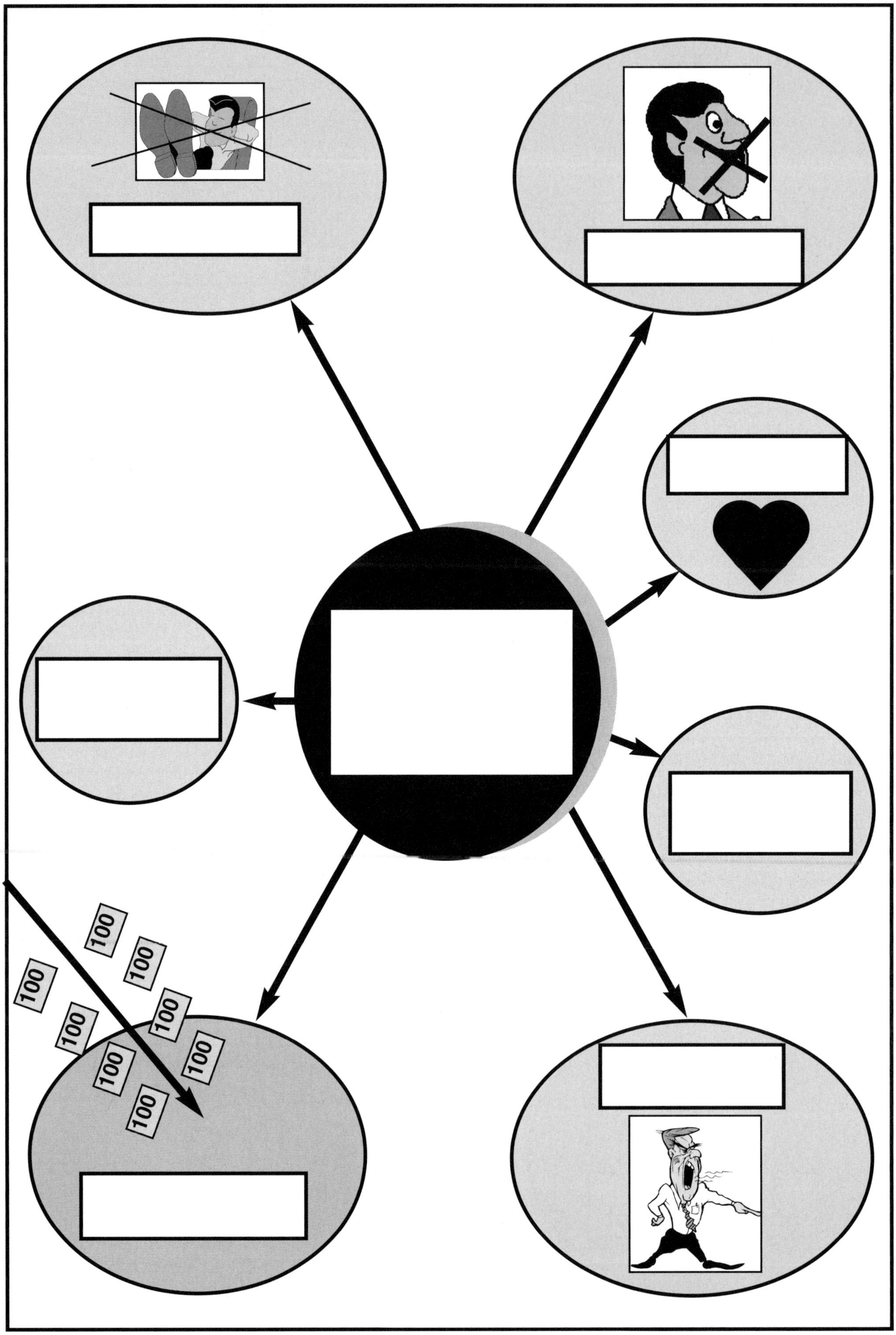
100
100
100
100
100
100
100
100

Musterarbeitsvertrag - Kaufmännischer Angestellter

Arbeitsvertrag

Die Firma Pohl GmbH, vertreten durch den Geschäftsführer Peter Pohl, Brückenstr. 50, 88239 Wangen und Herr Jürgen Knoll, Lindauer Str. 139, 88239 Wangen schließen folgenden Arbeitsvertrag:

§ 1 Beginn des Arbeitsverhältnisses

Das Arbeitsverhältnis beginnt am ... Vor Beginn des Arbeitsverhältnisses ist der Arbeitsvertrag nicht kündbar.

§ 2 Probezeit

Die Probezeit beträgt sechs Monate. Während dieser Zeit kann das Arbeitsverhältnis beiderseits mit einer Frist von zwei Wochen zu jedem beliebigen Termin gekündigt werden.

§ 3 Tätigkeit, Arbeitsort

Herr Pohl wird angestellt als stellvertretender Leiter im Verkauf. Bei Bedarf sind auch andere zumutbare Arbeiten, die seinen Vorkenntnissen entsprechen, zu leisten. Die bisherige Vergütung ist in diesem Fall weiterzuzahlen.
Arbeitsort ist der Sitz des Arbeitgebers.

§ 4 Arbeitszeit

Die wöchentliche Arbeitszeit beträgt 38 Stunden. Beginn und Ende der täglichen Arbeitszeit richten sich nach den Betriebsvereinbarungen oder der Übung des Betriebs. Herr Pohl ist verpflichtet, Mehr- oder Überarbeit zu leisten, soweit dies gesetzlich zulässig ist. Die Firma zahlt für jede geleistete Über- oder Mehrarbeitsstunde zuzüglich zu der sich aus § 5 ergebenden Stundenvergütung einen Zuschlag von ... %.

§ 5 Vergütung

Das Gehalt beträgt monatlich .... € brutto, zahlbar bargeldlos am Monatsschluss.
Die Zahlung von Gratifikationen oder anderen Sonderzahlungen liegt im freien Ermessen des Arbeitgebers und begründet keinen Rechtsanspruch, auch wenn die Zahlungen wiederholt ohne ausdrücklichen Vorbehalt erfolgen.

§ 6 Urlaub

Der Arbeitnehmer erhält kalenderjährlich einen Erholungsurlaub von ... Werktagen unter Fortzahlung seiner Bezüge. Werktage sind alle Kalendertage, die nicht Sonn- oder gesetzliche Feiertage sind. Er stimmt den Urlaubsantritt mit der Geschäftsleitung ab. Ein Urlaubsabschnitt soll mindestens zwei zusammenhängende Wochen betragen.

§ 7 Gehaltsfortzahlung im Krankheitsfalle

Ist der Arbeitnehmer infolge auf Krankheit beruhender Arbeitsunfähigkeit an der Arbeitsleistung verhindert, ohne dass ihn ein Verschulden trifft, so erhält er Gehaltsfortzahlung nach den gesetzlichen Bestimmungen.

§ 8 Verschwiegenheitspflicht

Der Arbeitnehmer verpflichtet sich, über alle vertraulichen Angelegenheiten und Vorgänge, die ihm im Rahmen seiner Tätigkeit zur Kenntnis gelangen, auch nach dem Ausscheiden Stillschweigen zu bewahren.

§ 9 Wettbewerbsverbot

Der Arbeitnehmer verpflichtet sich, für die Dauer von zwei Jahren nach Beendigung des Arbeitsverhältnisses im Gebiet der Postleitzahlen 7 und 8 nicht für ein Konkurrenzunternehmen tätig zu sein sowie nicht unmittelbar oder mittelbar an der Gründung oder im Betrieb eines solchen Unternehmens mitzuwirken.
Für die Dauer des Wettbewerbsverbots verpflichtet sich die Firma, ... % der zuletzt gewährten vertragsmäßigen Leistungen zu zahlen. Die Karenzentschädigung wird fällig am Schluss eines jeden Kalendermonats.
Der Arbeitnehmer hat für jeden Fall der Zuwiderhandlung gegen das Wettbewerbsverbot eine Vertragsstrafe von ..... € monatlich zu zahlen.

§ 10 Nebenbeschäftigung

Der Arbeitnehmer darf eine Nebenbeschäftigung während des Arbeitsverhältnisses nur mit vorheriger schriftlicher Zustimmung der Firma übernehmen.

§ 11 Beendigung des Arbeitsverhältnisses

Für die Kündigung des Arbeitsverhältnisses gelten die gesetzlichen Kündigungsfristen.

§ 12 Schriftformerfordernis

Änderungen des Vertrages und Nebenabreden bedürfen zu ihrer Rechtswirksamkeit der Schriftform.

Sind einzelne Vertragsbestimmungen unwirksam, so wird hierdurch die Wirksamkeit des übrigen Vertrages nicht berührt.

Wangen, den ... .

(Pohl GmbH) (Jürgen Knoll)

Kreuzworträtsel (Thema: Arbeitsvertrag)

Das Lösungswort (von oben nach unten gelesen) ergibt eine Pflicht des Arbeitgebers.

1. Gesetzliche Grundlage des Arbeitsvertrages (Abkürzung)
2. Pflicht des Arbeitnehmers
3. Pflicht des Arbeitgebers
4. Formvorschrift für Arbeitsvertrag
5. Voraussetzung für die Gültigkeit des vertraglichen Wettbewerbsverbots
6. Ein qualifiziertes Zeugnis enthält im Unterschied zum einfachen Zeugnis Angaben über Leistung und .....
7. Recht des Arbeitgebers bei Verstoß gegen das gesetzliche Wettbewerbsverbot
8. Voraussetzung für die Gültigkeit des vertraglichen Wettbewerbsverbots: Vereinbarung einer .....
9. Das vertragliche Wettbewerbsverbot betrifft die Zeit nach ..... des Arbeitnehmers.
10. Ein einfaches Zeugnis enthält Angaben über Dauer und ..... des Arbeitsverhältnisses.
11. Alternativbezeichnung für das vertragliche Wettbewerbsverbot
12. Aufgrund des gesetzlichen Wettbewerbsverbots darf der Arbeitnehmer ohne Genehmigung des Arbeitgebers kein eigenes ..... betreiben.
13. Bei wichtigem Grund kann eine ..... Kündigung erfolgen.
14. Das vertragliche Wettbewerbsverbot ist u. a. nur gültig, wenn es keine wesentliche ..... für den Arbeitnehmer bewirkt.
15. Bei verhaltensbedingter Kündigung ist i. d. R. zunächst eine ..... erforderlich.
16. Aufgrund des gesetzlichen Wettbewerbsverbots darf der Arbeitnehmer ohne Genehmigung des Arbeitgebers keine ..... in der Branche des Arbeitgebers betreiben.

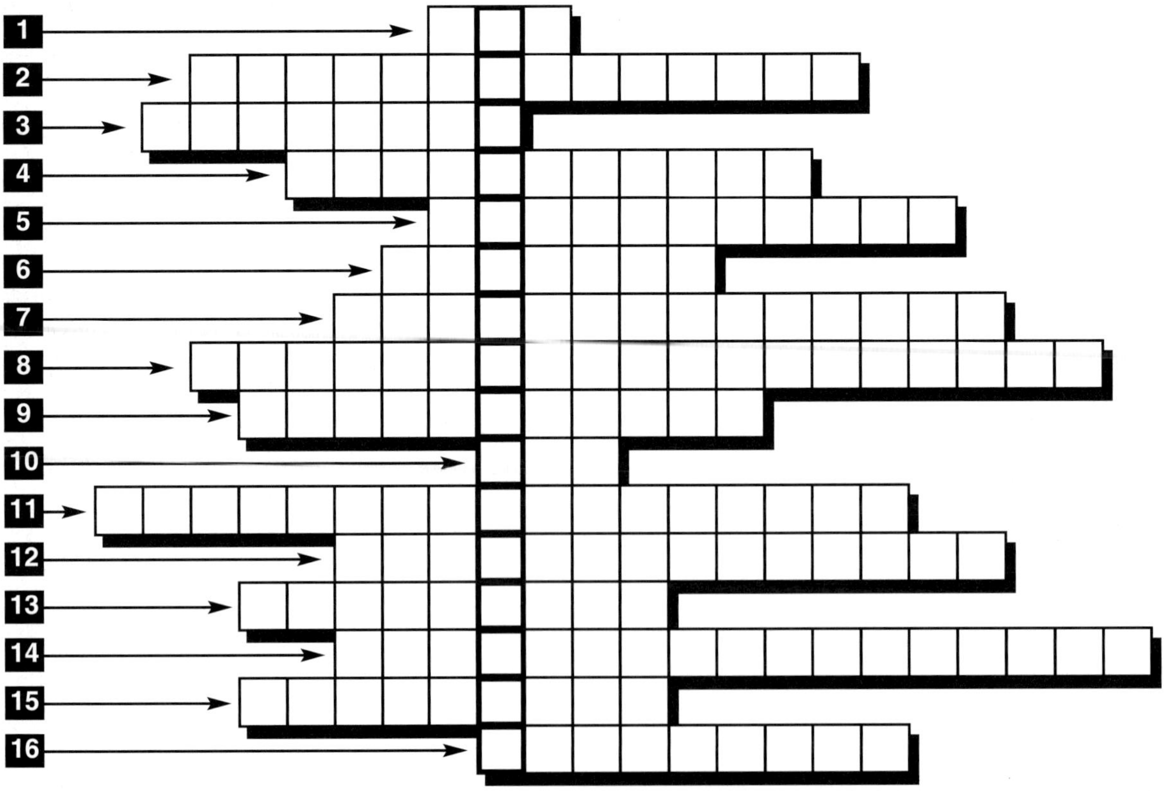

Lösungen: **(Lösungswort: GLEICHBEHANDLUNG)**

1. HGB
2. Dienstleistung
3. Fürsorge
4. Schriftform
5. Schriftform
6. Führung
7. Selbsteintritt
8. Karenzentschädigung
9. Ausscheiden
10. Art
11. Konkurrenzklausel
12. Handelsgewerbe
13. fristlose
14. Berufserschwernis
15. Abmahnung
16. Geschäfte

Arbeitsvertrag - Betriebsvereinbarung

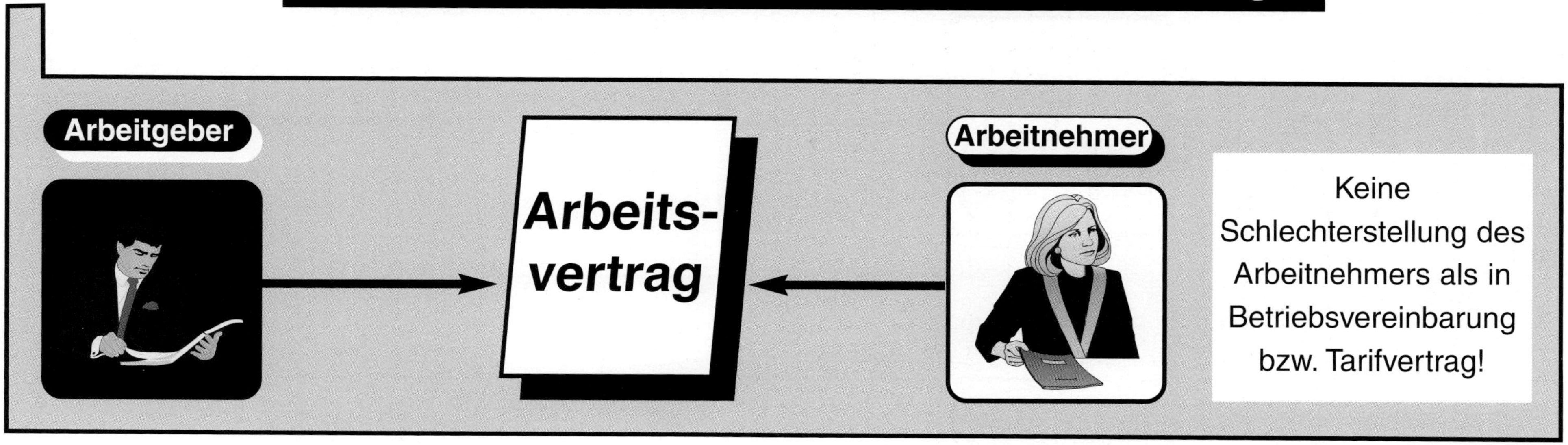

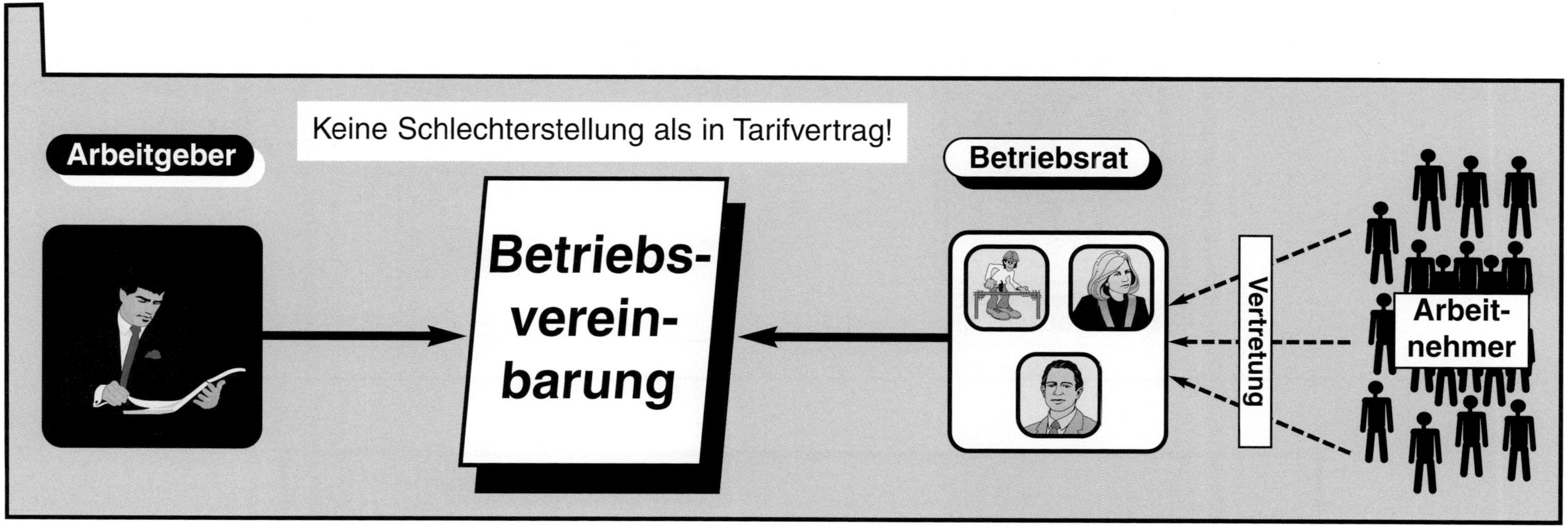

Kopiervorlage

Arbeitsvertrag und Betriebsvereinbarung

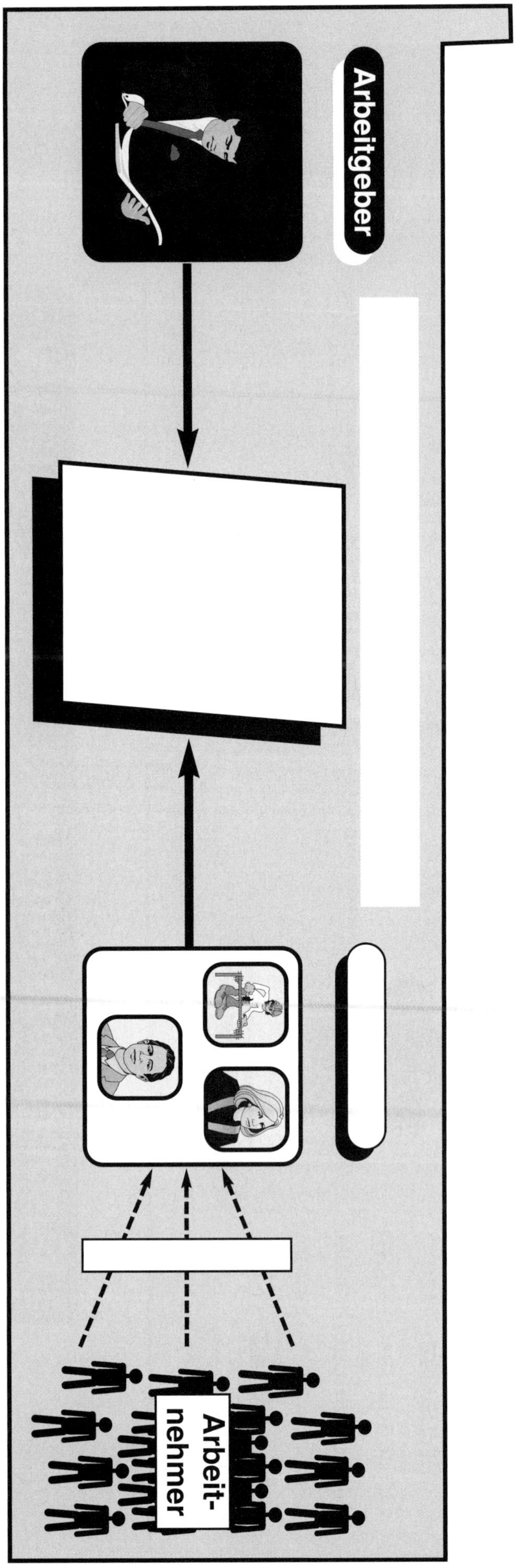

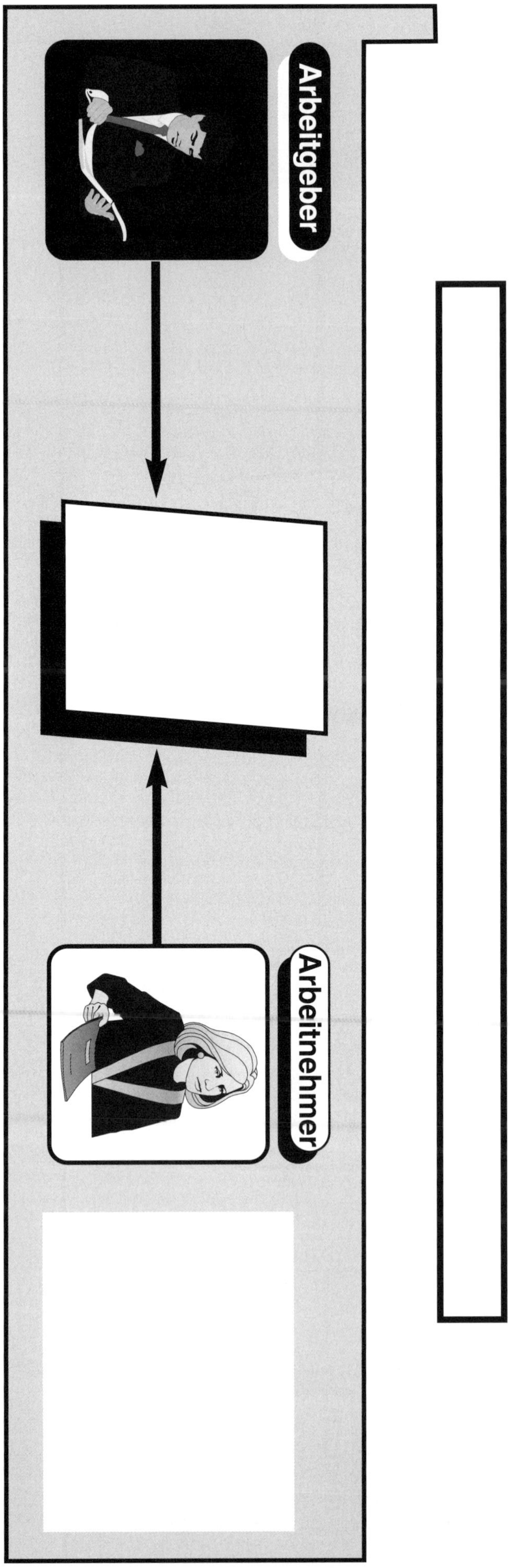

AKTUALITÄTSSERVICE

Arbeitsvertrag: Schriftform vorgeschrieben?

Rechtliche Situation: Für Wirksamkeit des Arbeitsvertrages grundsätzlich keine Form vorgeschrieben –> mündlich oder schriftlich. Oft jedoch in Tarifverträgen Schriftform vorgeschrieben.

Jedoch: Laut **Nachweisgesetz** von 1995 ist der Arbeitgeber verpflichtet, spätestens einen Monat nach vereinbartem Beginn des Arbeitsverhältnisses die wesentlichen Vertragsbedingungen schriftlich zu fixieren, zu unterzeichnen und dem Arbeitnehmer auszuhändigen (= sog. **Niederschrift = Nachweis).** Diese Niederschrift ist kein Arbeitsvertrag, weil der Arbeitnehmer im Gegensatz zum Arbeitsvertrag nicht mitunterschreibt.

Wichtig: Der Nachweis (die Niederschrift) gemäß Nachweisgesetz hat den gleichen **Beweiswert** wie ein Arbeitsvertrag (vgl. Urteil des Europäischen Gerichtshofs vom 4. Dez. 1997 - Rs. C-253/96 - C-258/96 - DB97, 2617).

Generelle Empfehlung von Experten: Arbeitsvertrag unbedingt schriftlich abschließen!

Lohnfortzahlung bei Gefahrsport?

Der Fall

Ein geübter Motorradfahrer erlitt bei einem Rennen einen Unfall und verletzte sich schwer. Der Arbeitgeber verweigerte die Lohnfortzahlung. Der Arbeitnehmer klagte.

§

Urteil

Es besteht Anspruch auf Lohnfortzahlung. Begründung:

- Fortzahlungsanspruch entfällt nur, wenn der Betroffene bei der Ausübung einer gefährlichen Sportart seine persönlichen Fähigkeiten offensichtlich überschätzt und somit leichtsinnig und unvernünftig gehandelt hat und dadurch ein hohes Verletzungsrisiko einging.
- Die Ausübung einer gefährlichen Sportart allein ist nicht schädlich.

LAG Rheinl.-Pfalz, Az.: 5 SA 823/98

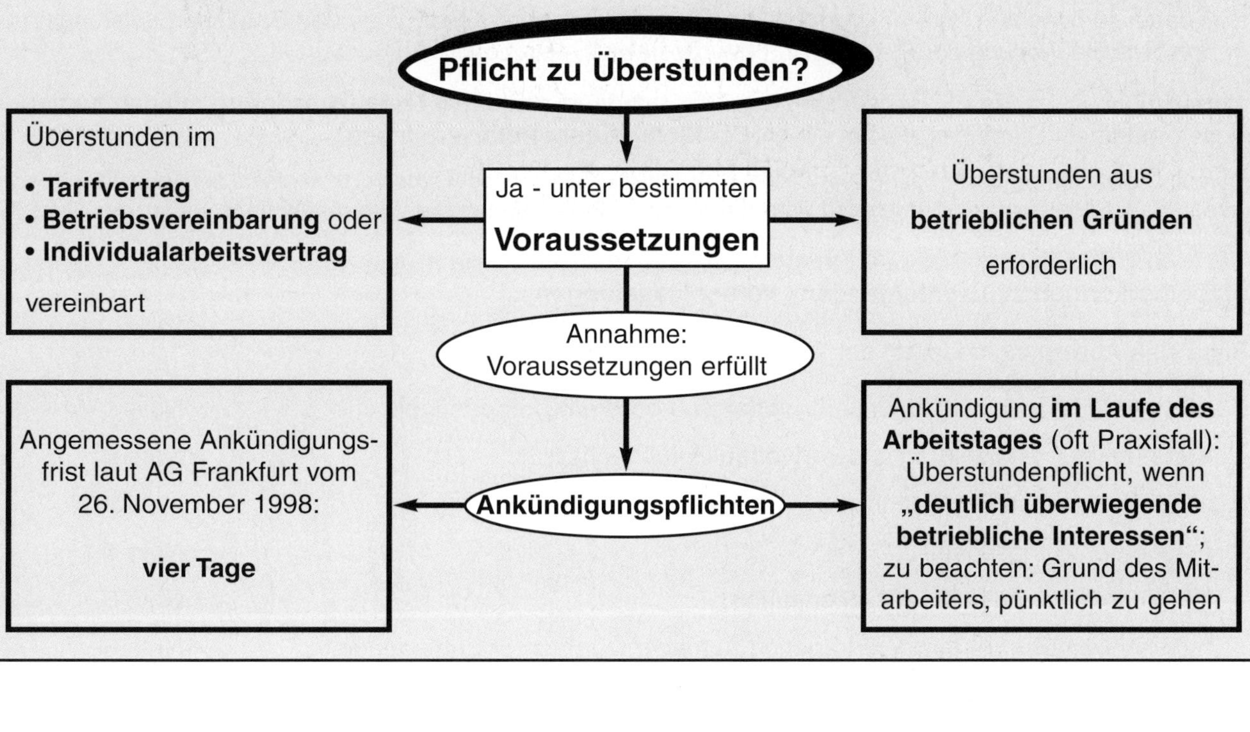

4 ARBEITSZEUGNISSE

Vorbemerkungen zum qualifizierten Zeugnis:

- Wer ein qualifiziertes Zeugnis wünscht, muss dies dem Arbeitgeber gegenüber **erklären.**
- Das Zeugnis ist auf Verlangen des Arbeitnehmers **unverzüglich** auszustellen.
- Zeugnisschuld = **Holschuld** (Arbeitgeber muss Zeugnis zur Abholung bereithalten).
- Qualifiziertes Zeugnis = **Regelfall.**

Das qualifizierte Arbeitszeugnis ist für die betriebliche Praxis und für Arbeitsgerichte ein **„Dauerbrenner".**

Gründe:

- Die **Bedeutung** des Arbeitszeugnisses in Zeiten hoher **Arbeitslosigkeit** wächst.
- Oberster Grundsatz: Die Inhalte des Zeugnisses müssen **wahr** sein.
- Unwahre Zeugnisse können zur **Haftung** und damit zu **Schadenersatzpflichten** des Zeugnisausstellers führen.
- Das Zeungis muss laut Entscheidungen des Bundesarbeitsgerichts und des Bundesgerichtshofs von verständigem **Wohlwollen** getragen sein und darf dem Arbeitnehmer sein weiteres Fortkommen nicht unnötig erschweren.
- Es können aufgrund des Wahrheitsprinzips auch **negative Aussagen** enthalten sein.
- Der Arbeitgeber soll möglichst **objektiv, vorurteilsfrei und unvoreingenommen** beurteilen.
- **Einmalige Vorfälle oder Umstände** positiver oder negativer Art sollen **unberücksichtigt** bleiben.

Konflikt: Das Zeugnis muss **wahr** sein, aber gleichzeitig von **Wohlwollen** getragen sein. Folge: Die Vorgesetzten müssen regelrechte Klimmzüge veranstalten, um diesen Konflikt zu lösen.

In der Praxis haben sich bestimmte **Formulierungen** (Verschlüsselungen) herausgebildet, die mit **Noten** gleichgesetzt werden können. Aufgrund der Bedeutung dieser Formulierungen für den Arbeitnehmer ist es wichtig und interessant für den Schüler, sich damit auseinanderzusetzen.

Im Folgenden sollen die wesentlichen praxisüblichen Verschlüsselungen aufgeführt werden. Statt einer Notenskala, die keinen absoluten Maßstab darstellt, könnten die Formulierungen auch mit gut (Noten 1 und 2), durchschnittlich (Noten 3 und 4) oder schlecht (Noten 5 und 6) beurteilt werden.

Es ist dabei zu beachten, daß die Formulierungen jeweils Zeugnisauszüge zu den Bereichen Leistungsbeurteilung sowie Beurteilung der Führung und des Sozialverhaltens darstellen.

Empfehlung: Lassen Sie vor Behandlung des Themas Ihre Schüler die **Notenzuordnung** auf den Kopiervorlagen vornehmen. Hiermit ist jeweils ein großer **Motivationseffekt** verbunden.

Hinweis: Die nachfolgenden, in der Praxis üblichen Zeugnisformulierungen werden u. a. in einem sehr guten Beitrag von Andreas Haupt, Bielefeld, in: „Betrieb und Wirtschaft", Heft 16/1996, Verlag Die Wirtschaft GmbH, Berlin, detailliert dargestellt.

Kurzbemerkungen zu nachfolgenden „Verschlüsselungen":

- Stets eine Abwertung bedeutet der Ausdruck **„bemühte sich"**!
- „... **stets** (immer, jederzeit) zu unserer **vollsten** (höchsten) Zufriedenheit ..." = Note 1
  „... **stets** (immer, jederzeit) zu unserer **vollen** Zufriedenheit ..." = Note 2
  „... zu unserer **vollen** Zufriedenheit ..." = Note 3
  „... zu unserer Zufriedenheit ..." = Note 4
  „... im Allgemeinen zu unserer Zufriedenheit ..." = Note 5
  „... hat sich **bemüht,** die ihm übertragenen Aufgaben zu unserer Zufriedenheit ..." = Note 6

Formulierungen in Arbeitszeugnissen

Ordnen Sie folgenden Zeugnisformulierungen durch Ankreuzen jeweils eine Note (1-6) zu.	
1. Er hat sich bemüht, die ihm übertragenen Arbeiten zu unserer Zufriedenheit zu erledigen.	1 2 3 4 5 6
2. Er hat unseren Erwartungen entsprochen.	1 2 3 4 5 6
3. Er hat die ihm übertragenen Arbeiten stets zu unserer vollen Zufriedenheit erledigt.	1 2 3 4 5 6
4. Er erledigte die ihm übertragenen Arbeiten mit Fleiß und war stets bestrebt, sie termingerecht zu beenden.	1 2 3 4 5 6
5. Er hat unseren Erwartungen in jeder Hinsicht und bester Weise entsprochen.	1 2 3 4 5 6
6. Er hat sich mit großem Eifer an diese Aufgabe herangemacht und war erfolgreich.	1 2 3 4 5 6
7. Er hat die ihm übertragenen Arbeiten zu unserer Zufriedenheit erledigt.	1 2 3 4 5 6
8. Er hat die ihm übertragenen Arbeiten stets zu unserer vollsten Zufriedenheit erledigt.	1 2 3 4 5 6
9. Er hat die ihm übertragenen Aufgaben zu unserer vollen Zufriedenheit erledigt.	1 2 3 4 5 6
10. Sie zeigte von sich aus Initiative und Einsatzbereitschaft.	1 2 3 4 5 6
11. Wir danken Frau X für ihre Arbeit in unserer Firma und wünschen ihr alles Gute.	1 2 3 4 5 6
12. Sie war immer hochmotiviert, entwickelte jederzeit Eigeninitiative und überzeugte durch ihre große Leistungsbereitschaft.	1 2 3 4 5 6
13. Mit Herrn X verlässt uns eine engagierte und tüchtige Fachkraft. Wir danken ihm für seine stets gute Arbeit und wünschen ihm für seinen weiteren Berufs- und Lebensweg alles Gute und weiterhin viel Erfolg.	1 2 3 4 5 6
14. Herr X hat die ihm übertragenen Aufgaben im Allgemeinen zu unserer Zufriedenheit erledigt.	1 2 3 4 5 6
15. Ihr Verhalten gegenüber Vorgesetzten, Mitarbeitern und Kunden war im Wesentlichen einwandfrei.	1 2 3 4 5 6
16. Zusammenfassend waren wir mit den Leistungen von Frau X voll zufrieden.	1 2 3 4 5 6
17. Er war gut motiviert, entwickelte stets Initiative und führte die Arbeiten engagiert aus.	1 2 3 4 5 6
18. Ihr Verhalten gegenüber Vorgesetzten, Mitarbeitern und Geschäftspartnern war in jeder Hinsicht einwandfrei.	1 2 3 4 5 6
19. Für die Zukunft wünschen wir Herrn X, dass er auf seinem weiteren Berufs- und Lebensweg viel Erfolg haben wird.	1 2 3 4 5 6
20. Er hat sich bemüht, unseren Anforderungen zu entsprechen.	1 2 3 4 5 6
21. Ihr persönliches Verhalten gegenüber Vorgesetzten, Kollegen und Kunden war vorbildlich.	1 2 3 4 5 6
22. Wir bedauern das Ausscheiden von Herrn X sehr. Mit ihm verlieren wir eine ausgezeichnete Fachkraft. Wir danken Herrn X für die hervorragende Arbeit in unserem Unternehmen und wünschen ihm für seinen weiteren Berufs- und Lebensweg alles Gute und weiterhin viel Erfolg.	1 2 3 4 5 6

23. Er hat sich bemüht, der geforderten Leistungsbereitschaft zu entsprechen.	1 2 3 4 5 6
24. Ihr Verhalten gegenüber Vorgesetzten, Kollegen und Kunden war höflich und korrekt.	1 2 3 4 5 6
25. Er war bereit, die geforderten Aufgaben zu erfüllen.	1 2 3 4 5 6
26. Wir danken Herrn X für die gute Zusammenarbeit und wünschen ihm für seinen weiteren Berufs- und Lebensweg alles Gute.	1 2 3 4 5 6
27. Herr X besitzt die Fähigkeit, Mitarbeiter zielgerecht anzuleiten und zu führen.	1 2 3 4 5 6
28. Insgesamt hat Frau X die ihr übertragenen Aufgaben jederzeit zu unserer vollen Zufriedenheit erledigt.	1 2 3 4 5 6
29. Herr X setzt die ihm unterstellten Mitarbeiter entsprechend ihren Fähigkeiten ein. Seine Beurteilungen sind treffsicher, ausgewogen und differenziert. Herr X setzt klare Ziele, informiert sachgerecht und motiviert zu selbstständigem Handeln. Anerkennung und Kritik spricht er offen aus und fördert die Entwicklung seiner Mitarbeiter. Durch sein vorbildliches Engagement erreichte er bei den Mitarbeitern ein positives und konstruktives Arbeitsklima, welches zu hervorragenden Ergebnissen führte.	1 2 3 4 5 6
30. Herr X wird als Vorgesetzter von den Mitarbeitern geachtet. Er führte sie zielsicher und verantwortungsbewusst zu den gewünschten Leistungen.	1 2 3 4 5 6
31. Das Verhalten von Herrn X gegenüber Vorgesetzten, Mitarbeitern und Kunden war zufriedenstellend.	1 2 3 4 5 6
32. Er war im Wesentlichen bereit, die geforderten Aufgaben zu erfüllen.	1 2 3 4 5 6
33. Frau X wird als Vorgesetzte von den Mitarbeitern anerkannt und geschätzt. Sie ist in der Lage, diese entsprechend ihren Fähigkeiten einzusetzen, zu fördern und zu guten Leistungen zu führen.	1 2 3 4 5 6
34. Frau X verstand es, durch ihre fürsorgliche Mitarbeiterführung die gesteckten Ziele im Wesentlichen zu erreichen.	1 2 3 4 5 6
35. Frau X hat insgesamt die ihr übertragenen Aufgaben zu unserer Zufriedenheit erledigt.	1 2 3 4 5 6
36. Herr X bemühte sich in seiner Vorgesetztenfunktion stets um eine ausreichende Motivation der Mitarbeiter, um die vorgegebenen Ziele zu erreichen.	1 2 3 4 5 6
37. Insgesamt ist die Leistung von Herrn X für die gesamte Dauer des Arbeitsverhältnisses mit sehr gut zu bewerten.	1 2 3 4 5 6
38. Das Fachwissen von Herrn X ist zufriedenstellend. Er beherrscht sein Aufgabengebiet entsprechend den Anforderungen.	1 2 3 4 5 6
39. Frau X verfügt über fundiertes Fachwissen, welches dem neuesten technischen Stand entspricht. Sie verfügt über eine große Berufserfahrung und beherrscht ihr Arbeitsgebiet umfassend und sicher.	1 2 3 4 5 6
40. Frau X war im Wesentlichen in der Lage den üblichen Arbeitsanfall zu bewältigen.	1 2 3 4 5 6
41. Die Arbeitsweise von Herrn X war im Allgemeinen zufriedenstellend. Herr X erledigte die wesentlichen Aufgaben i. d. R. zuverlässig.	1 2 3 4 5 6
42. Die Arbeitsergebnisse von Frau X entsprachen im Allgemeinen den Erwartungen.	1 2 3 4 5 6
43. Herr X verfügt über eine hervorragende Arbeitseinteilung, die ihn zu höchster Effektivität bei seiner Arbeit befähigt. Er arbeitete stets mit äußerster Sorgfalt und Genauigkeit.	1 2 3 4 5 6

44. Herr X war um eine zuverlässige und genaue Arbeitsweise bemüht.	1 2 3 4 5 6
45. Frau X verfügt über eine rasche Auffassungsgabe und war dadurch auch stärkerer Arbeitsbelastung stets gewachsen.	1 2 3 4 5 6
46. Herr X zeigte sich auch stärkerer Arbeitsbelastung gewachsen.	1 2 3 4 5 6
47. Frau X arbeitete stets selbstständig aufgrund eigener Planung und Zielsetzung. Sie erledigte ihre Aufgaben jederzeit zuverlässig und exakt.	1 2 3 4 5 6
48. Herr X erweiterte laufend und erfolgreich sein Fachwissen durch die Teilnahme an außer- und innerbetrieblichen Veranstaltungen.	1 2 3 4 5 6
49. Frau X nahm gelegentlich auch an den ihr angebotenen Fortbildungsmaßnahmen teil.	1 2 3 4 5 6
50. Die Arbeitsergebnisse von Frau X waren stets überdurchschnittlich.	1 2 3 4 5 6
51. Herr X hat immer großes Interesse an seiner beruflichen Fortbildung gezeigt und erweiterte ständig, auch in seiner Freizeit, seine Kenntnisse mit Erfolg und großem persönlichen Einsatz.	1 2 3 4 5 6
52. Die Arbeitsweise von Frau X war stets zufriedenstellend.	1 2 3 4 5 6
53. Dank ihrer schnellen Auffassungsgabe war Frau X außerordentlich belastbar und auch stärkster Arbeitsbelastung jederzeit gewachsen.	1 2 3 4 5 6
54. Herr X verfügt in seinem Fach über entwicklungsfähige Grundkenntnisse. Er ist im Wesentlichen in der Lage, sein Aufgabengebiet zu bewältigen.	1 2 3 4 5 6
55. Die Arbeitsweise von Frau X war zufriedenstellend. Frau X erledigte die wesentlichen Aufgaben zuverlässig.	1 2 3 4 5 6
56. Die Arbeitsergebnisse von Herrn X erfüllten in vollem Umfang die Anforderungen. Die von Herrn X erzielten Lösungen waren gut.	1 2 3 4 5 6
57. Frau X bemühte sich stets, den üblichen Arbeitsanfall zu bewältigen.	1 2 3 4 5 6
58. Herr X erzielte stets herausragende Ergebnisse.	1 2 3 4 5 6
59. Frau X war stets bemüht, sich die notwendigen Fachkenntnisse für ihren Bereich anzueignen und den Anforderungen ihres Aufgabenbereichs gerecht zu werden.	1 2 3 4 5 6
60. Herr X nahm wiederholt Gelegenheiten wahr, sich fachlich weiterzubilden.	1 2 3 4 5 6
61. Die Arbeitsergebnisse von Frau X entsprachen nicht unseren Erwartungen.	1 2 3 4 5 6
62. Herr X war um den Erwerb der notwendigen Fachkenntnisse bemüht.	1 2 3 4 5 6
63. Frau X war immer in der Lage, den üblichen Arbeitsanfall zu bewältigen.	1 2 3 4 5 6
64. Herr X war bemüht, sein Fachwissen zu erweitern.	1 2 3 4 5 6
65. Das persönliche Verhalten von Frau X war nicht frei von Beanstandungen. Im Umgang mit Vorgesetzten traten Probleme auf.	1 2 3 4 5 6
66. Die Arbeitsergebnisse von Herrn X entsprachen den Erwartungen.	1 2 3 4 5 6
67. Sie besitzt überdurchschnittliche, optimal fundierte Fachkenntnisse in allen Bereichen und verfügt über sehr große Berufserfahrung. Sie beherrscht ihr Aufgabengebiet vollkommen.	1 2 3 4 5 6
68. Sein Fachwissen entspricht dem technischen Stand. Er beherrscht sein Arbeitsgebiet umfassend.	1 2 3 4 5 6

Lösungen:

1. 6	**6.** 4	**11.** 4	**16.** 3	**21.** 2	**26.** 3	**31.** 4	**36.** 6	**41.** 5	**46.** 3	**51.** 1	**56.** 3	**61.** 6	**66.** 4
2. 4	**7.** 4	**12.** 1	**17.** 2	**22.** 1	**27.** 4	**32.** 5	**37.** 1	**42.** 5	**47.** 2	**52.** 3	**57.** 6	**62.** 6	**67.** 1
3. 2	**8.** 1	**13.** 2	**18.** 1	**23.** 6	**28.** 2	**33.** 2	**38.** 4	**43.** 1	**48.** 2	**53.** 1	**58.** 1	**63.** 4	**68.** 3
4. 6	**9.** 3	**14.** 5	**19.** 5	**24.** 3	**29.** 1	**34.** 5	**39.** 2	**44.** 6	**49.** 4	**54.** 5	**59.** 6	**64.** 5	
5. 1	**10.** 3	**15.** 5	**20.** 6	**25.** 4	**30.** 3	**35.** 4	**40.** 5	**45.** 2	**50.** 2	**55.** 4	**60.** 3	**65.** 6	

Folgende Punkte gehören jeweils zu folgenden Bereichen (jede Note 1 bis 6 ist jeweils vertreten):
(vgl. Beitrag von Andreas Haupt, Bielefeld, in: „Betrieb und Wirtschaft", Heft 16/1996, Verlag Die Wirtschaft GmbH, Berlin)

Leistungsbeurteilung:
- Leistungsbereitschaft: 10, 12, 17, 23, 25, 32
- Arbeitsbefähigung: 40, 45, 46, 53, 57, 63
- Arbeitsweise: 41, 43, 44, 47, 52, 55
- Arbeitserfolg: 42, 50, 56, 58, 61, 66
- Fachliches Können: 38, 39, 54, 59, 67, 68
- Weiterbildungsinitiative: 48, 49, 51, 60, 62, 64
- Zusammenfassende Leistungsbeurteilung: 14, 16, 20, 28, 35, 37 sowie 1 bis 9

Spezialfall: Leitende Angestellte: 27, 29, 30, 33, 34, 36

Beurteilung von Führung und Sozialverhalten: 15, 18, 21, 24, 31, 65

Schlusssätze: 11, 13, 19, 22, 26
Hinweis: Fehlt die Schlussfloskel (Bedauern über den Weggang, Wünsche für die Zukunft) im Zeugnis, so wird dies in der Praxis als negativ für die Gesamtbeurteilung angesehen!

Weitere „Geheimsprache"-Formulierungen

Das wird geschrieben	Das meint man damit
• Er hat alle Arbeiten ordnungsgemäß erledigt.	Bürokrat, der keinerlei Initiative entwickelt
• Er ist mit seinen Vorgesetzten gut zurechtgekommen.	Mitläufer, der sich gut anpasst
• Er hat sich im Rahmen seiner Fähigkeiten eingesetzt.	Er hat getan, was er konnte: Das war nicht viel.
• Er war immer mit Interesse bei der Sache.	Er hat sich angestrengt, aber nichts geleistet.
• Wegen seiner Pünktlichkeit war er stets ein gutes Vorbild.	Er war in jeder Hinsicht eine Niete.
• Er war sehr tüchtig und wusste sich gut zu verkaufen.	Unangenehmer Mitarbeiter
• Wir haben uns in gegenseitigem Einvernehmen getrennt.	Ihm wurde gekündigt.
• Er bemühte sich, seinen Aufgaben gerecht zu werden.	Er hat versagt.
• Alle Arbeiten erledigte er mit großem Fleiß und Interesse.	Er war eifrig, aber nicht gerade tüchtig.
• Er zeigte für seine Arbeit Verständnis.	Er war ein Faulenzer.
• Wir lernten ihn als umgänglichen Kollegen kennen.	Man sah ihn lieber von hinten als von vorne.
• Durch seine Geselligkeit trug er zur Verbesserung des Betriebsklimas bei.	Er neigt zu übertriebenem Alkoholgenuss.

Der Aufbau eines qualifizierten Zeugnisses

- **Überschrift:** „Arbeitszeugnis" oder „Ausbildungszeugnis" oder „Zeugnis"
- **Einleitung:**
  - Personalien des Arbeitnehmers (Name, Vorname, Beruf, Titel)
  - Beschäftigungsdauer
  - evtl. Geburtsdatum
- **Tätigkeitsbeschreibung:**
  - Arbeitsplatz
  - Aufgaben- und Verantwortungsbereich
  - hierarchische Funktion, Vollmachten
  - Übernahme von Spezialaufgaben...
- **Leistungsbeurteilung:**
  - Leistungsbereitschaft: Engagement, Motivation, Einsatzfreude, Initiative, Dynamik
  - Arbeitsbefähigung: Denk- und Urteilsvermögen, Auffassungsgabe, Problemlösungsfähigkeit, Belastbarkeit, Kreativität, Flexibilität... = Können
  - Arbeitsweise: Zuverlässigkeit, Genauigkeit, Gewissenhaftigkeit, Arbeitseinteilung, Arbeitsplanung, Sorgfalt, Sauberkeit... = Stil
  - Arbeitserfolg: Qualität, Quantität (Umsatz, Neukunden...), Zielerreichung, Termineinhaltung...
  - Fachkönnen: theoret. Kenntnisse, Aktualität, Berufserfahrung
  - Weiterbildung: Bereitschaft zur Weiterentwicklung der Kenntnisse
  - Zusammenfassung: Gesamtbewertung der Leistung
  - Leitende Angestellte: Führungsfähigkeit und Führungserfolg
  - Besondere Erfolge: herausragende Erfolge separat erwähnen
- **Beurteilung der Führung:**
  - Sozialverhalten gegenüber Vorgesetzten, Mitarbeitern, Kunden ...
  - Gesamtbild (Charakter, Persönlichkeit): Teamfähigkeit, Durchsetzungsvermögen...
- **Schlusssatz:**
  - Grund und Art der Beendigung nur auf Wunsch des Arbeitnehmers
  - Bedauern über Weggang, Wünsche für Zukunft (fehlt Letzteres: Abwertung!)

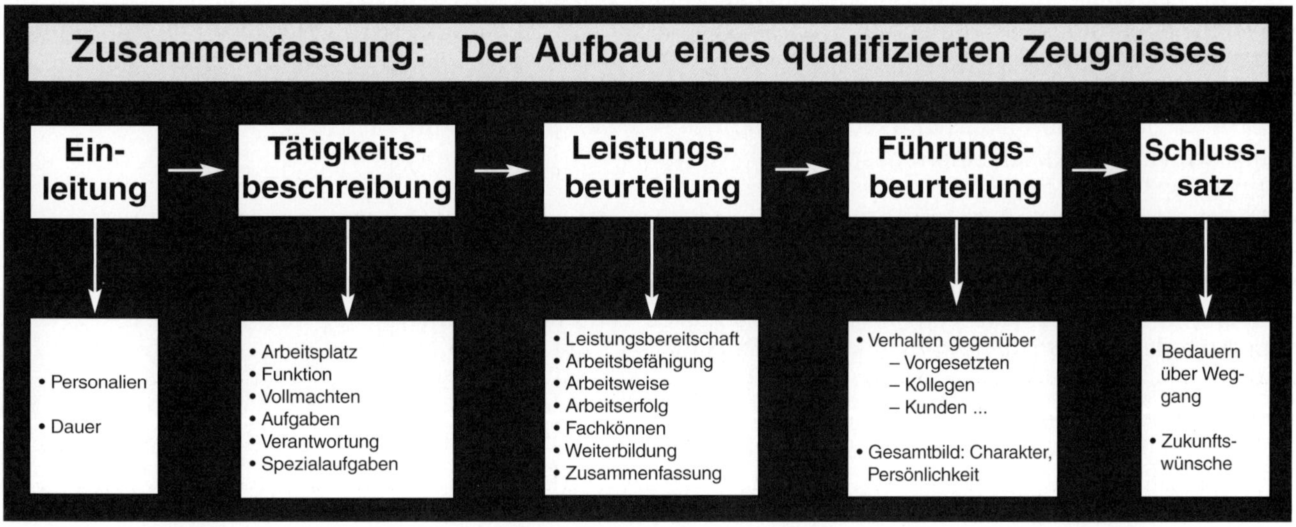

Arbeitszeugnisse (Beispiele aus der Praxis)

Einfaches Zeugnis

Zeugnis

Herr Ingo Abt, geboren am 4. September 1959, war vom 1. April 1998 bis zum 31. Dezember 2002 für unser Unternehmen als Gebäudereiniger tätig. → **Dauer** der Beschäftigung

Herr Abt betreute in einem ihm zugewiesenen Bezirk öffentliche und private Kunden. Hierbei führte er sämtliche Außenreinigungsarbeiten durch. → **Art** der Beschäftigung

Herr Abt verlässt uns auf eigenen Wunsch. Für die Zukunft wünschen wir ihm alles Gute.

Mainz, den 31. Dezember 2002

Unterschrift

Qualifiziertes Zeugnis *(sehr gut)*

Zeugnis

Herr Ingo Abt, geboren am 4. September 1959, war vom 1. April 1998 bis zum 31. Dezember 2002 für unser Unternehmen als Gebäudereiniger tätig. → **Dauer** der Beschäftigung

Herr Abt betreute im Gewerbegebiet West öffentliche und private Kunden. Hierbei führte er selbstständig sämtliche Außenreinigungsarbeiten zur Fassadenreinigung durch. Er wurde regelmäßig als verantwortlicher Gruppenführer eingesetzt. → **Art** der Beschäftigung

Herr Abt ist ein zuverlässiger und fleißiger Mitarbeiter mit ausgezeichneter Arbeitsmoral. Bei Bedarf ist er stets zur Mehrarbeit bereit. Den körperlichen und psychischen Belastungen der Hochhausarbeit ist er in jeder Hinsicht voll gewachsen. Die Reinigungsmittel setzt er stets fachgerecht im Sinne der Sicherheits- und Umweltbestimmungen ein. Den ihm zugeteilten Firmenwagen hält er stets in einem gepflegten Zustand. Da er schnell und sorgfältig arbeitet, erreichte er durchgehend sehr hohe Akkordsätze. Auch als Gruppenführer führte er stets effizient und kollegial. Wir waren mit ihm jederzeit außerordentlich zufrieden. → **Leistungsbeurteilung** (insgesamt sehr gut)

Sein Verhalten gegenüber Vorgesetzten und Kollegen war stets einwandfrei. Auch von Dritten (Hausverwaltungen und Hausmeister unserer Kunden) war er geschätzt und gern gesehen. → **Führungsbeurteilung** (sehr gut)

Herr Abt verlässt uns zu unserem Bedauern auf eigenen Wunsch, um sich einer größeren Aufgabe in einem anderen Unternehmen zuzuwenden. Wir gratulieren ihm zu diesem beruflichen Aufstieg und wünschen ihm für die Zukunft in beruflicher und persönlicher Hinsicht alles Gute und weiterhin viel Erfolg. → **Schlusssatz** (sehr positiv)

Mainz, den 31. Dezember 2002

Unterschrift

Qualifiziertes Ausbildungszeugnis (sehr positiv)

Ausbildungszeugnis

Frau Anke Lau, geboren am 30. April 1980 in Köln, ist in der Zeit vom 1. August 1999 bis 30. Juni 2002 in unserem Unternehmen zur „Kauffrau im Groß- und Außenhandel" ausgebildet worden.

Die betriebliche Ausbildung richtete sich nach der Ausbildungsordnung, sodass Frau Lau über die einschlägigen Kenntnisse und Fertigkeiten einer Großhandelskauffrau verfügt und vielseitig einsetzbar ist. Zur Praxisergänzung hat Frau Lau den Unterricht in der kaufmännischen Berufsschule Ravensburg besucht und dort den ordentlichen Abschluss erworben.

An der vorgeschriebenen Zwischenprüfung hat Frau Lau mit Erfolg teilgenommen und am 30. Juni 1998 mit dem Bestehen der Abschlussprüfung vor der Industrie- und Handelskammer Bodensee-Oberschwaben ihre Ausbildung abgeschlossen.

Zu Beginn ihrer Ausbildung setzten wir Frau Lau in unserem Lagerbüro ein. Hier erwarb sie sich erste Erfahrungen im Umgang mit unserem umfangreichen Sortiment, mit der Abwicklung von Kundenaufträgen und der Kontrolle ausgehender Lieferungen. Später vertiefte sie diese Kenntnisse im Geschäft mit Frischwaren.

In unserer Buchhaltungsabteilung wurde sie mit Aufgaben des Zahlungsverkehrs und mit einfachen Vorgängen im Rechnungswesen betraut. In der Abteilung Einkauf und Verkauf wurden ihr die kaufmännische Behandlung von Warenkäufen und des Vertriebs vermittelt. Gegen Ende der Ausbildung wurde Frau Lau der Rechnungsabteilung zugeordnet. Dort lernte sie die Bearbeitung eingehender Ordersätze, die Erfassung und Verwaltung von Stammdaten, den Rechnungsausgang sowie die Bearbeitung von Reklamationen kennen.

Frau Lau zeichnete sich durch Fleiß und Gewissenhaftigkeit sowie sichtbarem Leistungswillen aus. Die praktischen Arbeiten erledigte sie planvoll, zügig und selbstständig in guter Qualität. Frau Lau war stets einsatzbereit und widmete sich mit nachhaltendem Interesse ihrer Berufsausbildung. Ihre Leistungen können durchweg mit gut bezeichnet werden.

Durch ihre ruhige, unaufdringliche Art war sie in allen Abteilungen gern gesehen.Vorgesetzte und Mitarbeiter loben ihre Zuverlässigkeit und kollegiale Hilfsbereitschaft. Ihr Verhalten und Auftreten war stets einwandfrei.

Wegen ihrer freundlichen Art sowie ihrer Fähigkeit, Zusammenhänge zu erkennen und folgerichtige Entscheidungen zu treffen, setzen wir Frau Lau nach Abschluss ihrer Berufsausbildung verantwortlich in der Abteilung Kundenreklamationen ein.

Wir wünschen Frau Lau in beruflicher und persönlicher Hinsicht alles Gute.

Ravensburg, den 30. Juni 2002 Unterschrift

Dauer der Beschäftig.

Ziel der Ausbildung

erworbene Kenntnisse + Fertigkeiten

Art der Beschäftigung

Leistungsbeurteilung (gut)

Führungsbeurteilung (sehr gut)

Schlusssatz (sehr positiv)

Qualifiziertes Zeugnis *(sehr negativ)*

Zeugnis

Herr Kai Moll, geboren am 16. September 1965 in Hamburg, trat am 1. April 2001 in unsere Dienste.

Herr Moll wurde zunächst im Bereich Mahnungen und Inkasso eingesetzt. Er war hier verantwortlich für die Buchung der Zahlungseingänge. Ab 1. Dez. 2001 versetzten wir ihn in unsere Rechnungsabteilung. Ihm oblag neben der Abrechnung der Zählerstandskarten unserer Kopiergeräte die Abrechnung mit Großkunden und das Erstellen von Statistiken.

Herr Moll bemühte sich, die ihm gestellten Aufgaben sorgfältig zu erledigen. Bei unterschiedlichen Arbeiten genügte er den Anforderungen fast immer.

Sein Verhalten gegenüber Vorgesetzten, Mitarbeitern und Kunden war im Wesentlichen einwandfrei.

Herr Moll scheidet mit dem heutigen Tag aus unserem Unternehmen aus.

Hamburg, den 31. Dezember 2002 Unterschrift

Dauer der Beschäftig.

Art der Beschäftigung

Leistungsbeurteilung (sehr negativ)

Führungsbeurteilung (mangelhaft!)

Schlusssatz fehlt! (sehr negativ!)

Das Arbeitszeugnis

Fallstudie von Ralf Schuppener

Stichworte zur Unterrichtsstunde:

- Den Schülerinnen und Schülern sind Begriffe wie **einfaches und qualifiziertes Arbeitszeugnis bekannt.**
- Das Thema Arbeitszeugnis erfordert beim Schüler nicht bloß eine theoretische Abhandlung sondern vielmehr eine **praktische Erfahrung.**
- Der Schüler soll mit **vier Fallstudien** vor das Problem gestellt werden, ein Arbeitszeugnis für einen Mitarbeiter zu schreiben. Es ist für den Schüler lernintensiver, wenn er **selbst einmal ein Zeugnis geschrieben** hat und die dabei auftretenden Schwierigkeiten erkennt, als wenn er lediglich nicht zusammenhängende Formulierungen präsentiert bekommt.
- Die Erarbeitung der Zeugnisse aus den einzelnen Fällen geschieht in **Gruppenarbeit**.
- Der Schüler soll **rechtliche Rahmenbedingungen** beim Ausstellen eines Zeugnisses erkennen und bei der Lösung der Fälle Folgendes beachten:
    - Anspruch eines Arbeitnehmers auf ein Arbeitszeugnis, auf Verlangen auch ein qualifiziertes Zeugnis (§ 630 BGB, § 73 HGB, § 8 BBiG)
    - Ein Zeugnis darf nichts unobjektiv Schädigendes über den Mitarbeiter enthalten.
    - Andererseits müssen auch nachteilige Eigenschaften (z. B. Untreue des Buchhalters) aufgeführt sein, um nicht schadenersatzpflichtig gegenüber späteren Arbeitgebern zu werden. (BGH VI ZR 196/69)
- Der Schüler soll aufgrund dieser Rahmenbedingungen Arbeitsleistungen in eine **„Geheimsprache“** transformieren können.
- Der Schüler soll die Schwierigkeit erkennen, positive Eigenschaften eines Mitarbeiters so zu **„verpacken“**, dass sie auch in einem Zeugnis noch positiv dastehen.
- Der Schüler soll, falls er eine treffende Formulierung nicht in den Unterlagen findet, **selbstständig** eine Eigenschaft in einem Zeugnis beschreiben können.
- Der Schüler soll erkennen, dass eine Benotung oftmals mit **Subjektivität** verbunden ist und es deshalb nur selten „das richtige Zeugnis“ geben kann.

Unterrichtsverlauf

Phase	**Sachstruktur/Sachaspekt**	**Handlungsmuster Sozialform/Medien**
Einstiegsphase	L legt Folie auf, die eine Bewertungsklausel enthält. Ziel: auf die Kodierung von Zeugnissen hinführen.	• Folie • Unterrichtsgespräch
Kernphase	Gruppeneinteilung; Gruppen bearbeiten je einen der vier vorgegebenen Fälle anhand des ausgeteilten Informationsblattes.	• arbeitsungleiche Gruppenarbeit • Lösung wird auf Folie präsentiert
Präsentationsphase	Gruppensprecher stellen ihr Ergebnis vor und begründen ihre getroffenen Entscheidungen. Die anderen Gruppen kommentieren diese Resultate.	• Schülergespräch • L greift in Ausnahmefällen ein. • Ergebnisse werden nächste Stunde in Kopie eingereicht.
Reflexionsphase	L legt noch einmal Einstiegsfolie auf und fragt, warum dieses Zeugnis nun doch nicht so gut war.	• Unterrichtsgespräch

Folie

Einstieg

Einstieg

Arbeitszeugnis

....

Er hat sich bemüht, die ihm übertragenen Aufgaben zu unserer Zufriedenheit zu lösen.

....

Frage:

Ist das ein „gutes“ Zeugnis?

Es wird jedenfalls nichts Negatives ausgesagt!

Info

Grundregeln für das Formulieren von Arbeitszeugnissen

- Anspruch eines Arbeitnehmers auf ein Arbeitszeugnis, auf Verlangen auch ein qualifiziertes Zeugnis (§ 630 BGB, § 73 HGB, § 8 BBiG)

BGB § 630

Bei der Beendigung eines dauernden Dienstverhältnisses kann der Verpflichtete von dem anderen Teil ein schriftliches Zeugnis über das Dienstverhältnis und dessen Dauer fordern. Das Zeugnis ist auf Verlangen auf die Leistungen und die Führung im Dienste zu erstrecken.

HGB § 73

Bei der Beendigung des Dienstverhältnisses kann der Handlungsgehilfe ein schriftliches Zeugnis über die Art und Dauer der Beschäftigung fordern. Das Zeugnis ist auf Verlangen des Handlungsgehilfen auch auf die Führung und die Leistungen auszudehnen.

BBiG § 8 [Zeugnis]

(1) Der Ausbildende hat dem Auszubildenden bei Beendigung des Berufsausbildungsverhältnisses ein Zeugnis auszustellen. ...

(2) Das Zeugnis muss Angaben enthalten über Art, Dauer und Ziel der Berufsausbildung sowie über die erworbenen Fertigkeiten und Kenntnisse des Auszubildenden. Auf Verlangen des Auszubildenden sind auch Angaben über Führung, Leistung und besondere fachliche Fähigkeiten aufzunehmen.

- Ein Zeugnis darf **nichts unobjektiv Schädigendes** über den Mitarbeiter enthalten.

- Andererseits müssen auch nachteilige Eigenschaften (z. B. Untreue des Buchhalters) aufgeführt sein, um nicht **schadenersatzpflichtig** gegenüber späteren Arbeitgebern zu werden.
  (BGH VI ZR 196/69)

- Den Arbeitgebern ist es untersagt, die Zeugnisse mit Merkmalen zu versehen, welche den Zweck haben, den Arbeitnehmern in einer aus dem Wortlaut des Zeugnisses nicht ersichtlichen Weise zu **kennzeichnen**.

  Bsp.: Ein senkrechter Strich mit Kugelschreiber/Füllfederhalter, links stehend von der Unterschrift, der aussieht wie ein „Ausrutscher" bedeutet: Mitglied einer Gewerkschaft.
  [§ 113 (3) GewO]

Fallsituationen

Grundsituation

Sie sind Sachbearbeiter in der Personalabteilung der Firma Otto Schneider GmbH, 57076 Siegen. Sie haben den Auftrag, folgenden ausscheidenden Mitarbeitern ein Arbeitszeugnis auszustellen. Alle Mitarbeiter haben ein qualifiziertes Zeugnis gewünscht. Aus den Personalakten und mit Rücksprache der Vorgesetzten erhalten Sie folgende Angaben.

Arbeitsauftrag:

Erstellen Sie in Ihrer Arbeitsgruppe das Zeugnis für den Ihnen zugeordneten Fall. Wählen Sie einen Gruppensprecher, der die Ergebnisse im Anschluss vorstellt. Benutzen Sie die Ihnen ausgeteilten Folien.

Fall 1 (Gruppe 1): Michael Wilhelm

Herr Michael Wilhelm, geb. 12. April 1979, hat vom 1. August 1999 bis zum 18. Mai 2002 eine Ausbildung zum Industriekaufmann absolviert. Er hat dabei die Abteilungen Allgemeine Verwaltung, Materialwirtschaft, Rechnungswesen, Personalwesen, Produktionswirtschaft und Vertrieb durchlaufen. Seine Arbeitsleistungen waren im „Zweier"-Bereich anzusiedeln. Seine eigene Meinung war ihm nie wichtig, er machte das, was man von ihm erwartete. Er hatte eine schnelle Auffassungsgabe. Er verlässt uns auf eigenen Wunsch, da er eine weiterführende Schule besucht.

Fall 2 (Gruppe 2): Tanja Meier

Frau Tanja Meier, geb. 4. Februar 1970, hat bei uns vom 1. Juni 1999 bis zum 31. Mai 2002 als Sekretärin des Abteilungsleiters Einkauf gearbeitet. Frau Meier musste überdurchschnittlich lange eingearbeitet werden. Selbst nach drei Jahren kann diese Phase nicht als abgeschlossen betrachtet werden. Manchmal stand sie mehr im Weg als dass sie nützlich war. Im Kollegenkreis wurde sie gerne gemieden. Ihre Note für die Arbeit: Ausreichend. Da wir eine geeignetere Bewerberin in Aussicht haben, haben wir Frau Meier gekündigt.

Fall 3 (Gruppe 3): Herbert Schulz

Herbert Schulz, geb. 30. Mai 1952, hat in unserem Unternehmen am 1. August 1967 eine kaufmännische Ausbildung begonnen. Seit diesem Tag war er ununterbrochen beschäftigt. Er hat stets ausgezeichnete Leistungen erbracht. Er arbeitet seit 25 Jahren in der Abteilung Rechnungswesen, deren Leitung er vor 15 Jahren übernahm. Leider mussten wir feststellen, dass er seit mindestens fünf Jahren Gelder veruntreut hat. Das Ausmaß ist noch nicht bekannt, die Staatsanwaltschaft ermittelt noch. Deshalb haben wir ihm heute fristlos gekündigt.

Fall 4 (Gruppe 4): Marion Müller

Marion Müller, geb. 28. August 1968, war seit dem 1. Mai 1989 als Sachbearbeiterin im Verkauf tätig. Sie erbrachte sehr gute Leistungen und wir bedauern es sehr, dass sie uns verlässt. Sie war bei den Kollegen/Kolleginnen sehr beliebt. Ihre Einarbeitungszeiten waren sehr kurz, sie zeichnete sich durch eine hohe Selbstständigkeit aus.

Formulierungen in Arbeitszeugnissen und ihre Bedeutung - Beispiele -

a) Leistungsnoten

Formulierung	Bedeutung	Fall 1	Fall 2	Fall 3	Fall 4
Er (sie) hat die ihm (ihr) übertragenen Aufgaben **stets zu unserer vollsten Zufriedenheit** erledigt. Sie (er) hat unseren Erwartungen **in jeder Hinsicht und in allerbester Weise** entsprochen.	sehr gute Leistungen				
Er (sie) hat die ihm (ihr) übertragenen Aufgaben **stets zu unserer vollen Zufriedenheit** erledigt. Sie (er) hat unseren Erwartungen in **jeder Hinsicht und in bester Weise** entsprochen.	gute Leistungen				
Er (sie) hat die ihm (ihr) übertragenen Aufgaben zu **unserer vollen Zufriedenheit** erledigt. Sie (er) hat unseren Erwartungen **in jeder Hinsicht** entsprochen.	befriedigende Leistungen				
Er (sie) hat die ihm (ihr) übertragenen Arbeiten zu **unserer Zufriedenheit** erledigt. Er (sie) hat unseren Erwartungen entsprochen.	ausreichende Leistungen				
Er (sie) hat die ihm (ihr) übertragenen Aufgaben **im Großen und Ganzen zu unserer Zufriedenheit** erledigt. Er (sie) hat sich bemüht, die ihm (ihr) übertragenen Aufgaben **zu unserer Zufriedenheit** zu lösen.	mangelhafte Leistungen				

b) Das Verhalten gegenüber anderen Mitarbeitern (Negativformulierungen)

Formulierung	Bedeutung	Fall 1	Fall 2	Fall 3	Fall 4
Mit seinen Vorgesetzten ist er gut zurechtgekommen.	Er ist ein Mitläufer, der sich gut anpasst.				
Wir lernten ihn als umgänglichen Kollegen kennen.	Viele Mitarbeiter sahen ihn lieber von hinten als von vorne.				
Durch ihre Geselligkeit trug sie zur Verbesserung des Betriebsklimas bei.	Sie neigt zu übertriebenem Alkoholgenuss.				
Er war sehr tüchtig und wusste sich gut zu verkaufen.	Er ist ein unangenehmer Mitarbeiter.				

c) Das Verhältnis zur Arbeit (Negativformulierungen)

Formulierung	Bedeutung	Fall 1	Fall 2	Fall 3	Fall 4
Er hat alle Arbeiten ordnungsgemäß erledigt.	Er ist ein Bürokrat, der keine Initiative entwickelt.				
Wegen ihrer Pünktlichkeit war sie stets ein gutes Vorbild.	Sie war in jeder Hinsicht eine Niete.				
Er bemühte sich, seinen Aufgaben gerecht zu werden.	Er hat versagt.				
Er hat sich im Rahmen seiner Fähigkeiten eingesetzt.	Er hat getan, was er konnte, aber das war nicht viel.				
Alle Arbeiten erledigte er mit großem Fleiß und Interesse.	Er war eifrig, aber nicht besonders tüchtig.				
Sie zeigte für ihre Arbeit Verständnis.	Sie war faul und hat nichts geleistet.				
Sie ist eine zuverlässige (gewissenhafte) Mitarbeiterin.	Sie ist zur Stelle, wenn man sie braucht, allerdings nicht immer brauchbar.				

d) Der Abschied

Formulierung	Bedeutung	Fall 1	Fall 2	Fall 3	Fall 4
Wir haben uns im gegenseitigen Einvernehmen getrennt.	Wir haben ihm/ihr gekündigt.				
Herr/Frau XY verlässt unser Unternehmen auf eigenen Wunsch. Wir wünschen ihm (ihr) für seinen (ihren) weiteren Lebens- und Berufsweg alles Gute.	Wir haben einen guten Mitarbeiter verloren.				

Formulierungen in Arbeitszeugnissen u. ihre Bedeutung - Lösungen -

a) Leistungsnoten

Formulierung	Bedeutung	Fall 1	Fall 2	Fall 3	Fall 4
Er (sie) hat die ihm (ihr) übertragenen Aufgaben **stets zu unserer vollsten Zufriedenheit** erledigt. Sie (er) hat unseren Erwartungen **in jeder Hinsicht und in allerbester Weise** entsprochen.	sehr gute Leistungen			X (?)	X
Er (sie) hat die ihm (ihr) übertragenen Aufgaben **stets zu unserer vollen Zufriedenheit** erledigt. Sie (er) hat unseren Erwartungen in **jeder Hinsicht und in bester Weise** entsprochen.	gute Leistungen	X			
Er (sie) hat die ihm (ihr) übertragenen Aufgaben zu **unserer vollen Zufriedenheit** erledigt. Sie (er) hat unseren Erwartungen **in jeder Hinsicht** entsprochen.	befriedigende Leistungen				
Er (sie) hat die ihm (ihr) übertragenen Arbeiten zu **unserer Zufriedenheit** erledigt. Er (sie) hat unseren Erwartungen entsprochen.	ausreichende Leistungen		X		
Er (sie) hat die ihm (ihr) übertragenen Aufgaben **im Großen und Ganzen zu unserer Zufriedenheit** erledigt. Er (sie) hat sich bemüht, die ihm (ihr) übertragenen Aufgaben **zu unserer Zufriedenheit** zu lösen.	mangelhafte Leistungen			X	

b) Das Verhalten gegenüber anderen Mitarbeitern (Negativformulierungen)

Formulierung	Bedeutung	Fall 1	Fall 2	Fall 3	Fall 4
Mit seinen Vorgesetzten ist er gut zurechtgekommen.	Er ist ein Mitläufer, der sich gut anpasst.	X			
Wir lernten ihn als umgänglichen Kollegen kennen.	Viele Mitarbeiter sahen ihn lieber von hinten als von vorne.		X		
Durch ihre Geselligkeit trug sie zur Verbesserung des Betriebsklimas bei.	Sie neigt zu übertriebenem Alkoholgenuss.				
Er war sehr tüchtig und wusste sich gut zu verkaufen.	Er ist ein unangenehmer Mitarbeiter.				

c) Das Verhältnis zur Arbeit (Negativformulierungen)

Formulierung	Bedeutung	Fall 1	Fall 2	Fall 3	Fall 4
Er hat alle Arbeiten ordnungsgemäß erledigt.	Er ist ein Bürokrat, der keine Initiative entwickelt.	X (?)	X		
Wegen ihrer Pünktlichkeit war sie stets ein gutes Vorbild.	Sie war in jeder Hinsicht eine Niete.				
Er bemühte sich, seinen Aufgaben gerecht zu werden.	Er hat versagt.				
Er hat sich im Rahmen seiner Fähigkeiten eingesetzt.	Er hat getan, was er konnte, aber das war nicht viel.				
Alle Arbeiten erledigte er mit großem Fleiß und Interesse.	Er war eifrig, aber nicht besonders tüchtig.				
Sie zeigte für ihre Arbeit Verständnis.	Sie war faul und hat nichts geleistet.				
Sie ist eine zuverlässige (gewissenhafte) Mitarbeiterin.	Sie ist zur Stelle, wenn man sie braucht, allerdings nicht immer brauchbar.		X		

d) Der Abschied

Formulierung	Bedeutung	Fall 1	Fall 2	Fall 3	Fall 4
Wir haben uns im gegenseitigen Einvernehmen getrennt.	Wir haben ihm/ihr gekündigt.		X	X	
Herr/Frau XY verlässt unser Unternehmen auf eigenen Wunsch. Wir wünschen ihm (ihr) für seinen (ihren) weiteren Lebens- und Berufsweg alles Gute.	Wir haben einen guten Mitarbeiter verloren.	X			X

Musterlösungen

Fall 1: Michael Wilhelm

Herr Michael Wilhelm, geb. 12. April 1979, hat vom 1. August 1999 bis zum 18. Mai 2002 eine Ausbildung zum Industriekaufmann in unserem Unternehmen Otto Schneider GmbH, 57076 Siegen absolviert.
Er hat dabei die Abteilungen Allgemeine Verwaltung, Materialwirtschaft, Rechnungswesen, Personalwesen, Produktionswirtschaft und Vertrieb durchlaufen. Er hat in jeder dieser Abteilungen die ihm übertragenen Aufgaben stets zu unserer vollen Zufriedenheit erledigt.
Herr Wilhelm war stets ein zuverlässiger Mitarbeiter und sein Verhalten zu Vorgesetzten, Kollegen und Kunden war durchweg korrekt. Durch seine Auffassungsgabe hat er alle Arbeiten ordnungsgemäß erledigt und hat unseren Erwartungen in jeder Hinsicht und in bester Weise entsprochen.
Herr Wilhelm verlässt unser Unternehmen auf eigenen Wunsch, um eine weiterführende Schule zu besuchen. Wir wünschen ihm für seinen Lebens- und Berufsweg alles Gute.

Fall 2: Tanja Meier

Frau Tanja Meier, geb. 4. Februar 1970, wohnhaft in Siegen, war in unserem Unternehmen vom 1. Juni 1999 bis zum 31. Mai 2002 als Sekretärin des Abteilungsleiters Einkauf beschäftigt. Ihre Aufgaben umfassten den kompletten Schriftverkehr und die Terminabsprache für ihren Vorgesetzten.
Frau Meier bemühte sich, ihren Aufgaben gerecht zu werden und erledigte alle Arbeiten mit großem Fleiß und Interesse. Sie war eine zuverlässige Mitarbeiterin und hat ihre Aufgaben zu unserer Zufriedenheit erledigt.
Wir haben uns im gegenseitigen Einvernehmen getrennt.

Fall 3: Herbert Schulz

Herr Herbert Schulz, geb. 30. Mai 1952, war vom 1. August 1967 bis zum heutigen Tage bei uns als Buchhalter tätig. Seit dem 1. August 1975 ist er im Bereich Rechnungswesen beschäftigt, dessen Leitung er vor 15 Jahren übernahm. Er erledigte die ihm anvertrauten Tätigkeiten stets zu unserer vollsten Zufriedenheit.
Zu unserem Bedauern mussten wir feststellen, dass Herr Herbert Schulz im Verlaufe der letzten fünf Jahre das ihm entgegengebrachte Vertrauen zu seinen Gunsten nutzte.
Aus diesem Grund sahen wir uns leider gezwungen, das Arbeitsverhältnis mit Herrn Schulz fristlos aufzulösen.

Fall 4: Marion Müller

Marion Müller, geb. 28. August 1968, war seit dem 1. Mai 1989 als Sachbearbeiterin im Verkauf tätig. Durch ihr äußerst freundliches Wesen war sie bei den Kolleginnen und Kollegen immer gut angesehen. Durch ihre hohe Einsatzbereitschaft konnte sie die ihr übertragenen Aufgaben stets schnell und ordentlich ausführen.
Sie zeigte bei der Erledigung ihrer Aufgaben stets ein hohes Maß an Selbstständigkeit, Flexibilität und Schnelligkeit.
Frau Müller verlässt unser Unternehmen auf eigenen Wunsch. Wir wünschen ihr für ihren Lebens- und Berufsweg alles Gute.

Kreuzworträtsel (Thema: Arbeitszeugnis)

Das Lösungswort (von oben nach unten gelesen):
Üblicher geheimnisvoller „Flair“ der Arbeitszeugnisse

1. Zeugnisformulierung (Note gut): „stets zu unserer ..... Zufriedenheit“
2. Die Beurteilung des Verhaltens gegenüber ..... betrifft den allgemeinen Bereich der Beurteilung der
3. .....
4. Ein ..... Zeugnis wird nur auf Wunsch des Arbeitnehmers ausgestellt, ist im kaufmännischen Bereich jedoch üblich.
5. Das ..... Zeugnis beschreibt lediglich Dauer und Art der Beschäftigung.
6. Das Zeugnis muss von verständigem ..... getragen sein.
7. Unbedingt notwendiger Bestandteil eines guten Zeugnisses nach dem Motto „das hört ja gut auf“.
8. Stets negative Formulierung: „Er ..... sich.“
9. Drohende Gefahr für den Arbeitnehmer bei unwahrem Zeugnis („wegloben“)
10. Zeugnisformulierung (Note sehr gut): „stets zu unserer ..... Zufriedenheit“
11. Wesentliches Beurteilungskriterium in qualifizierten Arbeitszeugnissen
12. Der Arbeitgeber muss das Zeugnis zur Abholung bereithalten. Damit ist die Zeugnisschuld eine .....
13. Positiv ist stets der Ausdruck des ..... über den Weggang des Arbeitnehmers.
14. Auf Verlangen des Arbeitnehmers muss das Zeugnis ..... ausgestellt werden.
15. Auch das Verhältnis zu diesem Personenkreis ist üblicherweise Bestandteil eines Arbeitszeugnisses.

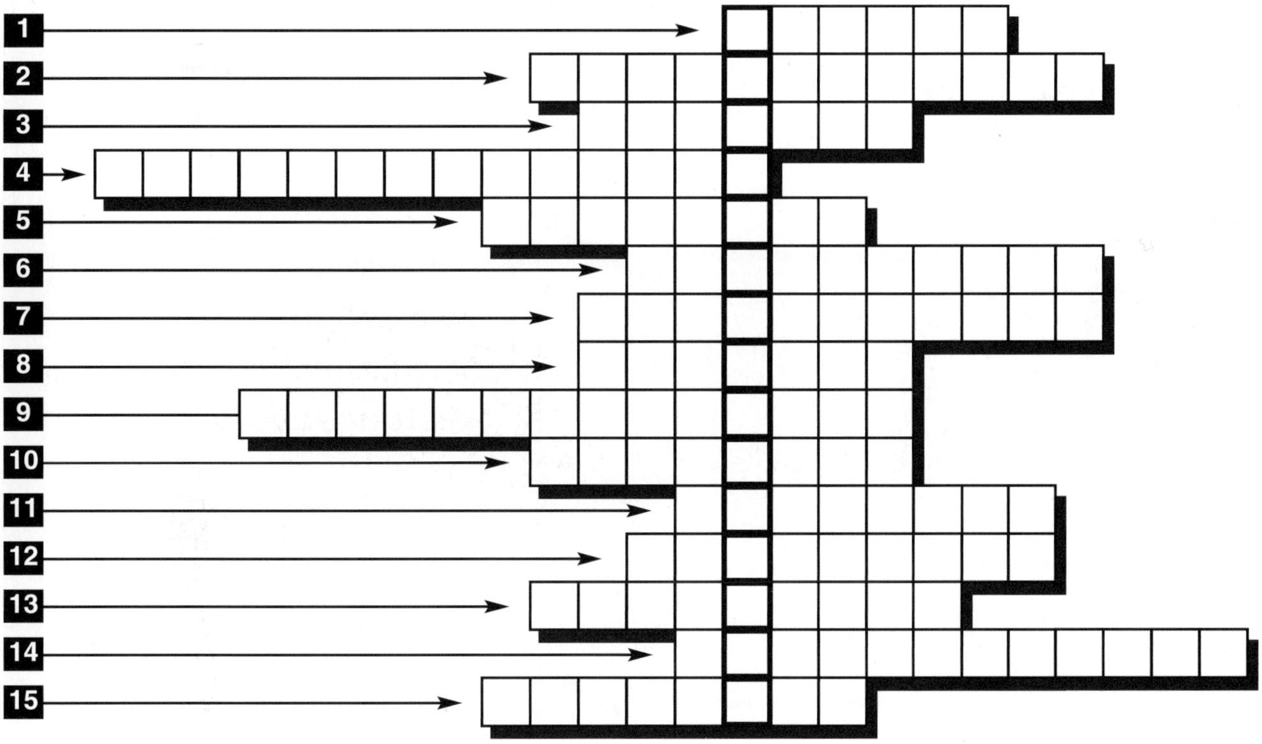

Lösungen: **(Lösungswort: VERSCHLÜSSELUNG)**

1. vollen
2. Vorgesetzten
3. Führung
4. qualifiziertes
5. einfaches
6. Wohlwollen
7. Schlusssatz
8. bemühte
9. Schadensersatz
10. vollsten
11. Leistung
12. Holschuld
13. Bedauerns
14. unverzüglich
15. Kollegen

Bild — Arbeitswelt (Zeugnis)

Lehrer (vor Bearbeitung des Arbeitsblattes): Welche Punkte sollte ein Arbeitszeugnis enthalten? (Sammlung möglichst vieler Punkte an der Tafel)

Notieren Sie folgende Zeugnisinhalte an der entsprechenden Stelle im Arbeitszeugnis:

- Personalien
- Bedauern über Weggang
- Verantwortung
- Leistungsbereitschaft
- Verhalten gegenüber: - Vorgesetzten - Kollegen - Kunden ...
- Vollmachten
- Fachkönnen
- Arbeitsweise
- Arbeitsplatz
- Gesamtbild: Charakter, Persönlichkeit
- Arbeitsbefähigung
- Spezialaufgaben
- Zukunftswünsche
- Weiterbildung
- Funktion
- Dauer der Beschäftigung
- Zusammenfassende Leistungsbeurteilung

Arbeitszeugnis

Einleitung →
- Personalien
- Dauer der Beschäftigung

Tätigkeitsbeschreibung →
- Arbeitsplatz
- Funktion
- Vollmachten
- Aufgaben
- Verantwortung
- Spezialaufgaben

Leistungsbeurteilung →
- Leistungsbereitschaft
- Arbeitsbefähigung
- Arbeitsweise
- Arbeitserfolg
- Fachkönnen
- Weiterbildung
- Zusammenfassende Leistungsbeurteilung

Führungsbeurteilung →
- Verhalten gegenüber
  - Vorgesetzten
  - Kollegen
  - Kunden ...
- Gesamtbild:
  - Charakter
  - Persönlichkeit

Schlusssatz →
- Bedauern über Weggang
- Zukunftswünsche

Notieren Sie folgende Zeugnisinhalte an der entsprechenden Stelle im Arbeitszeugnis:

- Personalien
- Bedauern über Weggang
- Verantwortung
- Leistungsbereitschaft
- Verhalten gegenüber: - Vorgesetzten - Kollegen - Kunden ...
- Vollmachten
- Fachkönnen
- Arbeitsweise
- Arbeitsplatz
- Gesamtbild: Charakter, Persönlichkeit
- Arbeitsbefähigung
- Spezialaufgaben
- Zukunftswünsche
- Weiterbildung
- Funktion
- Dauer der Beschäftigung
- Zusammenfassende Leistungsbeurteilung

Arbeitszeugnis

Einleitung →

- ....
- ....

Tätigkeitsbeschreibung →

- ....
- ....
- ....
- ....
- ....
- ....

Leistungsbeurteilung →

- ....
- ....
- ....
- ....
- ....
- ....
- ....

....

Führungsbeurteilung →

- ....:
  - ....
  - ....
  - ....
- ....:
  - ....
  - ....

Schlusssatz →

- ....
- ....

Zeichnung von Martin Linders

Einfaches und qualifiziertes Zeugnis - Kündigung

Zeichnung von Martin Linders

Hinweis (abdecken): negative Zeugnisformulierungen

AKTUALITÄTSSERVICE

Zeugnisformulierung

Der Fall: Im Zeugnis eines ausscheidenden Mitarbeiters hieß es:

„Er hat es stets verstanden, seine Interessen im Betrieb durchzusetzen."

Bedeutung dieser Klausel: Der Arbeitnehmer hat seine Interessen im Arbeitsverhältnis stets rücksichtslos verfolgt. Letzteres geschah tatsächlich einmalig. Der Arbeitnehmer bestand darauf, den Satz im Zeugnis wegzulassen - der Arbeitgeber weigerte sich. Folge: Klage.

Urteil: Die Formulierung ist aus dem Zeugnis zu entfernen.

Begründung:
- Zeugnisformulierungen, die sich auf einmalige Vorkommnisse stützen, sind unzulässig.
- War ein derartiges Verhalten kennzeichnend für den Arbeitnehmer im Arbeitsverhältnis, wäre die Formulierung zulässig gewesen. Hess. LAG v. 16.6.98; 9 Sa 132/98

Zeugnis: gute Wünsche und Dankeschön?

Der Fall

Eine Sachbearbeiterin einer Unternehmensberatung schied aus eigenem Wunsch aus dem Unternehmen aus. Im Zeugnis wurde ihr bestätigt, dass sie ihre Arbeitsleistungen „stets zur vollsten Zufriedenheit" erbracht habe. Ein Schlusssatz (z. B. „gute Wünsche für Ihre Zukunft" bzw. ein Dank für erbrachte Leistungen) fehlte. Der Arbeitgeber weigerte sich, das Zeugnis dahingehend zu ändern, worauf die Frau klagte.

§

Urteil

Die Frau hat einen Anspruch auf gute Wünsche und Dankes-Formulierungen. Begründung:

- Bei guten Zeugnissen haben Arbeitnehmer Anspruch auf Dank und gute Wünsche für die Zukunft.
- Eine fehlende Schlussformulierung bei ansonsten guten Zeugnissen würde den übrigen Inhalt des Zeugnisses entwerten. Die Personalabteilung eines möglichen neuen Arbeitgebers könnte den Eindruck erhalten, dass die Angaben zur Arbeitsleistung nicht der Wahrheit entsprächen.

LAG Frankfurt, Az.: 14 Sa 1157/98

Zeugnis: Knick als „Geheimzeichen"?

Der Fall

Ein Arbeitnehmer klagte gegen eine Zeugnisformulierung und gewann. Der Arbeitgeber stellte daraufhin ein korrigiertes Zeugnis aus, faltete es zweimal und versandte es in einem länglichen Briefumschlag.

Der Arbeitnehmer behauptete, die Falzungen seien als „Geheimzeichen" zu werten und akzeptierte das Zeugnis erneut nicht.

Der Arbeitgeber wiederum war beleidigt und weigerte sich, ein neues Zeugnis auszustellen. Der Arbeitnehmer klagte erneut.

§

Urteil

Der Arbeitnehmer verlor in allen drei Instanzen. Begründung:

- Arbeitnehmer haben keinen Anspruch auf ein ungeknicktes Zeugnis.
- Es spricht nichts dagegen, wenn der AG ein qualifiziertes Zeugnis faltet, um es in einem Umschlag kleineren Formats unterzubringen.
- Es gibt keine allgemeine Übung, Zeugnisse in einem Briefumschlag mit gesteiftem Rücken in Din-A4-Größe zu verschicken.

BAG 9 AZR 893/98 vom 20. September 1999

Zeugnis: Das Problem der durchschnittlichen Leistung

Der Fall

Ein Arbeitnehmer erhielt ein Zeugnis mit der Formulierung „zu unserer Zufriedenheit". Diese Formulierung bezeichnet eine unterdurchschnittliche Leistung. Der Mitarbeiter war beleidigt und verlangte eine durchschnittliche Bewertung mit der Formulierung „stets zu unserer Zufriedenheit".

Der Arbeitgeber lehnte ohne weitere Begründung eine Zeugnisänderung ab, der Arbeitnehmer klagte.

§

Urteil

Der Arbeitnehmer hat einen Anspruch auf eine durchschnittliche Bewertung im Zeugnis.

Begründung:

- Darlegungs- und Beweislast für unterdurchschnittliche Bewertung trifft den Arbeitgeber.
- Darlegungs- und Beweislast für überdurchschnittliche Bewertung trifft den Arbeitnehmer.

LG Münster, Az.: 5 T 223/99 v. 11. Juni 1999

Streit um Zeugnisformulierung: Wer trägt Beweislast?

Zeugnisformulierung	Bewertung	Streitfall
Zeugnisformulierung: „zu unserer Zufriedenheit"	**unterdurchschnittliche Bewertung**	**Streitfall:** Beweislast liegt bei Arbeitgeber
Zeugnisformulierung: „stets zu unserer Zufriedenheit"	**durchschnittliche Bewertung**	**Streitfall:** Arbeitnehmer hat hierauf i. d. R. Anspruch
Zeugnisformulierung: „stets zu unserer vollen (vollsten) Zufriedenheit"	**überdurchschnittliche Bewertung**	**Streitfall:** Beweislast liegt bei Arbeitnehmer

LAG Köln 11 Sa 255/99

HOT 1/01

Zeugnis: „Vertrauenswürdigkeit" erwähnen?

Der Fall

Ein Leiter des Rechnungswesens war rund 18 Jahre ohne Beanstandungen bei einem Unternehmen tätig. Bei seinem Ausscheiden bemängelte er den fehlenden Hinweis auf Vertrauenswürdigkeit im Zeugnis. Die Vorgesetzten verweigerten die entsprechenden Feststellungen, der Angestellte klagte.

§

Urteil

Das Zeugnis muss seitens der Vorgesetzten ergänzt werden.

Begründung: Im Arbeitszeugnis von z. B. Leitern des Rechnungswesens und Kassierern muss im Arbeitszeugnis die „Vertrauenswürdigkeit" eines Mitarbeiters erwähnt werden.

LAG Frankfurt Az.: 9 Sa 3033/98

Recht auf qualifiziertes Zeugnis

Der Fall: Ein 40 Jahre im gleichen Betrieb Beschäftigter (zuletzt Prokurist) war nach seinem Ausscheiden mit dem Zeugnistext nicht einverstanden und erhob - nachdem eine gütliche Einigung nicht erzielbar war - Klage. Nach der Verhandlung stellte die Firma ein vom Angestellten akzeptiertes Zeugnis aus. Der ehemalige Prokurist verlangte daraufhin von der Firma Schadenersatz für einen zweijährigen Verdienstausfall.

Seine Begründung: Durch die Vorenthaltung des Zeugnisses konnte er keine neue Anstellung finden (kein Bewerbungsgespräch möglich ohne Zeugnisvorlage). Er weigerte sich jedoch, den Arbeitgeber zu nennen, bei dem er sich erfolglos bewarb.

Urteil: Klage war erfolglos

Begründung: Der frühere Prokurist weigerte sich mitzuteilen, bei welchem Arbeitgeber er sich um welche Stelle bewarb. Die Geltendmachung eines hypothetischen Schadens genügt nicht.

BAG Kassel v. 16.11.95 (8 AZR 983/94)

Das „gefaltete" Zeugnis

Das LAG Hamburg beschäftigte sich mit der **Form von Arbeitszeugnissen.**

Zusammenfassend gelten folgende **Grundsätze:**

- Zeugnis darf nicht durch Abweichungen von der üblichen äußeren Form im Geschäfts- und Arbeitsleben Misstrauen erregen, da es eine wichtige Bewerbungsunterlage darstellt.
- Bei kaufmännischen Sachbearbeitern ist es üblich, das Zeugnis auf einem **ungefalteten Firmenbogen** auszustellen und das vorgesehene Anschriftenfeld nicht zu beschriften.

BAG Kassel v. 16.11.95 (8 AZR 983/94)

Zeugnis: Muss Arbeitgeber Ausscheiden des Arbeitnehmers „bedauern"?

Der Fall: Eine Bankkauffrau beanstandete, dass sich ihr Arbeitgeber in der Schlussformel ihres Zeugnisses lediglich für die gute Mitarbeit bedankt und ihr für die persönliche und berufliche Zukunft alles Gute gewünscht hatte. Sie verlangte, dass er zusätzlich sein Bedauern über ihr Ausscheiden zum Ausdruck bringe, was der Arbeitgeber ablehnte. Sie klagte.

Urteil: Die Klage wurde abgewiesen.

Begründung:

- Der Ausdruck des „Bedauerns" ist kein notwendiger Zeugnisbestandteil, somit ist er auch nicht einklagbar.
- Die Klägerin wird durch das Weglassen des „Bedauerns" in der Zeugnis-Schlussformel nicht unbillig benachteiligt. Es können hieraus keine negativen Schlussfolgerungen gezogen werden.

LAG Berlin v. 10.12.1998, 10 Sa 106/98

5 WETTBEWERBSVERBOT

Das Wettbewerbsverbot

Gesetzliches Wettbewerbsverbot (§ 60 HGB)

während Dienstverhältnis ohne Genehmigung des Arbeitgebers

- kein eigenes Handelsgewerbe
- keine Geschäfte in der Branche des Arbeitgebers (= Konkurrenzverbot)

Vertragliches Wettbewerbsverbot (§§74,74a HGB)
= Wettbewerbsabrede
= Konkurrenzklausel

keine Konkurrenz nach Austritt

Voraussetzungen:

- Schriftform
- Vereinbarung Karenzentschädigung bei Minderverdienst
- keine wesentliche Berufserschwernis
- maximal 2 Jahre nach Ausscheiden

Rechte des Arbeitgebers bei Pflichtverletzung

Gesetzliches Wettbewerbsverbot:
- Selbsteintrittsrecht bzw. Schadenersatz
- fristlose Kündigung

Vertragliches Wettbewerbsverbot:
- Falls vereinbart: Vertragsstrafe
- Unterlassung + Schadenersatz

Zusatzinformationen zu Rechte und Pflichten des Arbeitnehmers

Betr.: Pflichten des Arbeitnehmers

- **Dienstleistung:**
  - Arbeitspflicht im laut Arbeitsvertrag vereinbarten Bereich (z. B. ein Lohnbuchhalter darf ohne sein Einverständnis nicht zum Autoverkäufer „umgepolt" werden; hierfür wäre eine **Änderungskündigung** notwendig). **Versetzungen** innerhalb der Stadt normalerweise zulässig; Versetzungen in andere Stadt nur mit Zustimmung des Arbeitnehmers. In Notfällen und Ausnahmefällen müssen **Überstunden** geleistet werden, sofern nicht dringende familiäre bzw. gesundheitliche Gründe entgegenstehen.
- **Verschwiegenheit:**
  - keine Preisgabe von geschäftlichen Angelegenheiten (z. B. Kundenlisten)
  - keine Preisgabe von persönlichen Umständen oder Verhaltensweisen des Arbeitgebers, wenn dieser durch die Bekanntgabe geschädigt oder in öffentl. Meinung herabgewürdigt wird.
  - Bei Pflichtverletzung Schadenersatzpflicht; evtl Entlassung.

Betr.: Pflichten des Arbeitgebers

- **Entgeltfortzahlung:**
  - Krankheitsfall und Kur (bis zu 6 Wochen); Krankmeldung unverzüglich mitteilen
  - Lohnfortzahlung bei sonst. persönlichen Hinderungsgründen (Geburt, Sterbefall, schwere Erkrankung naher Angehöriger, eigene Hochzeit bzw. Silberhochzeit, Arbeitsverhinderung wegen Ausfall des öffentlichen Verkehrssystems, schlechter Witterung)
- **Gleichbehandlung:**
  - Mann / Frau
  - Benachteiligungsverbot wegen Rasse, Abstammung, Sprache, Glauben, politischer Einstellung
  - Arbeitgeber darf nicht einzelne Arbeitnehmer oder Gruppen von Arbeitnehmern ohne sachlichen Grund von allgemein begünstigenden Regelungen ausnehmen und schlechter stellen als andere Arbeitnehmer in vergleichbarer Lage.
- **Beschäftigungspflicht:** Arbeitnehmer ist nicht nur verpflichtet zu arbeiten, er hat auch ein Recht auf Beschäftigung: Arbeitgeber muss ihm Arbeit zuweisen. Längere Freistellung verletzt evtl. seine Persönlichkeit bzw. kränkt seine Ehre.
- **Fürsorgepflicht:**
  - Schutz von Leben und Gesundheit des Arbeitnehmers (Schutz vor Gefahren im Betrieb)
  - Unfallverhütungs- und Arbeitsschutzvorschriften beachten
  - Schutz vor ungerechter Behandlung durch Vorgesetzte und rechtswidrigen Handlungen von Arbeitskollegen
  - Nicht heimlich private Telefongespräche des Arbeitnehmers abhören; keine Überwachung durch Mikrofone oder optische Überwachungseinrichtungen
  - Verschlossene Aufbewahrung von Personalakten (vertrauliche Behandlung)
  - Verschwiegenheitspflicht des Arbeitgebers für Tatsachen, an deren Geheimhaltung der Arbeitnehmer ein berechtigtes Interesse hat (z. B. Einkommen, Gesundheit, Schwangerschaft)

Test: Arbeitsverhältnis (speziell: Wettbewerbsverbot)		
1.	Was versteht man unter **gesetzlichem Wettbewerbsverbot?**	**3**
2.	Welche Rechte hat der Arbeitgeber bei **Verletzung** des gesetzlichen Wettbewerbsverbots?	**3**
3.	Erklären Sie den Begriff **„vertragliches Wettbewerbsverbot".**	**2**
4.	Welche **Voraussetzungen** müssen erfüllt sein, damit das vertragliche Wettbewerbsverbot rechtsgültig ist?	**4**
5.	Welche Rechte hat der Arbeitgeber bei **Verstoß** gegen das vertragliche Wettbewerbsverbot?	**2**
		14

Lösungen zu Testfragen 2		
1.	Der Arbeitnehmer darf während Bestehen des Dienstverhältnisses ohne Genehmigung des Arbeitgebers • kein eigenes Handelsgewerbe betreiben • keine Geschäfte in der Branche des Arbeitgebers tätigen (= Konkurrenzverbot)	**3**
2.	• Selbsteintrittsrecht bzw. Schadenersatz • fristlose Kündigung	**3**
3.	Für den Arbeitnehmer gilt - falls vertraglich vereinbart - das Wettbewerbsverbot auch nach seinem Ausscheiden aus dem Unternehmen.	**2**
4.	• Schriftform • Vereinbarung einer Karenzentschädigung bei Minderverdienst • keine wesentliche Berufserschwernis • Verbot gilt maximal zwei Jahre nach Ausscheiden	**4**
5.	• Falls vereinbart: Vertragsstrafe • Unterlassung + Schadenersatz	**2**
		14

6 KÜNDIGUNG UND KÜNDIGUNGSSCHUTZ

Gesetzliche Kündigungsfristen

Grundkündigungsfrist → 4 Wochen (= 28 Tage) zum 15. oder Monatsende

Beispiele: Kündigung zum:

15.01.	***31.01.***	***15.02.***	***28.02.***	***15.03.***	***31.03.***	***15.04.***	***30.04.***

jeweils – 28 Tage

Zugang Kündigung beim Arbeitnehmer spätestens am:

18.12.	*03.01.*	*18.01.*	*31.01.*	*15.02.*	*03.03.*	*18.03.*	*02.04.*

! ! ***Merke:***

- ***Grundkündigungsfrist einzelvertraglich nicht abkürzbar!***
- *Ausnahme: Kleinbetriebe < 20 Arbeitnehmer (ohne Azubis) –> abkürzbar auf 4 Wochen ohne best. Kündigungstermin.*
- ***Tarifvertrag** kann kürzere Fristen festlegen!*

! !

Kündigungsfristen für längere Beschäftigte

Betriebszugehörigkeit (ab 25. Lebensjahr) in Jahren:	2	5	8	10	12	15	20
Kündigungsfrist (jeweils zum Monatsende) in Monaten:	1	2	3	4	5	6	7

! ! ***Merke:***

- *Diese Fristen gelten nur für den **Arbeitgeber!***
- *Kündigt **Arbeitnehmer:** Grundkündigungsfrist (s. o.) gilt!*
- ***Tarifvertrag** kann kürzere Fristen festlegen!*

! !

Kündigungsfrist in der Probezeit (sofern max. 6 Monate): 2 Wochen

KÜNDIGUNG UND KÜNDIGUNGSSCHUTZ

Gesetzliche Kündigungsfristen

Grundkündigungsfrist →

Beispiele: Kündigung zum:

Zugang Kündigung beim Arbeitnehmer spätestens am:

! ! ***Merke:*** ! !

Kündigungsfristen für längere Beschäftigte

! ! ***Merke:*** ! !

Kündigungsfrist in der Probezeit (sofern max. 6 Monate):

Kündigungsschreiben ... (Beispiele aus der Praxis)

Hinweis: Auf den Abdruck des Briefkopfes, der Anschrift, der Grußformel u. der Unterschriften wurde i. d. R. verzichtet.

Fristgemäße (ordentliche) Kündigung

Kündigung des Arbeitsvertrages vom ....

Sehr geehrter Herr Seewald,

hiermit kündigen wir Ihr Arbeitsverhältnis fristgemäß zum 31. Dezember 2002.

Wie Ihnen bereits mündlich mitgeteilt, mussten wir aus organisatorischen Gründen die Abteilung „Steuern" mit Wirkung zum 1. Januar 2003 auflösen. Die Aufgaben wird eine Wirtschaftsprüfungsgesellschaft für uns übernehmen. Wir können Sie daher zu unserem Bedauern als Steuersachbearbeiter nicht mehr beschäftigen. Leider ist es uns auch nicht möglich, Ihnen eine anderweitige Arbeit in einer anderen Abteilung zuzuweisen.

Der Betriebsrat wurde zur vorliegenden Kündigung gehört und hat zugestimmt. Seine Stellungnahme ist als Anlage beigefügt.

Mit freundlichen Grüßen   Unterschrift

Fristlose (außerordentliche) Kündigung

Fristlose Kündigung des Arbeitsvertrages vom ....

Sehr geehrter Herr Gröner,

hiermit kündigen wir Ihr Arbeitsverhältnis mit sofortiger Wirkung.

Wegen wiederholten unentschuldigten Fernbleibens von der Arbeit wurden Sie bereits mündlich am 17. April 2003 sowie am 13. Mai 2003 schriftlich verwarnt. Dennoch sind Sie heute erneut ohne Entschuldigung der Arbeit ferngeblieben, obwohl wir Sie eindringlich dahingehend belehrt haben, dass ein weiteres unentschuldigtes Fehlen die fristlose Kündigung nach sich ziehen wird.

Der Betriebsrat wurde zur vorliegenden Kündigung gehört und hat zugestimmt. Seine Stellungnahme ist als Anlage beigefügt.

Verhaltensbedingte Kündigung

Kündigung des Arbeitsvertrages vom ....

Sehr geehrte Frau Brecht,

hiermit kündigen wir Ihr Arbeitsverhältnis fristgemäß zum 30. November 2002.

Obwohl Sie bereits am 13. Oktober 2002 eine Abmahnung erhielten, sind Sie am 24. Oktober 2002 wiederum ohne hinreichende Entschuldigung fast eine Stunde (8.40 Uhr) zu spät zur Arbeit erschienen. Ihre Begründung, die Verspätung sei auf eine Reifenpanne zurückzuführen, ist nicht stichhaltig. Zeugen sahen Sie im benachbarten Café Hölle in der besagten Zeit beim Kaffeetrinken.

Damit ein ordnungsgemäßer Betriebsablauf gewährleistet ist, sind wir auf korrekte Einhaltung der Arbeitszeiten angewiesen. Somit bleibt uns leider nur die Kündigung.

Der Betriebsrat wurde zur vorliegenden Kündigung gehört und hat zugestimmt.

Personenbedingte Kündigung

Kündigung des Arbeitsvertrages vom ....

Sehr geehrter Herr Fuchs,

hiermit kündigen wir Ihr Arbeitsverhältnis fristgemäß zum 30. August 2003.

Sowohl in den vergangenen Jahren als auch in diesem Jahr hatten Sie infolge häufiger Erkrankungen erhebliche Fehlzeiten aufzuweisen. Bedingt durch dreimalige Krankschreibungen im Jahr 2001 sowie fünfmalige Krankschreibungen im Jahr 2002 fehlten Sie insgesamt 141 Tage. Im laufenden Jahr blieben Sie krankheitsbedingt 48 Arbeitstage der Arbeit fern.

Durch Ihre häufigen, nicht voraussehbaren Arbeitsunterbrechungen kamen wir immer wieder innerbetrieblich als auch gegenüber unseren Kunden in erhebliche Schwierigkeiten. Als kleines Unternehmen können wir Ihre Fehlzeiten nicht durch andere Mitarbeiter ausgleichen. Zudem entstanden uns Lohnfortzahlungskosten in einer Höhe, die für uns unter wirtschaftlichen Aspekten langfristig nicht tragbar sind.

Sie werden verstehen, dass uns unter diesen Umständen nur noch die Möglichkeit einer Kündigung bleibt.

Der Betriebsrat wurde zur vorliegenden Kündigung gehört. Seine Stellungnahme liegt als Anlage bei.

Betriebsbedingte Kündigung

Kündigung des Arbeitsvertrages vom ....

Sehr geehrte Frau Schmiedel,

leider mussten wir in diesem Jahr aufgrund der ungünstigen Entwicklung auf dem Papiermarkt erhebliche Umsatzeinbußen hinnehmen. Wir sind daher zu unserem Bedauern gezwungen, Ihr Arbeitsverhältnis fristgerecht zum 30. September 2003 zu kündigen.

Wir haben bislang versucht, die vorliegende Kündigung durch Überbrückungsmaßnahmen abzuwenden. Leider sind weitere Maßnahmen dieser Art nicht mehr möglich. Wir können Ihnen auch keinen anderen Arbeitsplatz in unserem Unternehmen anbieten. Die ungünstigere soziale Lage anderer Mitarbeiter zwang uns, Sie in den Kreis derjenigen Arbeitnehmer einzubeziehen, von denen wir uns trennen müssen.

Der Betriebsrat wurde zur vorstehenden Kündigung gehört. Seine zustimmende Stellungnahme liegt bei.

Kündigungsschutzklage

An das Arbeitsgericht in Sachon — Stuttgart, den 15. August 2002

Heiner Stumpp, Kaufmann, Neckarstr. 10, ... Stuttgart — – Kläger –

gegen

Teufel GmbH, Höllenweg 13, ... Stuttgart, vertreten durch den Geschäftsführer Georg Teufel — – Beklagte –

Wegen Unwirksamkeit einer Kündigung erhebe ich hiermit

Klage

und beantrage, für Recht zu erkennen:

1. Es wird festgestellt, dass das Arbeitsverhältnis zwischen den Parteien durch die am 3. März 2002 zugegangene Kündigung nicht aufgelöst worden ist.
2. Die Beklagte trägt die Kosten des Rechtsstreits.

Begründung der Kündigungsschutzklage: ....

Beilage: Schriftliche Stellungnahme des Betriebsrates vom 4. März 2002.

Zeichnung von Martin Linders

Hinweis (abdecken): Für den sich beschwerenden Herrn gilt die **Grundkündigungsfrist**, weil er z. B. erst 25 oder 26 Jahre alt ist; Meier ist mindestens 33 Jahre alt.

Zeichnungen von Martin Linders

Test: Kündigung und Kündigungsschutz

1.	Wie lautet die gesetzliche **Grundkündigungsfrist?**	2
2.	Worauf ist bei Vereinbarung einer **vertraglichen** Kündigungsfrist zu achten?	2
3.	Wann ist eine **fristlose** Kündigung generell möglich?	1
4.	Was versteht man unter **allgemeinem Kündigungsschutz?**	3
5.	Welche Arbeitnehmer genießen den allgemeinen Kündigungsschutz?	2
6.	Für welche Arbeitnehmer gilt ein **besonderer Kündigungsschutz?** Beschreiben Sie die Art des Kündigungsschutzes in Kurzform.	14
7.	Welche **Kündigungsfristen** gelten für folgende Angestellten, wenn der Arbeitgeber kündigt? Alter – Betriebszugehörigkeit seit a) 26 Jahre – 5 Jahren b) 34 Jahre – 5 Jahren c) 42 Jahre – 20 Jahren d) 50 Jahre – 20 Jahren	4
8.	Welche **Kündigungsfristen** gelten bei 7., wenn der Arbeitnehmer kündigt?	2
9.	**Wann** muss ein Arbeitgeber einem Angestellten in folgenden Fällen spätestens **kündigen?** Alter – Betriebszugehörigkeit seit – Letzter Arbeitstag a) 36 Jahre – 13 Jahren – 30.09. b) 40 Jahre – 13 Jahren – 30.09. c) 40 Jahre – 13 Jahren – 28.02. d) 25 Jahre – 5 Jahren – 15.02. e) 25 Jahre – 5 Jahren – 28.02. f) 25 Jahre – 5 Jahren – 31.01. g) 25 Jahre – 5 Jahren – 30.09.	7
10.	Welche Kündigungsfrist gilt in der **Probezeit?**	1
11.	Nennen Sie die Alternativbegriffe für a) **ordentliche Kündigung** b) **außerordentliche Kündigung**	2
		40

Lösungen

1.	4 Wochen (= 28 Tage) zum 15. oder zum Monatsende	2
2.	• Sie darf nicht kürzer als die Grundkündigungsfrist sein. • Die Kündigungsfrist des Arbeitnehmers darf nicht länger als die des Arbeitgebers sein.	2
3.	Bei Vorliegen eines wichtigen Grundes (Diebstahl, Beleidigung, Arbeitsverweigerung...)	1
4.	**Allg. Kündigungsschutz:** Schutz vor sozial ungerechtfertigter Kündigung. Eine Kündigung in folgenden Fällen ist unwirksam: • Der Arbeitnehmer liefert keinen Kündigungsgrund. • Die Kündigung ist betrieblich nicht notwendig. • Soziale Gesichtspunkte wurden nicht ausreichend berücksichtigt.	3
5.	• Arbeitnehmer, die mindestens sechs Monate im gleichen Betrieb sind • Der Betrieb muss mehr als 10 Mitarbeiter haben (vgl. Beschäft.förd.Gesetz seit Oktober 1996).	2
6.	**Betriebsratsmitglieder und Jugendvertreter:** Während Amtszeit und innerhalb eines Jahres danach nicht kündbar. Ausnahme: fristlose Kündigung bei wichtigem Grund **Werdende Mütter:** Während der Schwangerschaft bis vier Monate nach Entbindung, während Erziehungsurlaub bis drei Jahre nach der Geburt **Schwerbehinderte:** Hauptfürsorgestelle muss der Kündigung zustimmen. **Auszubildende:** Nach der Probezeit unkündbar Ausnahmen: • fristlose Kündigung bei wichtigem Grund • Aufgabe der Berufsausbildung oder andere Berufsausbildung **Langjährige Angestellte:** 1/2/3/4/5/6/7 Monate zum Monatsende, wenn ab 25. Lebensjahr mindestens 2/5/8/10/12/20 Beschäftigungsjahre	14
7.	a) 4 Wochen zum 15. oder zum Monatsende (Grundkündigungsfrist) b) 2 Monate zum Monatsende c) 6 Monate zum Monatsende d) 7 Monate zum Monatsende	4
8.	Grundkündigungsfrist (4 Wochen zum 15. oder zum Monatsende)	2
9.	a) Kündigungsfrist 4 Monate zum Monatsende: Letzter Termin = 31. Mai b) Kündigungsfrist 5 Monate zum Monatsende: Letzter Termin = 30. April c) Kündigungsfrist 5 Monate zum Monatsende: Letzter Termin = 30. September d) Kündigungsfrist 4 Wochen zum 15. oder zum ME: Letzter Termin = 18. Januar e) Kündigungsfrist 4 Wochen zum 15. oder zum ME: Letzter Termin = 31. Januar f) Kündigungsfrist 4 Wochen zum 15. oder zum ME: Letzter Termin = 3. Januar g) Kündigungsfrist 4 Wochen zum 15. oder zum ME: Letzter Termin = 2. September	7
10.	Zwei Wochen	1
11.	a) Fristgemäße Kündigung b) Fristlose Kündigung	2
		40

Das Kündigungsschutzgesetz

Fallbeispiel zum handlungsorientierten Unterricht von Ralf Schuppener

Zeichnung

Verlaufsplan

Phase	Sachstruktur/Sachaspekt	Handlungsmuster Sozialform/Medien
Einstiegs-phase	Folie „In meinem Unternehmen kann ich machen, was ich will!“	Unterrichtsgespräch Fragestellung: Was hindert den Unternehmer an dieser Willkür? OHP
Überleitung zum Rollen-spiel	„Was machen Sie, wenn der Unternehmer sich nicht um das KSchG kümmert?“ –> Klage vor dem Arbeitsgericht	Unterrichtsgespräch
Einteilung der Klasse	Einteilung der Klasse in Gruppen (s. u.). Einarbeitung in das Thema. Innerhalb der Gruppe eigenständige Spezialisierung auf verschiedene Fälle.	Einteilung durch den Lehrer Eigenständige Organisation der Arbeit in den Gruppen
Einarbeitungs-phase	Die Spezialisten-Teams bereiten anhand der Rollen-karte und der Sachinformation ihren Fall vor.	Gruppenarbeit Arbeitsblatt
Kernphase „Rollenspiel“	Durchführung des Rollenspiels und Verhandlung über die Fälle 1 - 3.	Rollenspiel
Reflexions-phase	Festhalten der Ergebnisse durch die Gerichtsreporter Fall vom Einstieg auflegen: Schüler nennen die Schutzvorschriften des KSchG	Protokoll Unterrichtsgespräch OHP
Sicherungs-phase in Hausarbeit	Arbeitsaufgabe: • Gilt für Ihren Betrieb das KSchG? • Fragen Sie in Ihrem Betrieb nach konkreten Fällen, die Sie in der nächsten Stunde kurz schildern können.	Unterrichtsgespräch

Spielaufbau

Das Rollenspiel *„Arbeitsgerichtsprozess“* besteht aus vier unterschiedlichen Gruppen. Das **Arbeitsgericht** hat neben der Aufgabe der Beweisaufnahme das Urteil zu finden. Zwei Prozessparteien (**Arbeitgeber** und **Arbeitnehmer**) stehen sich gegenüber. **Gerichtsreporter** haben den Auftrag, Protokoll über die Verhandlung zu führen.

Gruppe	Anzahl der Schüler	Einteilung innerhalb der Gruppen
Gericht	3	3 x 1
Arbeitnehmer	6	3 x 2
Arbeitgeber	6	3 x 2
Gerichtsreporter	3	3 x 1

Schülerinformation I zum Kündigungsschutz

Ziele des Kündigungsschutzes (KSchG)

Für einen Arbeitnehmer ist der Arbeitsplatz Grundlage zur Sicherung der materiellen und sozialen Existenz. Aus diesem Grund soll das Kündigungsschutzgesetz Arbeitnehmer vor willkürlichen Kündigungen durch den Arbeitgeber schützen. Kündigungen sind demnach rechtsunwirksam, wenn sie „sozial ungerechtfertigt" sind (§ 1 KSchG). Bei personen- oder verhaltensbedingten Kündigungen müssen vorherige Abmahnungen erfolgt sein, soweit sie den Leistungsbereich betreffen. Nur wenn der Vertrauensbereich (z. B. Unterschlagung, Diebstahl) betroffen ist, muss keine Abmahnung erfolgen.

Voraussetzungen für die Anwendung des KSchG

1. Das Unternehmen muss mindestens 6 Arbeitnehmer beschäftigen.

   Für die Berechnung der Mitarbeiterzahl werden Teilzeitbeschäftigte wie folgt berücksichtigt:

   bis einschließlich 10 Stunden/Woche: 0,25
   bis einschließlich 20 Stunden/Woche: 0,50
   bis einschließlich 30 Stunden/Woche: 0,75

   Auszubildende werden nicht berücksichtigt.

2. Das Arbeitsverhältnis muss mindestens sechs Monate bestehen.

Gründe, die aus der Sicht des Kündigungsschutzgesetzes eine Kündigung sozial rechtfertigen:

Personenbedingte Gründe zur Kündigung	Verhaltensbedingte Gründe zur Kündigung	Betriebsbedingte Kündigung
Beispiele:	Beispiele:	Beispiele:
• fehlende Eignung	• unberechtigte Krankmeldungen	• Rationalisierung
• mangelhafte Leistung	• Störung des Betriebsfriedens	• Einschränkung der Produktion
• häufige Erkrankung	• Beleidigung von Kollegen, Vorgesetzten	• Auftragsmangel
• Alkoholabhängigkeit	• häufige Unpünktlichkeit	• Umsatzrückgang
	• unentschuldigtes Fehlen	

Ordentliche und außerordentliche Kündigungen sind nur dann sozial gerechtfertigt, wenn einer der drei oben genannten Gründe vorliegt. Es gibt keinen anderen Kündigungsgrund.

Sozialauswahl bei betriebsbedingter Kündigung:

Neben einer sozial gerechtfertigten Kündigung müssen, wenn mehrere Personen davon betroffen sein können, die Betroffenen nach sozialen Kriterien ausgewählt werden.

Folgende **Kriterien** sind dabei seit 1999 wieder zu berücksichtigen:

1. Dauer der Betriebszugehörigkeit

2. Lebensalter

3. Unterhaltspflichten

4. persönliche Situation des Arbeitnehmers im Einzelfall (Vermögensverhältnisse, Arbeitsmarktchancen, Gesundheit ...)

Schülerinformation II zum Kündigungsschutz

Auszüge aus dem Kündigungsschutzgesetz **(KSchG)**, Betriebsverfassungsgesetz **(BetrVG)** und Bürgerlichem Gesetzbuch **(BGB)**

KSchG § 1 Sozial ungerechtfertigte Kündigungen

(1) Die Kündigung des Arbeitsverhältnisses gegenüber einem Arbeitnehmer, dessen Arbeitsverhältnis in demselben Betrieb oder Unternehmen ohne Unterbrechung länger als sechs Monate bestanden hat, ist rechtsunwirksam, wenn sie sozial ungerechtfertigt ist.

(2) Sozial ungerechtfertigt ist die Kündigung, wenn sie nicht durch Gründe, die in der Person oder in dem Verhalten des Arbeitnehmers liegen, oder durch dringende betriebliche Erfordernisse, die einer Weiterbeschäftigung des Arbeitnehmers in diesem Betrieb entgegenstehen, bedingt ist. (...)

KSchG § 3 Ist einem Arbeitnehmer aus dringenden betrieblichen Erfordernissen im Sinne des Absatzes 2 gekündigt worden, so ist die Kündigung trotzdem sozial ungerechtfertigt, wenn der Arbeitgeber bei der Auswahl des Arbeitnehmers soziale Gesichtspunkte nicht oder nicht ausreichend berücksichtigt hat; auf Verlangen des Arbeitnehmers hat der Arbeitgeber dem Arbeitnehmer die Gründe anzugeben, die zu der getroffenen sozialen Auswahl geführt haben. Satz 1 gilt nicht, wenn betriebstechnische, wirtschaftliche oder sonstige berechtigte betriebliche Bedürfnisse die Weiterbeschäftigung eines oder mehrerer bestimmter Arbeitnehmer bedingen und damit der Auswahl nach sozialen Gesichtspunkten entgegenstehen.

BetrVG § 102 Mitbestimmung bei Kündigungen

(1) Der Betriebsrat ist vor jeder Kündigung zu hören. Der Arbeitgeber hat ihm die Gründe für die Kündigung mitzuteilen. Eine ohne Anhörung des Betriebsrats ausgesprochene Kündigung ist unwirksam.

(2) Hat der Betriebsrat gegen eine ordentliche Kündigung Bedenken, so hat er diese unter Angabe der Gründe dem Arbeitgeber spätestens innerhalb einer Woche schriftlich mitzuteilen. Äußert er sich innerhalb dieser Frist nicht, gilt seine Zustimmung zur Kündigung als erteilt. Hat der Betriebsrat gegen eine außerordentliche Kündigung Bedenken, so hat er diese unter Angabe der Gründe dem Arbeitgeber unverzüglich, spätestens jedoch innerhalb von drei Tagen, schriftlich mitzuteilen. Der Betriebsrat soll, soweit dies erforderlich erscheint, vor seiner Stellungnahme den betroffenen Arbeitnehmer hören. § 99 Abs. 1 Satz 3 gilt entsprechend.

BGB § 622 Kündigung von Arbeitsverhältnissen

(1) Das Arbeitsverhältnis eines Arbeiters oder eines Angestellten (Arbeitnehmers) kann mit einer Frist von vier Wochen zum Fünfzehnten oder zum Ende eines Kalendermonats gekündigt werden.

(2) Für eine Kündigung durch den Arbeitgeber beträgt die Kündigungsfrist, wenn das Arbeitsverhältnis in dem Betrieb oder Unternehmen

1. zwei Jahre bestanden hat, einen Monat zum Ende eines Kalendermonats,
2. fünf Jahre bestanden hat, zwei Monate zum Ende eines Kalendermonats,
3. acht Jahre bestanden hat, drei Monate zum Ende eines Kalendermonats,
4. zehn Jahre bestanden hat, vier Monate zum Ende eines Kalendermonats,
5. zwölf Jahre bestanden hat, fünf Monate zum Ende eines Kalendermonats,
6. fünfzehn Jahre bestanden hat, sechs Monate zum Ende eines Kalendermonats,
7. zwanzig Jahre bestanden hat, sieben Monate zum Ende eines Kalendermonats.

Bei der Berechnung der Beschäftigungsdauer werden die Zeiten, die vor der Vollendung des fünfundzwanzigsten Lebensjahres des Arbeitnehmers liegen, nicht berücksichtigt.
(...)

BGB § 626 Fristlose Kündigung aus wichtigem Grund

(1) Das Dienstverhältnis kann von jedem Vertragsteil aus wichtigem Grund ohne Einhaltung einer Kündigungsfrist gekündigt werden, wenn Tatsachen vorliegen, auf Grund derer dem Kündigenden unter Berücksichtigung aller Umstände des Einzelfalles und unter Abwägung der Interessen beider Vertragsteile die Fortsetzung des Dienstverhältnisses bis zum Ablauf der Kündigungsfrist oder bis zu der vereinbarten Beendigung des Dienstverhältnisses nicht zugemutet werden kann.

(2) Die Kündigung kann nur innerhalb von zwei Wochen erfolgen. Die Frist beginnt mit dem Zeitpunkt, in dem der Kündigungsberechtigte von den für die Kündigung maßgebenden Tatsachen Kenntnis erlangt. Der Kündigende muss dem anderen Teil auf Verlangen den Kündigungsgrund unverzüglich schriftlich mitteilen.

Rollenkarte Arbeitgeber

Ausgangssituation

Firma:	Heinrich Müller GmbH
Sachziel:	Herstellung Speicherbausteine für PCs
Mitarbeiter	17 Mitarbeiter

Gruppenauftrag

1. Bilden Sie für jeden Fall ein Expertenteam (ca. zwei Mitglieder), das diesen Fall vertritt.
2. Wählen Sie für jedes Team einen Gruppensprecher, der Ihre Interessen nach außen hin vertritt.
3. Lesen Sie sich in <u>Ihren konkreten Fall</u> ein. Verschaffen Sie sich einen Überblick über die hierfür notwendigen Rechtsvorschriften.
4. Entwickeln Sie für Ihren Fall eine <u>Prozessstrategie</u>, die Sie in der Verhandlung verfolgen wollen.

Rollenkarte Arbeitnehmer

Ausgangssituation

Sie sind Mitarbeiter folgender Unternehmung. Ihnen wurde gekündigt, Sie klagen auf Wiedereinstellung.

Firma:	Heinrich Müller GmbH
Sachziel:	Herstellung Speicherbausteine für PCs
Mitarbeiter	17 Mitarbeiter

Gruppenauftrag

1. Bilden Sie für jeden Fall ein Expertenteam (ca. zwei Mitglieder), das diesen Fall vertritt.
2. Wählen Sie für jedes Team einen Gruppensprecher, der Ihre Interessen nach außen hin vertritt.
3. Lesen Sie sich in <u>Ihren konkreten Fall</u> ein. Verschaffen Sie sich einen Überblick über die hierfür notwendigen Rechtsvorschriften.
4. Entwickeln Sie für Ihren Fall eine <u>Prozessstrategie</u>, die Sie in der Verhandlung verfolgen wollen.

Rollenkarte Gerichtsreporter

Ausgangssituation

Sie sind Gerichtsreporter beim Arbeitsgericht Siegen. Heute finden dort drei Arbeitsprozesse der Firma Heinrich Müller GmbH gegen diverse Mitarbeiter statt. Ihre Aufgabe ist es, einen Bericht über die einzelnen Prozesse zu verfassen. Folgende Daten zur Müller GmbH sind Ihnen bekannt:

Firma:	Heinrich Müller GmbH
Sachziel:	Herstellung Speicherbausteine für PCs
Mitarbeiter	17 Mitarbeiter

Gruppenauftrag

1. Entsenden Sie für jeden Prozess einen Beobachter, der einen Bericht für die lokale Presse erstellt.
2. Lesen Sie sich in Ihren konkreten Fall ein. Verschaffen Sie sich einen Überblick über die hierfür notwendigen Rechtsvorschriften.
3. Dokumentieren Sie übersichtlich die Argumente der Arbeitnehmer- und Arbeitgeberseite. Zeigen Sie, welcher Seite das Arbeitsgericht gefolgt ist und wie das Urteil begründet wurde.
4. Ihr Bericht wird im Anschluss allen Beteiligten zugänglich gemacht.

Rollenkarte Arbeitsgericht

Ausgangssituation

Die Firma Heinrich Müller GmbH hat heute einen Termin vor dem Arbeitsgericht Siegen mit drei Fällen, die zu entscheiden sind. Die Parteien werden ihren Fall vortragen. Danach soll von Ihnen eine Entscheidung getroffen werden.

Informationen zum Unternehmen:

Firma:	Heinrich Müller GmbH
Sachziel:	Herstellung Speicherbausteine für PCs
Mitarbeiter	17 Mitarbeiter

Gruppenauftrag

1. Wählen Sie für jeden Fall einen Vorsitzenden, der diese konkrete Verhandlung leitet. Die beiden anderen Richter sind für diese Fälle beisitzende Richter. Beraten Sie sich untereinander.
2. Lesen Sie sich in Ihren konkreten Fall ein. Verschaffen Sie sich einen Überblick über die hierfür notwendigen Rechtsvorschriften.
3. Prüfen Sie, ob das KSchG anwendbar ist. Eröffnen Sie den Prozess und lassen Sie im ersten Fall die Arbeitnehmer beginnen, in den anderen Fällen die Arbeitgeber. Fordern Sie abschließend ein kurzes Plädoyer.
4. Fällen Sie nach der Beweisaufnahme ein begründetes Urteil.

Anmerkung: Sollten sich die beiden Parteien vor Gericht einigen, so können Sie einen Vergleich abschließen lassen. Damit reduzieren Sie in der Praxis die Prozesskosten.

Fälle

(Arbeitsanweisungen: siehe Rollenkarten)

Fall 1

Der Arbeitnehmer **Michael Schuster** (Alter 42) ist seit dem 1. August 1992 als Mitarbeiter in der Produktion beschäftigt. Er war mit Lötarbeiten für die Chip-Produktion beauftragt.

Herr Schuster hatte die Eigenschaft, häufiger unentschuldigt der Arbeit fernzubleiben. Das ist in der Vergangenheit häufiger vorgekommen. Dabei hat das Unternehmen regelmäßig Produktionausfälle. Bereits am 15. August 2002 hat der Arbeitgeber ihm die 3. Abmahnung zukommen lassen. Den Empfang hat er bestätigt. Am 8. September 2002 fehlt Herr Schuster wiederholt, der Arbeitgeber spricht ihm daraufhin nach fristgemäßer Anhörung des Betriebsrates die fristlose Kündigung aus.

Herr Schuster legt innerhalb der vorgeschriebenen Frist vor dem Arbeitsgericht Siegen eine Klage gegen diese Entscheidung ein mit der Begründung, die außerordentliche Kündigung sei sozial nicht gerechtfertigt.

Fall 2

Frau **Tanja Meier** (Alter 32) ist seit dem 1. April 1998 bei der Müller GmbH im Schreibbüro tätig. Wegen Einführung einer EDV-Anlage mit Arbeiten mit vorgefertigten Textbausteinen wurde das Schreibbüro verkleinert.

Frau Meier wurde daraufhin unter Einhaltung der Kündigungsfristen am 4. September 2002 ordentlich gekündigt. Der Betriebsrat wurde angehört und hat zugestimmt.

Frau Meier klagt auf Wiedereinstellung, da die Kündigung sozial ungerechtfertigt sei und bei der Sozialauswahl ein Fehler unterlaufen ist.

Mit der gleichen Tätigkeit war **Frau Müller** beschäftigt, die weiterbeschäftigt wird.

Name	Betriebszugehörigkeit	Lebensalter	Unterhaltspflichten	persönliche Situation
Tanja Meier	seit 1. April 1998	32	geschieden, allein erziehend mit 2 Kindern	nicht näher bekannt
Sigrid Müller	seit 1. April 1999	29	ledig	nicht näher bekannt

Fall 3

Herr **Erwin Schmidt** (Alter 53) ist als Mitarbeiter in der Produktion seit 1. Januar 2002 beschäftigt. Seine Tätigkeit wird im Akkord entlohnt. Die Vorgabezeit von 40 Sekunden je Speicherbaustein erfüllt Herr Schmidt auch nach gründlicher Einarbeitungszeit nicht.

Nach Rücksprache mit dem Betriebsrat erklärt der Arbeitgeber Herrn Schmidt am 14. August 2002 die Kündigung. Die Personalabteilung ist der Meinung, eine fristlose Kündigung sei hier aufgrund der fehlenden Leistung angemessen. Deshalb wird ihm ohne Einhaltung von Kündigungsfristen zum 14. August 2002 gekündigt.

Herr Schmidt klagt auf Wiedereinstellung, da seiner Meinung nach die Kündigung rechtswidrig war.

Lösungshinweise für den Lehrer / die Lehrerin

Grundlegend ist zu prüfen, ob das KSchG für die Müller GmbH Geltung hat. Da die Müller GmbH mehr als 5 Arbeitnehmer beschäftigt, findet das KSchG hier Anwendung. Zu beachten ist dabei, dass Auszubildende dabei nicht mitgezählt werden.

Weiter ist zu prüfen, ob der Arbeitnehmer länger als 6 Monate beschäftigt war. Das ist in allen drei Fällen so.

–> Das KSchG ist anwendbar.

Fall 1

- Unentschuldigtes bzw. unberechtigtes Fehlen liegt vor, wenn der Mitarbeiter ohne rechtfertigenden Grund fehlte. Wiederholtes unentschuldigtes Fehlen rechtfertigt eine verhaltensbedingte Kündigung (§ 1 Abs. 2 KSchG).

- Auch regelmäßige „kleinere Verspätungen" können eine Kündigung rechtfertigen. Hier kommt hinzu, dass der Betriebsablauf gestört werden kann, dem Arbeitgeber also ein Schaden entsteht. Wichtig ist in jedem Fall ein **Verschulden** des Mitarbeiters.

- Eine außerordentliche Kündigung ist möglich, da Störungen im Betriebsablauf einen wichtigen Grund nach § 626 (1) BGB darstellen. Allgemein wird angenommen, dass eine vorherige **Abmahnung** bei Verstößen im Leistungsbereich erforderlich ist (bei Verstößen im Vertrauensbereich ist diese nicht notwendig).

- Der Betriebsrat wurde angehört.

–> Außerordentliche Kündigung ist sozial gerechtfertigt.

Fall 2

- In diesem Fall geht es um die Problematik der Kündigung aus betrieblichen Gründen.

- Eine Kündigung aus betrieblichen Gründen ist nur dann sozial gerechtfertigt, wenn sie durch betriebliche Erfordernisse, die einer Weiterbeschäftigung des Arbeitnehmers in diesem Betrieb entgegenstehen, bedingt ist und bei der Auswahl des zu kündigenden Arbeitnehmers soziale Gesichtspunkte berücksichtigt wurden.

- Zu prüfen ist, ob eine Rationalisierungsmaßnahme eine betriebsbedingte Kündigung rechtfertigt. Die Arbeitsgerichte prüfen Rationalisierungsmaßnahmen nicht auf ihre Notwendigkeit oder Zweckmäßigkeit. Es findet nur eine gerichtliche Missbrauchs- und Willkürkontrolle statt. In diesem Fall besteht für einen Verdacht darauf kein Anlass.

- Nach einem BAG-Urteil stellen Rationalisierungsmaßnahmen ein dringendes betriebliches Erfordernis für ordentliche Kündigungen dar, soweit die Möglichkeit der Weiterbeschäftigung entfällt. Die Weiterbeschäftigung einer Schreibkraft in einer anderen Betriebsabteilung wird wahrscheinlich nicht möglich sein. Daher ist hier eine Kündigung sozial gerechtfertigt.

- Zu prüfen ist jetzt, ob die Sozialauswahl richtig vorgenommen wurde (§ 1 Abs. 3 Satz 1 KSchG). Der Betrieb hätte ebenfalls Frau Müller entlassen können, denn zum auswahlrelevanten Personenkreis zählen prinzipiell alle von der betrieblichen Maßnahme betroffenen Arbeitnehmer.

Nach KSchG zählen vier Kriterien für die Auswahl:

1. Dauer der Betriebszugehörigkeit

2. das Lebensalter

3. und die Unterhaltspflichten des Arbeitnehmers.

4. persönl. Situation des Arbeitnehmers im Einzelfall (Vermögensverhältnisse, Arbeitsmarktchancen, Gesundheit...)

Die Prüfung in diesem Fall ergibt folgendes Ergebnis (Stand März 2003):

Name	Betriebszugehörigkeit	Lebensalter	Unterhaltspflichten	persönliche Situation
Tanja Meier	4 Jahre	32	geschieden, alleinerziehend mit 2 Kindern	nicht näher bekannt
Sigrid Müller	3 Jahre	29	ledig	nicht näher bekannt
„Runde geht an“:	**Meier**	**Meier**	**Meier**	**?**

In diesem Fall ist die Sozialauswahl eindeutig falsch getroffen worden.

–> **Die Kündigung ist sozial ungerechtfertigt.**

Fall 3

- Prinzipiell ist fehlende Eignung ein Grund für eine Kündigung.

- Eine außerordentliche Kündigung käme in Frage, wenn ein wichtiger Grund vorliegt und es dem Arbeitgeber nicht mehr zugemutet werden könnte, Herrn Schmidt weiterzubeschäftigen. Das muss hier verneint werden. Für einen solchen Fall ist eine Probezeit zu wählen, in der der Arbeitnehmer bei fehlender Eignung entlassen werden könnte. Eine Probezeit bis zu einem halben Jahr ist möglich. Deshalb ist die hier ausgesprochene fristlose Kündigung nichtig.

- Eine fristgemäße Kündigung hingegen wäre denkbar und auch sozial gerechtfertigt. Diese wurde aber nicht ausgesprochen, kann also nicht Gegenstand der Verhandlung sein.

–> **Die fristlose Kündigung ist nichtig.**

AKTUALITÄTSSERVICE

Hinweis (Tipp): In jeder HOT veröffentlichen wir zahlreiche aktuelle Fälle aus der Rechtsprechung. Viele Kollegen praktizieren gelegentlich auf dieser Basis folgende **auflockernde** und **motivierende** Unterrichtsaktion (auch denk- und dankbar bei Vertretungsstunden):

MOTIVATION MOTIVATION

Vorlesen des Falles
↓
Frage an Schüler: Wie würden Sie entscheiden?
↓
Vortragen des tatsächlichen Urteils + Diskussion

MOTIVATION MOTIVATION

Eine kleine Anregung:

Gelegentlich macht es evtl. Spaß, die Fälle **schriftlich** von den Schülern lösen zu lassen.

Problemlos können Sie gegebenenfalls die Urteilsspalte einfach mit weißem Papier abdecken und **Kopien** für die Schüler fertigen.

Die **Motivation** der Schüler bei vorliegenden echten Fällen aus der Praxis ist erfahrungsgemäß sehr hoch.

Probieren Sie es doch mal aus.

Verkleinertes Beispiel: siehe rechts.

„Ich knall Dich ab!!!"

Der Fall

Ein 57 Jahre alter Arbeiter hatte seit längerer Zeit Auseinandersetzungen mit seinem Arbeitgeber, die darin gipfelten, dass er dem Geschäftsführer drohte, ihn zu erschießen.

Folge: **Abmahnung.** Später erhielt er die **Kündigung**, der Arbeitgeber stützte sich dabei allein auf die in der Abmahnung angegebenen Kündigungsgründe.

§

Urteil

„Jakob Meier von der Pleite AG"

Der Fall

Beispiele einiger Ausfälligkeiten eines 36-jährigen Konstanzer Busfahrers:

- Ein älterer Mann wollte ausnahmsweise vorne aussteigen; der Busfahrer öffnete die Tür nicht; sein Kommentar:

  „Steig' da aus, wo Du eingestiegen bist."

- Nach einer flapsigen Bemerkung gegenüber einer Frau bat ihn diese, seinen Namen zu nennen; seine Antwort:

  „Jakob Meier von der Pleite AG."

- Ein Fahrgast, der kein Kleingeld zum Zahlen hatte, erhielt eine Handvoll **Münzen** als Wechselgeld.
- Fahrgäste wurden an Haltestellen einfach **stehen gelassen.**
- Durch **rupppiges Anfahren** gerieten häufig Fahrgäste ins Taumeln.

Er erhielt die **Kündigung,** wogegen er klagte mit der Begründung, die Tätigkeit des Busfahrers sei wegen der vielen schlecht gelaunten Kunden und der notwendigen Konzentration auf den Straßenverkehr besonders nervenaufreibend.

§

Urteil

Änderungen zum 1. Januar 1999

Kündigungsschutz

- Rechtslage fast wieder wie vor dem 1. Oktober 1996:
- **Kündigungsschutz in Kleinbetrieben:**
  - Künd.schutzgesetz gilt wieder in Betrieben mit i. d. R. mehr als 5 Mitarbeitern (bis 12/1998: 10)
  - In Betrieben mit max. 5 Mitarbeitern: kein Kündigungsschutz

Sozialauswahl

Alle sozialen Gesichtspunkte sind bei betriebsbedingten Kündigungen bei der Sozialauswahl wieder zu berücksichtigen:

- Dauer der Betriebszugehörigkeit
- Lebensalter
- Unterhaltspflichten
- persönliche Situation des Arbeitnehmers im Einzelfall (Vermögensverhältnisse, Arbeitsmarktchancen, Gesundheit...)

(Letzteres entfällt seit 1996.)

Prügeleien, Beleidigungen, Diebstahl & Co.

Prügelei I

Der Fall: Kollege A beschuldigte Kollege B des Diebstahls, bedrohte und verprügelte ihn am Arbeitsplatz. Folge: fristlose Kündigung ohne vorherige Abmahnung

Urteil: Kündigung rechtens.

Begründung: Körperliche Auseinandersetzung = schwerwiegende Verletzung der arbeitsvertraglichen Pflichten; Störung des Betriebsfriedens

LAG Hamm

Prügelei II

Der Fall: Ein Handwerker ging mit einem Stuhl auf seinen Vorgesetzten los, verpasste ihm einen Kinnhaken und bedrohte ihn mit einem Messer. Folge: fristlose Kündigung.

Urteil: Kündigung logischerweise rechtens.

Begründung: Tätlichkeiten gegenüber Vorgesetzten sind streng zu ahnden (Autoritätsschutz, Schutz vor Wiederholungstaten, Vertrauensbruch ...)

BAG

Prügelei III: Wurf mit dem Schlachtermesser!

Der Fall: Ein Arbeitnehmer warf während eines Streites ein Schlachtermesser in Richtung seines Vorgesetzten. Folge: fristlose Kündigung.

Urteil: Tätliche Angriffe auf Vorgesetzte können mit fristloser Kündigung geahndet werden.

LAG Hamm, 18 Sa 124/95

Diesel geklaut

Der Fall: Nach 32 Jahren untadeliger Betriebszugehörigkeit stahl ein Schiffsführer vom Schiff seines Arbeitgebers 100 Liter Diesel. Folge: fristlose Kündigung.

Urteil: Fristlose Kündigung rechtswirksam. Ein Diebstahl ist stets ein Grund zur fristlosen Kündigung. Die Höhe des Schadens für den Arbeitgeber ist hierbei unerheblich.

LAG Rheinl.-Pfalz (2 Sa 381/95)

Lagerarbeiter klaut 3 CDs

Der Fall: Ein Lagerarbeiter ließ aus dem Lager des Arbeitgebers 3 CDs mitgehen und wurde ertappt. Folge: fristlose Kündigung, wogegen der Arbeitnehmer klagte mit der Begründung, die Kündigung sei sozial nicht gerechtfertigt.

Urteil: Fristlose Kündigung rechtens. Begründungen:

- Auch der Diebstahl von Kleinigkeiten rechtfertigt eine fristlose Kündigung.
- Es handelt sich um eine erhebliche Verletzung des Arbeitsvertrages.

LAG Rheinl.-Pfalz v. 7.10.97 - 4 Sa 463/97

Der beobachtete Dieb

Der Fall: Ein Arbeitnehmer klaute Betriebsgegenstände. Sein Kollege bemerkte dies, verpetzte den Dieb jedoch nicht. Als der Arbeitgeber vom Diebstahl erfuhr, „feuerte" er den Dieb fristlos und den nicht petztenden Kollegen fristgemäß. Der „stille" Kollege klagte.

Urteil: Die Kündigung ist rechtens.

Begründung: Strafbare Handlungen von Kollegen sind dem Arbeitgeber mitzuteilen, wenn sich die strafbaren Handlungen gegen den Arbeitgeber richten (z. B. Diebstahl von Betriebsgegenständen) und Wiederholungsgefahr besteht. **Nichtanzeige** rechtfertigt eine **ordentliche Kündigung**.

LAG Hamm

Bagatell-Diebstahl: Kündigungsgrund?

Die Fälle

Der Steward des Restaurants „Bordtreff" und der „Minibar" in einem ICE-Zug (47 Jahre, seit über 17 Jahren im Betrieb) musste nach Dienstende eine Taschenprüfung über sich ergehen lassen, bei der folgende Waren im Gesamtwert von ca. 10,00 € entdeckt wurden:

drei Kaffeebecher aus Porzellan, zwei Packungen Schinken, eine Dose Pflanzenöl.

Folge: fristlose Kündigung, wogegen der Mann bis zum BAG klagte.

Diebstahl-Bagatellfälle, über die das BAG entschied

- Kaffeebecher, Schinken, Öl
- ein Liter Sahne
- 1 Stück Bienenstich in Bäckerei
- Kopierpapier
- drei Kiwi-Früchte
- Schummeln bei Spesenabrechn.
- zwei Päckchen Tabak

§

Urteile

In allen Fällen griff das Bundesarbeitsgericht hart durch: Die jeweilige fristlose Kündigung ohne vorherige Abmahnung war rechtsgültig.

Begründung:

- Es liegt jeweils ein Eigentums- bzw. Vermögensdelikt vor, unabhängig von der Höhe des Wertes der gestohlenen Gegenstände.
- Den Arbeitnehmern hätte die Widerrechtlichkeit ihres Handelns in diesen Fällen bewusst sein müssen.
- Der Arbeitnehmer muss aufgrund der durch den Arbeitsvertrag begründeten Nebenpflicht zur Loyalität auf die berechtigten Interessen des Arbeitgebers Rücksicht nehmen und darf den Arbeitgeber nicht rechtswidrig und vorsätzlich durch eine Straftat schädigen.
- Auch bei derartigen objektiv geringfügigen Delikten liegt ein schwerer Vertrauensbruch vor. Eine Abmahnung ist daher nicht erforderlich.

Fazit: Das Kündigungsschutzrecht schützt nur den völlig loyalen Arbeitnehmer.

u.a. BAG v. 12. August 1999, Az.: 2 AZR 923/98

Virenbedingte Kündigung

Der Fall: Wegen Ärgers über den Chef schleuste ein Leiter der EDV Viren auf die DV-Anlage. Der Verdacht fiel auf ihn. Folge: außerordentliche Verdachtskündigung.

Urteil: Kündigung rechtswirksam

Begründung: Mit Viren im PC ist nicht zu spaßen!

LAG Saarland

„Blöder Sack!"

Der Fall: Eine Raumpflegerin bezeichnete einen Mitarbeiter aus der Personalabteilung als **„blöden Sack"**, nachdem sie von ihm massiv provoziert wurde. Sie erhielt daraufhin die Kündigung.

Urteil: Die Titulierung mit „blöder Sack" stellt in diesem Fall **keinen Kündigungsgrund** dar, weil die Raumpflegerin durch unangemessenes Verhalten des Mitarbeiters hierzu **provoziert** wurde.

(LAG Köln 8 CA 5027/93)

„Scheiß-Firma“

Der Fall

Ein am Flughafen in der Fluggastkontrolle tätiger Arbeitnehmer eines Passagier-Serviceunternehmens regte sich über Umstrukturierungen in der Firma auf. Schlecht gelaunt reagierte er auf Beschwerden eines Fluggastes heftig: U. a. sagte er, das Serviceunternehmen sei eine „Scheiß-Firma“ ...

Der Arbeitnehmer, der seit 27 Jahren im Betrieb war und zuvor als tadellos arbeitender und höflicher Mitarbeiter galt, erhielt die fristlose Kündigung.

§

Urteil

Fristlose Kündigung nicht rechtsgültig. **Begründung**:

Auch die Beschimpfung des Arbeitgebers (= erheblicher Pflichtverstoß) rechtfertigt bei einem langjährigen und unbelasteten Arbeitsverhältnis nicht gleich die Kündigung.

AG Frankfurt, Az.: 9 BV 558/99

„Blöde Kuh!”

Der Fall: Ein Verputzer sagte während eines Streits um den Stundenlohn zur Personalleiterin „blöde Kuh”.

Urteil: Die Beleidigung eines Vorgesetzten ist stets ein Grund für eine fristlose Kündigung. (Ausnahme: Beleidung, die durch Provozierung durch den Vorgesetzten hervorgerufen wird).

Arbeitsgericht Frankfurt: Az 4 Ca 5399/96

„Arschloch“

Der Fall: Ein Arbeitnehmer beleidigte seinen Vorgesetzten mit „Arschloch”. Ihm wurde daraufhin fristgemäß ohne vorherige Abmahnung gekündigt. Der Arbeitnehmer klagte.

Urteil: Kündigung rechtens. Begründung: Schwerwiegende Beleidigung, die sogar mit einer fristlosen Kündigung (wichtiger Grund) hätte geahndet werden dürfen. Abmahnung ist nicht erforderlich.

AG Frankfurt/M. Az.: 15 Ca 9661/97 v. 10.08.1998

HOT 1/01

Küchenhelfer und Putzfrau: „Klaps“ auf das Gesäß

Der Fall

Ein Küchenhelfer eines Möbelunternehmens eckte bei der Damenwelt im Betrieb an:

- Einer im Unternehmen tätigen Putzfrau verabreichte er einen „Klaps“ auf das Gesäß.
- Einer anderen Kollegin rief er hinterher: *„Ich würde gerne mit Dir mal etwas anderes machen.“*

Beide Vorfälle veranlassten den Personalchef, den Küchenhelfer ohne vorausgegangene Abmahnung fristgemäß zu entlassen, wogegen Letzterer klagte.

§

Urteil

Die ordentliche Kündigung ist unwirksam.

Begründung: Leichtere körperliche oder verbale Beeinträchtigungen von Kolleginnen wie ein „Klaps“ auf das Gesäß oder eine anzügliche Bemerkung rechtfertigen nicht automatisch eine Kündigung ohne vorausgegangene Abmahnung.

Arbeitsgericht Frankfurt Az.: 18 Ca 2819/00

„Jakob Meier von der Pleite AG"

Der Fall

Beispiele einiger Ausfälligkeiten eines 36-jährigen Konstanzer Busfahrers:

- Ein älterer Mann wollte ausnahmsweise vorne aussteigen; der Busfahrer öffnete die Tür nicht; sein Kommentar:

  „Steig' da aus, wo Du eingestiegen bist."

- Nach einer flapsigen Bemerkung gegenüber einer Frau bat ihn diese, seinen Namen zu nennen; seine Antwort:

  „Jakob Meier von der Pleite AG."

- Ein Fahrgast, der kein Kleingeld zum Zahlen hatte, erhielt eine Handvoll **Münzen** als Wechselgeld.
- Fahrgäste wurden an Haltestellen einfach **stehen gelassen.**
- Durch **rupppiges Anfahren** gerieten häufig Fahrgäste ins Taumeln.

Er erhielt die **Kündigung,** wogegen er klagte mit der Begründung, die Tätigkeit des Busfahrers sei wegen der vielen schlecht gelaunten Kunden und der notwendigen Konzentration auf den Straßenverkehr besonders nervenaufreibend.

§

Urteil

Kündigung rechtens. **Begründung:**

- Ein Busfahrer, der in stressigen Situationen zu verbalen Ausfälligkeiten neigt und gegenüber den Kunden das Busunternehmen bloßstelle, ist für die Aufgaben als Busfahrer nicht geeignet.
- Über die anderen 108 Busfahrer trudeln jährlich nur ca. zwei Beschwerden ein, während über unseren Spezialisten dauernd Beschwerden eingingen.

Arbeitsgericht Lörrach

Der Streithammel

Der Fall

Ein Arbeiter eines Gepäckabfertigungs-Unternehmens am Frankfurter Flughafen war nach einem Streit mit Kollegen an einen anderen Arbeitsplatz versetzt worden. Er fühlte sich ungerecht behandelt und verweigerte die Arbeit mit der Bemerkung: „Wenn ich dort arbeiten muss, gehe ich zum Arzt und lasse mich krankschreiben."

Reaktion der Firma: fristlose Kündigung.

§

Urteil

Fristlose Kündigung rechtens.

Begründung:

- Eine derartige Drohung ist ein „absoluter Vertrauensbruch".
- Selbst bei ungerechter Behandlung durch die Vorgesetzten müsse er zur Klärung andere Maßnahmen ergreifen, z. B. den hierfür zuständigen Betriebsrat einschalten.

AG Frankfurt/M., Az.: 7 Ca 8685/99

HOT 2/01

Diebstahl im Wert von 0,02 €

Der Fall

Ein Arbeitnehmer entwendete drei Briefumschläge im Wert von 0,02 € und erhielt die fristlose Kündigung. Der Arbeitnehmer klagte.

§

Urteil

Die fristlose Kündigung ist unwirksam.

Begründung: Die Entwendung derart geringwertiger Gegenstände rechtfertigt keine fristlose Kündigung ohne vorherige Abmahnung.

LAG Köln, Az.: 5 Sa 872/99

Der Fall

Daten-Klau

Einer Außendienstmitarbeiterin war zunächst ordnungsgemäß gekündigt worden. Noch vor ihrem Ausscheiden zog sie Daten der Firma auf private Disketten. Der Arbeitgeber erfuhr dies und kündigte ihr daraufhin fristlos.

§

Urteil

Fristlose Kündigung rechtens.

Begründung:

- Das Kopieren von Daten auf private Disketten ist genauso zu bewerten wie ein Diebstahl von Gegenständen.
- Bereits das Überspielen der Daten = Grund für eine fristlose Kündigung, da die Informationen in keinem Fall auf private Datenträger gehörten.
- Keine Rolle spielen dabei Inhalt und Wert der kopierten Informationen.

LAG Sachsen, Az.: 2 Sa 34/99

Der Fall

„Geschmiert“

Eine seit 22 Jahren beschäftigte Arbeitnehmerin bekam von einer Autovermietung, der sie Aufträge im Namen der Firma erteilte, PKWs für den Privatgebrauch erheblich günstiger vermietet. Der Unternehmer kündigte fristlos, obwohl ihm kein Schaden entstanden war.

§

Urteil

Fristlose Kündigung rechtens.

Begründung:

- Wer als Arbeitnehmer Geschäftsbeziehungen zum privaten Vorteil missbraucht, muss mit einer fristlosen Kündigung rechnen.
- Es bestehe die Gefahr, dass der „geschmierte“ Arbeitnehmer nicht mehr nur die Interessen des Unternehmens wahrnehme.

LAG Frankfurt/M., Az.: 9 Sa 1778/98

Der Fall

HOT 1/01

„Ich werde es an die große Glocke hängen!“

Ein Mitarbeiter bat um eine Lohnerhöhung - vergeblich. Er verabschiedete sich beleidigt vom Chef mit den Worten:

„Dann werde ich es an die große Glocke hängen, dass Sie dem Mitarbeiter X vor dessen Entlassung das Gehalt erhöht haben, damit dieser höheres Arbeitslosengeld erhält.“

Der Arbeitgeber kündigte fristlos, der Mitarbeiter klagte.

§

Urteil

Die fristlose Kündigung ist unwirksam.

Begründung:

- Die bloße Drohung eines Mitarbeiters, etwas „an die große Glocke hängen“ zu wollen, rechtfertigt nicht dessen fristlose Kündigung.
- Der Arbeitgeber muss vielmehr beweisen, dass er mit dieser Drohung zu einem bestimmten Verhalten (hier: zu einer Gehaltserhöhung) erpresst werden sollte.

LAG Rheinland-Pfalz Az.: 10 Sa 1375/99

Der Fall

HOT 2/01

„Verpfeifen“ von Dieben?

Videoaufnahmen zeigten den als Gepäckcodierer am Frankfurter Flughafen tätigen Arbeitnehmer in unmittelbarer Nähe zu seinen Kollegen, die das Gepäck der Passagiere öffneten und durchwühlten. Auch er erhielt die fristlose Kündigung, wogegen er klagte.

§

Urteil

Die fristlose Kündigung ist wirksam.

Begründung: Bereits das Zuschauen begründet einen Verdacht der Beihilfe zum Diebstahl. Eine fristlose Kündigung ist daher gerechtfertigt.

Arbeitsgericht Frankfurt Az.: 7 Ca 3997/00

Der Fall

HOT 3/01

Überforderter Hochstapler

Ein gelernter Fernsehtechniker fälschte sein Zeugnis und bescheinigte sich nicht vorhandene Fähigkeiten im Computerbereich. Er täuschte damit ein Softwareunternehmen, das den Mann als Computerspezialist einstellte, über seine Qualifikationen.

Bereits einen Monat später kündigte der Angestellte fristlos, weil er die Anforderungen nicht bewältigte. Das Softwareunternehmen focht daraufhin den Arbeitsvertrag an und verlangte die für eine unbrauchbare Arbeitsleistung gezahlte Vergütung zurück.

§

Urteil

Der „Computerspezialist“ muss die Vergütung zurückzahlen.

Begründung: Es liegt eine Zeugnisfälschung vor. Der Arbeitnehmer habe damit das Unternehmen getäuscht.

LAG Köln v. 16. Juni 2000 - Az.: 11 Sa 1511/99

Der Fall

HOT 3/02

„Faules Biest“

Eine Verkäuferin einer Bäckerei hatte ihre Chefin im Gespräch mit einer Kollegin unter anderem als „faules Biest“ bezeichnet. Die Inhaberin der Bäckerei erfuhr vom Inhalt dieses Gesprächs über eine Überwachungskamera, in die ohne Wissen der Angestellten ein Mikrofon eingebaut war. Die Chefin kündigte fristlos.

§

Urteil

Die fristlose Kündigung ist nicht gerechtfertigt.

Begründung: Die Aufzeichnung der Unterhaltung der beiden Kolleginnen darf für eine Kündigung nicht verwertet werden.

LAG Frankfurt - Az.: 2 Sa 879/01

Der Fall

HOT 3/01

Der Trick mit der Stechuhr

Ein Kollege bat eine Verkäuferin, für ihn die Stechuhr zu bedienen, um seine Anwesenheit im Betrieb vorzutäuschen.
Nach Bekanntwerden der Vorfälle erhielten beide die fristlose Kündigung.

§

Urteil

Die fristlosen Kündigungen sind gerechtfertigt.

Begründung: Schwerer Verstoß gegen die arbeitsvertraglichen Pflichten.

AG Frankfurt - Az.: 18 Ca 8392/00

Der Fall

HOT 3/01

Grobe Beleidigung

Eine Arbeitnehmerin beleidigte ihren Vorgesetzten mit den Worten: „Du bist ein Arschloch!" Sie entschuldigte sich kurz darauf und begründete ihr Verhalten damit, dass der Vorgesetzte ihr nachgestellt habe. Sie konnte jedoch keine konkreten sexuellen Übergriffe nennen.

Die Frau erhielt die fristlose Kündigung, wogegen sie klagte.

§

Urteil

Die fristlose Kündigung ist gerechtfertigt.

Begründung:

- Eine derartige „Entgleisung" störe das Betriebsklima so nachhaltig, dass dem Arbeitgeber eine Fortsetzung des Arbeitsverhältnisses nicht zumutbar sei. Dies gelte auch, wenn sich der Mitarbeiter sofort entschuldigt.
- Bei tatsächlichem Vorliegen konkreter sexueller Übergriffe hätte sich die Klägerin an den Arbeitgeber wenden müssen. Eine derart grobe Beleidigung sei jedoch keinesfalls gerechtfertigt.

LAG Mainz - Az.: 9 Sa 967/00

Der Fall

HOT 3/02

„Arschloch"

Der Chef zahlte einem Tischler (verheiratet, fünf unterhaltsberechtigte Kinder) mehrere Monate keinen Lohn aus. Stark emotional geladen suchte der Mitarbeiter ihn deshalb auf, um mit ihm eine Regelung hinsichtlich der rückständigen Lohnansprüche (insgesamt rund 2.300,00 €) zu bereden.

Auf seine Frage „Wo ist mein Geld, wann bekomme ich es?", konterte der Geschäftsführer mit dem Vorschlag einer Gehaltskürzung und der Streichung weiterer Zusatzvergütungen. Im Anschluss an das Gespräch weigerte sich zudem die Sekretärin, ihm eine eigens vorbereitete Bescheinigung abzustempeln.

Dem Mitarbeiter platzte der Kragen. Er bezeichnete seinen Chef gegenüber der Sekretärin als „Arschloch" und erhielt die fristlose Kündigung.

§

Urteil

Weder eine fristlose noch eine ordentliche Kündigung ist hier gerechtfertigt.

Begründung:

- Die Beleidigung erfolgte nur Dritten gegenüber.
- Der Geschäftsführer war für die einmalige verbale Entgleisung mit verantwortlich, weil er die Lohnrückstände sogar noch während des Prozesses schuldig blieb und die finanzielle Notlage des fünffachen Familienvaters verschärfte, keine Perspektive für die Lösung des Problems aufzeigte, sondern ihn im Gegenteil mit weiteren Belastungen konfrontierte.
- Niemand darf sich zu Lasten eines anderen auf Umstände berufen, deren Eintritt er selbst treuwidrig herbeigeführt oder sogar provoziert hat.
- Aufgrund der o. g. Gründe fehle sowohl der wichtige Grund für eine fristlose wie auch ein verhaltensbedingter Grund für die ordentliche Kündigung.

AG Berlin - Az.: 88 Ca 5714/01

„Ich knall Dich ab!!!”

Der Fall

Ein 57 Jahre alter Arbeiter hatte seit längerer Zeit Auseinandersetzungen mit seinem Arbeitgeber, die darin gipfelten, dass er dem Geschäftsführer drohte, ihn zu erschießen.

Folge: **Abmahnung.** Später erhielt er die **Kündigung**, der Arbeitgeber stützte sich dabei allein auf die in der Abmahnung angegebenen Kündigungsgründe.

§

Urteil

Kündigung rechtswidrig. **Begründung:**

Der Mitarbeiter war bereits wegen dieser Morddrohung abgemahnt. **Bei Abmahnung verzichtet der Arbeitgeber auf sein Kündigungsrecht.** Bei späterer Kündigung müssen daher weitere - in der Abmahnung nicht genannte - Gründe aufgeführt werden.

LAG Rheinl.-Pfalz Az.: 9 SA 967/98

Pfui!! – Schweinerei bei BMW: Die Toilette in der Ecke!!

Im Regensburger Werk von BMW leisteten sich drei Mitarbeiter eine Schweinerei ersten Grades: Weil sie zu faul waren, die **Toilette** aufzusuchen, pinkelten sie wochenlang in eine **Ecke** in der Lackiererei. Was sie dabei nicht bedachten: Der Urin tropfte durch ein Zwischendeck, wodurch die Gefahr bestand, dass frisch aufgebrachte Lackierungen zerstört werden. Letzteres konnte nur durch Aufspannen von Plastikplanen verhindert werden. Es entstand laut „Mittelbayerischer Zeitung” ein **Schaden** von mehreren 10.000,00 €!

Die Chaoten wurden mittels einer eigens für diesen Zweck angebrachten **Videokamera** überführt.

Logische Folge: Kündigung, gegen die keine Klage eingereicht wurde.

„Nebengeschäfte” eines Filialleiters

Der Fall: Der Filialleiter erwischte einen Kunden beim Diebstahl.

Filialleiter: *„Ich werde gegen Sie Anzeige erstatten!”*

Kunde: *„Sind Sie doch nicht so kleinlich! Sie bekommen die Ware zurück und ein kleines Taschengeld von 100,00 €. Dann ist der Fall für uns beide positiv bereinigt!”*

Filialleiter: *„OK. Ausnahmsweise einverstanden. Das bleibt aber unter uns!”*

Das Pech des Filialleiters: Es blieb nicht „unter uns”. Folge: Der Arbeitgeber kündigte fristlos

Urteil: Kündigung rechtens.

AG Frankfurt/M., 7 Ca 1416/97

„Du Hurensohn!”

Der Fall: Der Vorgesetzte wies den Mitarbeiter auf eine überzogene Mittagspause hin.
Reaktion des Arbeitnehmers: Er beschimpfte seinen Vorgesetzten als „Hurensohn”.
Folge: fristlose Kündigung, wogegen der Arbeitnehmer klagte mit der Begründung, er habe „nach innen gerichtet” geflucht - nicht gegen den Vorgesetzten.

Urteil: Kündigung gerechtfertigt.

Hess. LAG (3 Sa 1915/95)

„Alles Verbrecher!"

Der Fall: Zu einem Kollegen sagte ein Mitarbeiter anlässlich einer Einladung zu einer Weihnachtsfeier: „Mit den Geschäftsführern setze ich mich nicht an einen Tisch, beide sind Verbrecher!" Der Kollege petzte. Folge: Dem Mitarbeiter wurde verhaltensbedingt gekündigt, wogegen er klagte.

Urteil: Die Kündigung ist nicht rechtens. Begründung: Der Mitarbeiter hat nicht damit gerechnet, dass seine harten Worte an den Chef weitergetragen werden.

LAG Köln v.18.4.97 - 11 Sa 995/96

„Stellen Sie sich nicht so pissig an!"

Der Fall: Ein Kunde in einem Sportgeschäft reklamierte. Die Verkäuferin (seit neun Monaten angestellt) reagierte barsch: „Stellen Sie sich nicht so pissig an!" Der Kunde beschwerte sich beim Chef, die Verkäuferin erhielt die **fristlose Kündigung** ohne vorherige Abmahnung. Sie klagte.

Urteil: Zunächst sah das Arbeitsgericht Kiel in der Äußerung zwar „eine Pflichtwidrigkeit in Form einer gravierenden Geschmacklosigkeit", aber noch „keine grobe Beleidigung". Vor der Kündigung hätte eine Abmahnung erfolgen sollen.

Anders sah dies die zweite Instanz, das LAG: Die fristlose Kündigung ist rechtens.

Begründung:

- Es liegt eine „grobe arbeitsvertragliche Pflichtverletzung" vor, die eine fristlose Kündigung rechtfertigt.
- Wiederholungsgefahr ist nicht ausgeschlossen.

LAG Schleswig-Holstein, Az.: 5 Sa 309/98

„Halsabschneider!"

Der Fall:

- Vor einer Betriebsfeier sollte ein Arbeitnehmer erst noch ein Firmenauto für den nächsten Tag mit Werkzeug und Material beladen. Er **weigerte** sich.
- Während der Feier beschimpfte er den Chef als **Gauner, Betrüger und Halsabschneider!**
- Gegenüber Kollegen meinte er, alle könnten wesentlich mehr verdienen, wenn der **Geschäftsführer herausgeschmissen** werde.
- Bei **Geschäftspartnern** äußerte er sich zudem **geschäftsschädigend.**

Folge: Aufgrund der Arbeitsverweigerung wurde ihm **fristlos gekündigt**, wogegen er klagte.

Urteil: Aufgrund der schwerwiegenden Verstöße und der Zerstörung des Vertrauensverhältnisses ist die fristlose Kündigung rechtens.

BAG 2 AZR 38/96

Alkoholprobleme

Alkoholiker: therapiebereit?

Außerordentliche Kündigung eines tariflich unkündbaren Arbeitnehmers wegen einer Alkoholkrankheit nur in Ausnahmefällen möglich. Kündigung unwirksam, wenn Arbeitnehmer therapiebereit ist. (LAG Köln v. 4.5.95)

Die alkoholkranke Flugbegleiterin

Der Fall: Eine alkoholkranke Flugbegleiterin der Lufthansa **fehlte** aufgrund ihres Alkoholkonsums mehrere Jahre zwischen 42 bis 111 Arbeitstage je Jahr. Mehrere **Entziehungskuren** waren gescheitert. Nachdem 1994 bereits bis Anfang Juni 41 Fehltage zusammengekommen waren, kündigte die Lufthansa fristlos, wogegen die Flugbegleiterin klagte.

Urteil: Fristlose Kündigung **rechtens.**

Begründung: Der Arbeitnehmerin hatte die Chance zu einer Entziehungskur bekommen. Dennoch fehlte sie dauernd in erheblichem Umfang, was eine Kündigung rechtfertigt.

BAG 2 AZR 201/98

Sternhagelbetrunken auf dem Flugplatz

Der Fall: Ein Flugplatzarbeiter fuhr während der Frühschicht mit 1,41 Promille Alkoholgehalt mit einem Enteiserfahrzeug über den Flugplatz, schlief dabei ein und rammte einen Mast. Schaden am teuren Spezialfahrzeug: 75.000,00 €.

Reaktion: Der Arbeiter wurde **fristlos entlassen.** Die Lufthansa verklagte ihn zusätzlich auf vollen **Schadenersatz.** Begründung der Lufthansa: Laut Rechtsprechung haften Arbeitnehmer bei leichter Fahrlässigkeit gar nicht, bei mittlerer Fahrlässigkeit mit 50 % und bei schwerer Fahrlässigkeit voll. – Der Arbeiter verdiente 1.250,00 € netto.

Urteil: Fristlose Kündigung eindeutig. Der Mann wurde zur Zahlung von 10.000,00 € verurteilt.

Begründung:

- Bei geringem Einkommen haften Arbeitnehmer auch bei grob fahrlässig verschuldeten Unfällen am Arbeitsplatz nur begrenzt, wenn die Schadenshöhe in einem „deutlichen Missverhältnis" zu ihrem Verdienst steht.
- Von dem gängigen System in der Rechtsprechung (s. o.) muss es Ausnahmen geben. Mit zunehmender Technisierung werden die Arbeitsplätze immer komplizierter. Das gesamte Risiko kann - auch bei groben Fehlern - nicht auf den Arbeitnehmer übertragen werden.

BAG 8 AZR 893/95

Alkoholprobleme eines Berliner U-Bahn-Fahrers

Der Fall: Ein Berliner U-Bahn-Fahrer verursachte mit seinem Privatauto mit 2,73 Promille **Alkohol** im Blut einen Verkehrsunfall.

Folge 1: U. a. musste der **Führerschein** für zehn Monate abgegeben werden.

Folge 2: Die Berliner Verkehrsbetriebe **kündigten fristlos,** nachdem ihnen der Strafbefehl wegen des Verkehrsunfalles bekannt geworden war.
Hiergegen klagte der U-Bahn-Fahrer.

Urteil: Die fristlose Kündigung ist **unwirksam.** Begründung:

- Es liegt beim betr. Arbeitnehmer **keine ständige Alkoholabhängigkeit** vor.
- Es handelt sich um einen **einmaligen Vorfall.** Somit müsse zunächst eine **Abmahnung** des Arbeitnehmers durch den Arbeitgeber erfolgen.
- Eine **Wiederholungsgefahr** besteht **nicht** (der Kündigungszweck ist zukunftsbezogen!).
- Für seine Berufsausübung brauchte der U-Bahn-Fahrer keinen besonderen Führerschein.

BAG v. 3.6.97 (Az.: 2 AZR 526/96

Krankheit und unentschuldigtes Fehlen

Unentschuldigtes Fehlen

Der Fall: Ein Arbeitnehmer versäumte es mehrmals, den Chef unverzüglich telefonisch zu unterrichten, dass er weiter arbeitsunfähig ist. Folge: ordentliche Kündigung.

Urteil: Ordentliche Kündigung selbst dann rechtens, wenn durch die verspätete Meldung der Betriebsablauf nicht gestört wurde.

BAG

Fristlose Kündigung eines krankgeschriebenen „Rasenmähers"!?

Der Fall: Ein Angestellter des Landes Rheinland-Pfalz ließ sich **krankschreiben** und wurde bei der Erledigung von **privaten Gartenarbeiten** ertappt.

Folge: **Fristlose Kündigung** durch den Arbeitgeber, wogegen der Angestellte klagte.

Urteil: **Fristlose Kündigung nicht rechtens**. Begründung: Der Arbeitgeber hat nicht bewiesen, dass der Angestellte durch seine private Tätigkeit den Heilungserfolg beeinträchtigt habe.

Generell: Einem Arbeitnehmer, der sich krankschreiben lässt und trotzdem zu privaten Zwecken arbeitet, darf grundsätzlich fristlos gekündigt werden (Zerstörung des Vertrauens des Arbeitgebers in die Redlichkeit des Arbeitnehmers). Entscheidend jedoch: **Nur solche privaten Arbeiten, die den Heilungserfolg absolut gefährden, rechtfertigen eine fristlose Kündigung.**

LAG Rh.-Pfalz, AZ 6Sa 979/95

„Krank" in der Diskothek

Der Fall: Eine Sachbearbeiterin wurde **krankgeschrieben**. Dennoch arbeitete sie abends in einer **Diskothek** als Kassiererin. Zwei Arbeitskollegen sahen sie und schwiegen nicht. Folge: **Kündigung.**

Urteil: „Genesungsbehinderndes Verhalten" rechtfertigt **fristlose Kündigung**.

(AG FfM 4Ca 6968/95)

Doppelverdienst: Der krankgeschriebene Aushilfskellner

Der Fall: Trotz Krankschreibung kellnerte ein Arbeitnehmer in einer Bar. Sein Arbeitgeber kam ihm auf die Schliche. Folge: **fristlose Kündigung.**

Urteil: Kündigung **rechtens.**

Hess. LAG, 11 Sa 2061/96

Der krankgeschriebene Kartenspieler

Der Fall: Ein krankgeschriebener Kraftfahrer hatte keine Hemmungen, in dieser Zeit in einer Gaststätte Karten zu spielen. Er wurde gesehen und bei seiner Firma „verpetzt".
Folge: Kündigung.

Urteil: Kündigung unwirksam. Begründung: Krankgeschriebenen, denen nicht ausdrücklich Bettruhe verordnet wurde, sei es nicht verboten, eine Gaststätte aufzusuchen. Außerdem sei Kartenspielen nicht gesundheitshemmend.

AG Frankfurt/Main (CA 6044/95)

Urlaubsgeschichten

Der arbeitende Urlauber

Der Fall: Ein Kfz-Meister arbeitete während des Urlaubs bei der Konkurrenz. Nachdem der Arbeitgeber hiervon erfuhr, veranlasste er die fristlose Kündigung. Der Arbeitnehmer klagte.

Urteil: Fristlose Kündigung rechtens.

Begründung: Fristlose Kündigung möglich, wenn der Arbeitnehmer während des Urlaubs arbeitet und sich nicht erholt. Arbeitsgericht Frankfurt (AZ: 7 Ca 5781/94)

Der Urlaubserpresser

Der Fall:
Montagearbeiter: „Ich brauche nächste Woche Urlaub."
Arbeitgeber: „Tut mir Leid. Nächste Woche geht es nicht."
Montagearbeiter: „Dann melde ich mich nächste Woche eben krank!"
Arbeitgeber: „Aufgrund dieser Worte kündige ich Ihnen fristlos!"

Urteil: Die Ankündigung einer Krankheit aufgrund eines nicht genehmigten Urlaubs rechtfertigt eine fristlose Kündigung.
Ausnahme: Arbeitnehmer ist zum Zeitpunkt der Ankündigung der Krankmeldung bereits objektiv krank bzw. fühlt sich zumindest krank. Dies muss er durch Vorlage eines ärztlichen Attestes beweisen. Im obigen Fall geschah Letzteres nicht. LAG Frankfurt/Main

Die Erpressung

Der Fall: Herrlicher Zwei-Wochen-Urlaub in Spanien. Ein Ehepaar wollte um eine Woche verlängern. Die Ehefrau rief ihren Arbeitgeber an und bat um **Urlaubsverlängerung.** Der Arbeitgeber lehnte ab, worauf sich der Ehemann einschaltete: „Entweder meine Frau erhält Urlaubsverlängerung oder sie lässt sich **krankschreiben**!"
Arbeitgeberreaktion: **fristlose Kündigung**

Urteil: Fristlose Kündigung **möglich** bei Versuch, Urlaubswünsche mit Krankschreibe-Drohung zu **erpressen.** Dies gilt auch, wenn der Arbeitnehmer dann tatsächlich erkrankt. (BAG)

Ausländerfeindlichkeit

„Hat es bei Euch gebrannt?"

Der Fall: Ein Arbeitnehmer stellte im Kollegenkreis folgende Frage: „Hat es bei euch gebrannt?" Zur Erklärung fügte er in Bezug auf zwei anwesende schwarzafrikanische Mitarbeiter hinzu: „... weil da zwei Verkohlte rumsitzen."

Folge: Kündigung ohne Abmahnung.

Urteil: Hier sogar **fristlose** Kündigung **ohne Abmahnung** möglich, auch wenn einmaliger Vorfall vorliegt.

Begründung:

- Erhebliche **Störung des Betriebsfriedens** bezügl. der **betrieblichen Verbundenheit** der Mitarbeiter.
- Ausländerfeindliche Äußerungen = erheblicher **Vertragsverstoß**
- Äußerungen sind **unentschuldbar** und **Missachtung menschlichen Lebens**
- Arbeitgeber **muss** aufgrund seiner **Fürsorgepflicht** gegen derartige massive Ehrverletzungen einschreiten

AG Mannheim v. 26.01.1995

Nicht zu glauben!!!

Hier hört der Spaß auf!!

Der Fall: Ein Schlosser wollte einem Kollegen einen Schrecken einjagen und zündete einen **Knallkörper.** Folge: Farbe auf einem Werkstattwagen ging in Flammen auf. Mit einem Pulverfeuerlöscher löschte der Schlosser das Feuer, einige Maschinen wurden dabei verschmutzt. Der Schlosser erhielt **fristlose Kündigung**.

Urteil: Fristlose Kündigung des 45-Jährigen zwar überzogen, die - hilfsweise ausgesprochene - **fristgerechte Kündigung** ist in Ordnung.
Gegen fristlose Kündigung sprachen folgende Gesichtspunkte:

• 24 Jahre Betriebszugehörigkeit • Schlosser fiel niemals ähnlich auf.

AG Frankfurt

Probezeit-Geschichten

Kündigung während Probezeit

Laut Kündigungsschutzgesetz genießt der Arbeitnehmer in den ersten sechs Monaten (Probezeit) keinen Kündigungsschutz. Jedoch:

- Eine während der Probezeit ausgesprochene Kündigung darf nicht gegen Treu und Glauben (§ 242 BGB) verstoßen - insofern existiert doch ein gewisser Kündigungsschutz.
- Typische Fälle treuwidriger Kündigung:
  - Ausspruch der Kündigung in verletzender Form oder zur unmöglichen Zeit
  - widersprüchliches Verhalten des Arbeitgebers
  - Kündigung wegen Homosexualität (Privatsphäre steht außerhalb der Einflusssphäre der Arbeitgeber, sofern keine Auswirkung auf den betrieblichen Bereich)

Auch in Probezeit gilt Kündigungsfrist

Sofern im Tarifvertrag oder Arbeitsvertrag keine andere Regelung getroffen ist, gilt laut BAG auch in der Probezeit die gesetzlich vorgeschriebene zweiwöchige Kündigungsfrist.

Im Rechtsstreit wurde ein Kranfahrer schon nach drei Tagen entlassen, was nicht rechtens war.

Detektive in Aktion

Detektivgeschichte

Der Fall: Ein Außendienstmitarbeiter war schon mehrere Wochen krankgeschrieben. Die misstrauischen Vorgesetzten setzten daraufhin zwei Detektive zur Überprüfung des „Kranken" ein.
Ergebnis der Überprüfung: Der Vertreter arbeitete mit großem Eifer an seinem Neubau in Bayern. Die Detektive entdeckten ihn im Arbeitskittel auf einem Gerüst.
Zu seiner Entlastung gab der Mann an, er könne wegen der Einnahme eines starken Heuschnupfen-Medikaments nicht Auto fahren. Folge: Kündigung.

Urteil: Kündigung rechtswirksam. Begründung: Das Verhalten des Arbeitnehmers lasse den Schluss einer Krankheitsvortäuschung zu. Der Eifer am Bau des eigenen Hauses während einer Krankschreibung muss sich in Grenzen halten.

AG Frankfurt/Main

Kündigung von Azubis

Azubi verbreitete neonazistische Thesen

Der Fall: Ein Auszubildender verbreitete wiederholt **neonazistische Thesen** über das ihm zu Ausbildungszwecken zugängliche use-net-news-System.
Arbeitgeberreaktion: fristlose Kündigung.

Urteil: Kündigung **rechtens.** Grund zur fristlosen Kündigung liegt in diesem Fall auch dann vor, wenn das Ausbildungsverhältnis bereits weit fortgeschritten ist.
LAG Köln 12 Sa 426/95 vom 11.08.1995

Ausländerfeindlicher Azubi

Der Fall: Ein Auszubildender (Industriemechaniker) fiel durch ausländerfeindliches und rassistisches Verhalten auf: Er stanzte ein Blechschild mit der Inschrift „Arbeit macht frei - Türkei schönes Land" und befestigte es an der Werkbank eines türkischen Auszubildenden. Folge: fristlose Kündigung ohne vorherige Abmahnung, wogegen er klagte.

Urteil: Kündigung **rechtens. Begründung:** Wahrung des Betriebsfriedens LAG Berlin 13 Sa 110/97 v. 22.10.97

Mangelhafte Leistungen in Berufsschule + Faulheit = Kündigungsgrund?

- **Probezeit:** Jederzeitige fristlose Kündigung ohne Grundangabe möglich; keine Schadenersatzpfl.
- **Nach Probezeit:** Kündigung nur noch aus **wichtigem Grund.** Wichtiger Grund jedoch nicht zu beurteilen wie beim Arbeitsverhältnis:
  - Mangelhafte Leistungen sind kein wichtiger Grund (Erfüllung der Lernpflicht wird in Abschlussprüfung geprüft!)
  - Mangelnde Eignung für den Beruf ebenfalls kein wichtiger Grund zur Kündigung!
  - Wichtige Gründe u. a.:
    - wiederholtes **unentschuldigtes Fehlen im Unterricht**, wenn dadurch die Ausbildung im Betrieb beeinträchtigt wird;
    - ständige Weigerung, die **Berufsschularbeiten** zu erledigen.
  - **Schadenersatzpflicht,** wenn Arbeitgeber die Gründe für die Auflösung zu vertreten hat.

Zustellungsgeschichten / Form

Kündigung per Fax

- Bei Kündigung per Fax muss sichergestellt sein, dass der Adressat die Mitteilung auch tatsächlich erhält.
- „Okay"-Vermerk im Sendeprotokoll genügt nicht als Beweis, da die Datenübertragung an einer Netzstörung scheitern kann, ohne dass dies im Sendeprotokoll angezeigt wird.

BGH

Fristlose Kündigung: rechtzeitig erklären

Eine fristlose Kündigung muss innerhalb von zwei Wochen nach vollständiger Kenntnis des Kündigungssachverhaltes („wichtigen Grundes") erklärt werden.

BAG v. 12.1.1995

Problematische Kündigung per Einschreiben

Annahme: Arbeitgeber kann Kündigungsschreiben nicht persönlich übergeben. Üblich ist dann, das Kündigungsschreiben per Einschreibbrief zu übersenden.

Problem: Trifft der Postbote den Empfänger nicht an, hinterlässt er einen Benachrichtigungszettel. Letzterer bewirkt jedoch nicht den Zugang der Kündigung. Die Kündigung geht vielmehr erst mit der Aushändigung des Einschreibbriefs zu. Ist der Adressat nicht gewillt, die Einschreibesendung abzuholen, kann möglicherweise der letztmögliche Zugangstermin überschritten werden und die Kündigung zum nächstmöglichen Zeitpunkt unwirksam werden.

Besser: Kündigungsschreiben per Boten zur postüblichen Zeit in den Briefkasten werfen lassen. In diesem Fall gilt die Kündigungserklärung als zugegangen.

Sinnvoll: Der Bote sollte das Kündigungsschreiben vorher gelesen haben, um den Einwurf des Kündigungsschreibens vor Gericht bezeugen zu können.

Zustellung der Kündigung bzw. Abmahnung

Die Kündigung ist eine **empfangsbedürftige Willenserklärung.** Damit die Kündigung eindeutig fristgemäß zugeht, empfehlen sich folgende Alternativen:

- **Persönliche Übergabe** im Beisein eines Zeugen, der den Text zuvor gelesen hat (= sicherster Weg).
- **Übergabe durch einen Boten**
- **Einwurf-Einschreiben** (sicherer als das Übergabe-Einschreiben. Letzteres birgt das Risiko, dass der Mitarbeiter das Einschreiben nicht annimmt bzw. nicht bei der Post abholt; die Kündigung wäre also nicht zugegangen!):

–> Ein Aufgabebeleg mit Kennziffer wird erstellt –> Tag der Aufgabe bei Post nachweisbar

–> Einwurf des Einschreibens in den Briefkasten des Empfängers - unabhängig davon, ob er anwesend ist oder nicht.

–> Dokumentation des Einwurfs auf einem Auslieferungsbeleg mit Datum, Uhrzeit und Unterschrift des Zustellers.

–> Einscannen des Auslieferungsbelegs in einem Lesezentrum.

–> Will Absender Infos, wann das Einschreiben zugestellt wurde, kann er diese telefonisch abrufen. Außerdem besteht die Möglichkeit, sich einen schriftlichen Datenauszug erstellen zu lassen (Kosten: 5,00 €), mit dem vor Gericht der exakte Einwurfzeitpunkt belegt werden kann.

–> Bislang jedoch noch keine Erfahrungen dahingehend, welchen Beweiswert die Gerichte diesem Datenauszug beimessen. Voraussichtlich wird der Beweiswert jedoch recht hoch sein.

Beweisprobleme beim Zugang der Kündigung

Ausgangsproblem: Kündigung = **empfangsbedürftige Willenserklärung!**

Fall 1: Unternehmer U ruft Arbeitnehmer A zu sich ins Büro und teilt ihm die Kündigung **mündlich** mit.

–> Die Kündigung gilt als augenblicklich zugegangen (Kündigung unter **Anwesenden).**

Sinnvoll: Aus Beweisgründen sollte ein Zeuge anwesend sein.

Fall 2: U teilt A **telefonisch** die Kündigung mit.

–> Analog Fall 1.

Fall 3: U spricht die Kündigung auf einen **Anrufbeantworter.**

–> Zugang, wenn mit dem Abhören zu rechnen ist (z. B. bei Berufstätigen abends).

Fall 4: U überreicht A die **schriftliche** Kündigung.

–> Die Kündigung gilt als augenblicklich zugegangen, auch wenn A den Brief ungelesen auf dem Tisch liegen lässt und den Raum verlässt (Kündigung unter **Anwesenden**).

Sinnvoll: Aus Beweisgründen sollte ein Zeuge anwesend sein.

Fall 5: U schickt A die Kündigung als gewöhnlichen **Brief** (= Kündigung unter **Abwesenden**).

–> Die Kündigung wird wirksam mit Einwerfen in den Briefkasten; sie ist zugegangen, sobald ein solcher Briefkasten üblicherweise geleert wird. Dies ist normalerweise am gleichen Tag der Fall, es sei denn, der Brief wird erst nach 16:00 Uhr eingeworfen - dann gilt er erst am nächsten Tag als zugegangen.

–> Problem: Bestreitet A den Zugang, muss U beweisen, dass, wie und zu welchem Zeitpunkt die Kündigung zugegangen ist. Es genügt also nicht, die Absendung beweisen zu können.

Fall 6: Kündigung per **(Übergabe-)Einschreiben**, die nur gegen Empfangsbestätigung ausgehändigt werden dürfen. Bei Nichtantreffen wird ein Benachrichtigungsschein hinterlassen und die Einschreibesendung auf dem zuständigen Postamt hinterlegt.

–> Probleme: Zugegangen erst, wenn das Schreiben bei der Post abgeholt wird oder bei einem weiteren Zustellversuch abgegeben wird.

Betr. **Einwurf-Einschreiben:** vgl. vorige Seite

Fall 7: Kündigung per **Telefax:** Zugang in dem Zeitpunkt, in dem davon ausgegangen werden kann, dass der Empfänger derartige Schreiben zur Kenntnis nimmt. Das Schreiben muss beim Empfänger ausgedruckt vorliegen. Problem: Sollte das Fax nicht ankommen, kann von einem Zugang auch dann nicht augegangen werden, wenn der Absender einen korrekten Sendebericht einschließlich „OK"-Bestätigung vorlegt. Also wiederum Beweisprobleme.

Fazit: Bei wichtigen Kündigungen sollte Kündigung durch einen Boten erfolgen, wobei der Bote den Inhalt des Schreibens kennen sollte und auch beim Schließen des Briefes dabei sein sollte. Ein böswilliger Zeitschinder hätte dann keine Chance mehr für illegale Aktionen.

Der Fall

HOT 2/01

Kündigung nur mit Unterschrift

Eine Leiharbeitsfirma kündigte einem Schlosser fristlos während der Probezeit per Telegramm wegen unentschuldigten Fehlens. Der Schlosser klagte.

§

Urteil

Die Kündigung ist unwirksam.

Begründung:
- Kündigungen per E-Mail oder Telegramm sind grundsätzlich unzulässig. Nötig ist eine eigenhändige Unterschrift.
- Wegen der seit Mai 2000 geltenden Schriftform-Erfordernis für Kündigungen muss das Kündigungsschreiben die eigenhändige Unterschrift des zur Kündigung Berechtigten tragen.

Arbeitsgericht Frankfurt Az.: 8 Ca 5663/00

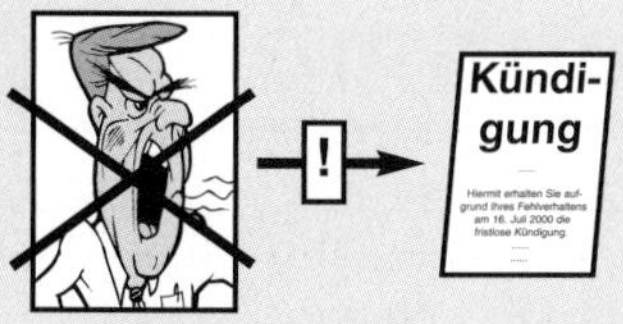

Zwingende Schriftform bei Kündigungen

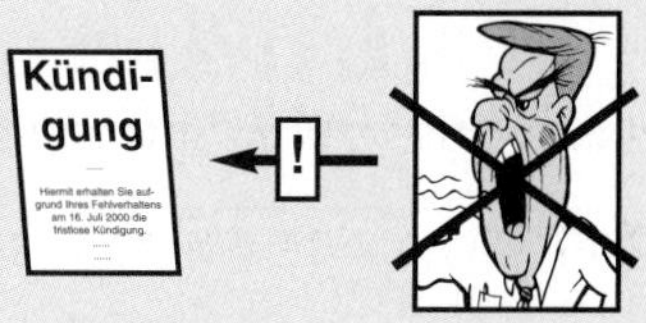

Gesetzesgrundlage

- „Gesetz zur Vereinfachung und Beschleunigung des arbeitsgerichtlichen Verfahrens“

  (Kurzbezeichnung: **Arbeitsgerichtsbeschleunigungsgesetz**)

- U. a. ordnet der **neue § 623 BGB** an,

  „dass die Beendigung durch Kündigung oder Auflösungsvertrag sowie die Befristung zu ihrer Wirksamkeit der ***Schriftform*** *bedürfen.“*

Zweck der Neuregelung

- **Entlastung** der Arbeitsgerichtsbarkeit (vereinfachtes u. beschleunigtes Verfahren, da mehr Beweiskraft)
- Insbesondere folgenden Fall wird es **nicht mehr** geben: Verärgert über seinen Chef verlässt der Arbeitnehmer wutentbrannt seinen Arbeitsplatz mit den Worten: *„Machen Sie doch in Zukunft Ihren Mist ohne mich.“* Bisher galt dies als fristlose Kündigung - der Chef war evtl. froh, weil er sich einen Kündigungsschutzprozess ersparte.

Sonstiges

- Gültig seit **1. Mai 2000**
- Gültig für **alle** Kündigungen durch
  –> Arbeitnehmer und
  –> Arbeitgeber
- Die Nichteinhaltung der Schriftform führt zur **Nichtigkeit** des Rechtsgeschäfts.
- Zukünftig führen daher alle mündlich ausgesprochenen Kündigungen nicht mehr zur Beendigung des Arbeitsverhältnisses.

Hinweis:
Ebenfalls im Arbeitsbeschleunigungsgesetz wurde die **Streitwertgrenze** für die Berufung beim Landesarbeitsgericht auf 600,00 € heraufgesetzt.

Der Betriebsrat mischt mit

Kündigung und Betriebsrat I

- Der Betriebsrat muss vor einer Kündigung **vollständig** unterrichtet und angehört werden.
- Er muss sich **ohne eigene Nachforschungen** eine Meinung bilden können.

BAG

Kündigung und Betriebsrat II

- Bei Personalabbau muss Arbeitgeber Kriterien offenlegen, warum bestimmte Beschäftigte entlassen werden und andere nicht.
- Dem **Betriebsrat** müssen hierzu die sozialen Daten der entlassenen **sowie** der weiterbeschäftigten Mitarbeiter zugänglich gemacht werden.
- Zweck: Betriebsrat muss **nachprüfen** können, ob die **soziale Auswahl** der gekündigten Arbeitnehmer eingehalten worden ist.

BAG Kassel v. 26.10.95 (AZ: 2 AZR 1026/94)

Kündigung und Betriebsrat III

Der Fall: Bankangestellte sollte in andere Abteilung versetzt werden, verweigerte jedoch dort die Arbeit. Folge: fristlose Kündigung, wogegen die Frau klagte.

Das Urteil: Erst im Nachhinein stellte sich heraus, dass der Betriebsrat von der Versetzung nicht ordnungsgemäß unterrichtet wurde. Die Versetzung war somit unwirksam, die Arbeitsniederlegung der Angestellten rechtens. Fristlose Kündigung unwirksam.

Arbeitsgericht Frankfurt (AZ: 18 Ca 9325/94)

Kündigung durch den Arbeitnehmer

Schadenersatzpflicht des Arbeitnehmers

Arbeitnehmer, der ohne wichtigen Grund trotz 6-monatiger Kündigungsfrist **fristlos kündigt** und der Arbeit fernbleibt, ist schadenersatzpflichtig.

AG Frankfurt (8 Ca 193/94

Kündigung sozial gerechtfertigt? (Vgl. auch S. 76)

Kündigung bei „freiem Arbeitsplatz"?

- Kündigung aus betrieblichen Gründen gem. § 1 KSchG nur wirksam, wenn sozial gerechtfertigt.
- Kündigung sozial ungerechtfertigt, wenn Arbeitnehmer an anderem Arbeitsplatz desselben Unternehmens (nicht nur „Betriebes") weiterbeschäftigt werden kann. Voraussetzung also: „freier Arbeitsplatz".
- Folgende Arbeitsplätze (AP) gelten als „frei":

1. AP, die zum Kündigungszeitpunkt unbesetzt sind;
2. AP, die bis zum Ablauf der Kündigungsfrist zur Verfügung stehen werden;
3. AP, bei denen im Zeitpunkt der Kündigung bereits feststeht, dass sie in absehbarer Zeit nach Ablauf der Kündigungsfrist frei werden und die Überbrückung dieses Zeitraums dem Arbeitgeber zumutbar ist (zumutbar wäre z. B. notwendiger Einarbeitungszeitraum für „Neuen").

BAG v. 15.12.1994

Arbeitsgerichte

Arbeitsgerichte als Standortproblem Deutschlands?

- **Wovor schrecken Investoren aus dem Ausland zurück?**
  -> hohe deutsche Steuern
  -> hohe deutsche Arbeitskosten
  -> Rechtsprechung Arbeitsgerichte (?)

- Letzteres Argument wird von **Bernd Rüthers (Professor für Arbeitsrecht** - Uni Konstanz) vertreten. Einige seiner Thesen (vgl. Handelsblatt v. 2. Juni 1997):
  - Die Arbeitsrichter vernachlässigen die Beschäftigungskrise.
  - Es wird judiziert, als seien nur die glücklichen Arbeitsplatzbesitzer schutzwürdig, nicht jedoch das Millionenheer der Arbeitslosen.
  - Das Richterrecht ist unser Schicksal. Aufgrund der Dynamik insbesondere auch beim Kündigungsschutz kann der Gesetzgeber nicht nachkommen. Folge: Es wird immer auslegungsbedürftige Generalklauseln geben, deren Inhalt von den Gerichten beliebig geändert werden kann.

- **Alfred Wisskirchen,** Leiter der Abt. Arbeitsrecht bei der BDA: Die Rechtsprechung zum Kündigungsschutz ist so umfangreich, dass selbst kundige Juristen nicht voraussagen können, wie ein Prozess endet. Unternehmen überlegen daher vor jeder Einstellung ganz genau.

Siehe auch: „Kündigungsschutz in der Diskussion" (S. 106)

Die Abmahnung

Einige Hinweise zur Abmahnung

Grundsatz:

- Der Arbeitgeber kann grundsätzlich aufgrund von Vertragsverletzungen nur kündigen, wenn er zuvor den Mitarbeiter wegen einer gleichen oder ähnlichen Pflichtverletzung mindestens einmal abgemahnt hat.

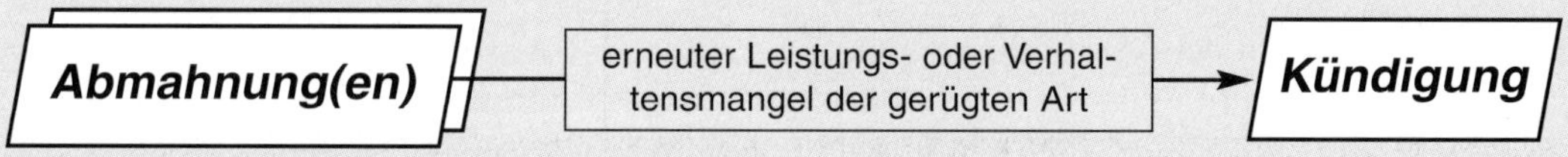

- Ein Nachschieben von Abmahnungsgründen anlässlich eines Kündigungsschutzprozesses ist wegen der Warnfunktion der Abmahnung nicht zulässig.

Inhalt:

- Hinweis auf Verletzung der arbeitsvertraglichen Pflichten: konkrete Beschreibung des Fehlverhaltens! Die gerügten Vorgänge müssen einzeln konkret mit Datum, Ort und Uhrzeit geschildert werden! (Beispiel: „Unzuverlässigkeit", „Störung des Betriebsfriedens" als Schlagworte genügen nicht!)
- Aufforderung, sich zukünftig vertragsgetreu zu verhalten
- Androhung der Kündigung bei erneutem Pflichtverstoß

Keine Abmahnung erforderlich:

- In „Kleinbetrieben" (bis 10 Mitarbeiter); Arbeitgeber kann hier relativ frei kündigen.
- Innerhalb der ersten sechs Monate der Beschäftigung; Arbeitgeber kann frei kündigen.
- Arbeitnehmer ist nicht willens oder nicht in der Lage, sich vertragsgerecht zu verhalten.
- Besonders schwere Verstöße, z. B. Diebstahl
- Besonders hartnäckige Pflichtverletzungen

Mehrere Abmahnungen erforderlich? –> Je nach Einzelfall zu beurteilen; Beurteilungskriterien:

- Je gravierender der Sachverhalt, umso weniger ist eine zweite Abmahnung notwendig
- Je länger die Beschäftigungszeit im Unternehmen, um so mehr wird aufgrund der Fürsorgepflicht eine weitere Abmahnung notwendig sein.
- Je geringer die abgemahnte Pflichtverletzung, umso eher ist eine weitere Abmahnung notwendig.
- Je länger die letzte Abmahnung zurückliegt, um so eher wird eine weitere nötig sein. (Faustregel: Nach zwei Jahren wird eine Abmahnung wirkungslos.)

Form:

- Formfrei, jedoch dringend aus Beweisgründen Schriftform empfohlen

Arbeitnehmerrechte bei ungerechtfertigter Abmahnung:

- **Widerrufsrecht:** Gegendarstellung in Personalakte (Abheftung unmittelbar bei der Abmahnung)
- **Beseitigungsrecht:** Gerichtlich durchsetzen, dass die Abmahnung aus Personalakte entfernt wird, sofern unrichtige Tatsachenbehauptungen enthalten sind, die den Arbeitnehmer in seinem beruflichem Fortkommen beeinträchtigen könnten
- Generell ist eine Abmahnung bereits dann aus der Personalakte zu entfernen, wenn die enthaltenen Vorwürfe teilweise pauschal und undifferenziert sind.

Abmahnung bei verhaltensbedingten Kündigungen

Eine Abmahnung ist grundsätzlich bei verhaltensbedingten Kündigungen notwendig.

Ausnahme: Es ist zu erwarten, daß Abmahnung aufgrund hartnäckiger Pflichtverletzung des Arbeitnehmers nicht Erfolg versprechend sein wird. (BAG)

Arbeitsverweigerung

Fristlose Kündigung bei beharrlicher Arbeitsverweigerung auch ohne vorherige Abmahnung möglich

Hessisches LAG Frankfurt (AZ: 3 Sa 1709/93)

Abmahnung nach Betriebsunfall

Der Fall: Ein Arbeitnehmer verschuldete einen Betriebsunfall, nachdem er jahrelang sorgfältig gearbeitet hatte. Er erhielt daraufhin eine **Abmahnung,** wogegen er klagte.

Urteil: Abmahnung **nicht rechtens.** Dies wäre für ein **einmaliges Vergehen** zu hart.

Hess.LArbG, Az 3 Sa 1164/95

Bügeln im Büro - die große Lachparade!

Der Fall: Ein Bankangestellter wehrte sich gerichtlich erfolgreich gegen eine Änderungskündigung. Danach „bestrafte" ihn der Arbeitgeber, indem er ihn unbeschäftigt im Büro sitzen ließ. Reaktion des monatlich mehr als 5.000 € verdienenden Bankers im Kampf gegen die Langeweile während der „Arbeitszeit":

- **er löste Kreuzworträtsel**
- **er erledigte Näharbeiten**
- **er bügelte bei offener Bürotür**
- **er blieb zwei Tage der „Arbeit" fern**

Folge: Der Arbeitnehmer erhielt eine **Abmahnung,** wogegen er klagte.

Urteil: Die Abmahnung ist aus der Personalakte zu entfernen.

Begründung: Die Bank hat den Arbeitnehmer nicht angemessen beschäftigt.

LAG Berlin 2 Sa 53/98

Sonstiges

Indiskretion: „Stell Dir vor, der Maier verdient 5.000,00 Euro!!!"

Der Fall: Eine Arbeitnehmerin sah während des Urlaubs des Vorgesetzten unbefugt Personalakten sowie Gehaltsunterlagen ein. Hemmungslos gab sie ihr Wissen sogar an Mitarbeiter weiter. Folge: Ordentliche, verhaltensbedingte Kündigung ohne Abmahnung. Die Mitarbeiterin klagte.

Urteil: Kündigung rechtens. Verstoß gegen Schweigepflicht

Arbeitsgericht Marburg

Neugierde mit Folgen

Der Fall:

- Ein Sachbearbeiter eines Elektro-Unternehmens nutzte einen Computerfehler und kam auch ohne Kenntnis des Passwortes an vertrauliche Daten seiner Kollegen (Lohn- und Gehaltsabrechnungen).
- Damit nicht genug: Er besaß die Frechheit, diese Daten auch noch auf Diskette zu speichern.
- Hinzu kam, dass der „Schlaumeier" seine Detailkenntnisse über die Gehälter anderer Arbeitnehmer im Kollegenkreis „hinausposaunte".
- Folge 1: Die Vorgesetzten durchsuchten sein Büro und entdeckten in einer Schublade die Disketten mit den gespeicherten Gehaltsabrechnungen.
- Folge 2: fristlose Kündigung.

Urteil: Kündigung rechtswirksam.

AG Frankfurt/Main (AZ: 7 Ca 7484/96)

Der Fall

HOT 4/01

Der „Buhmann“

Zum zehnjährigen Firmenjubiläum wurde ein Tag der offenen Tür gefeiert. Für die Belegschaft gab es Getränkegutscheine. Ein 54-jähriger Mitarbeiter - seit 37 Jahren im Betrieb - nutzte die Gelegenheit und zechte in fröhlicher Runde den ganzen Tag. Als der Chef am Abend seine Festrede hielt, grölte der Mitarbeiter laute Buhrufe während der gesamten Rede heraus.

Obwohl sich der Mitarbeiter in aller Form entschuldigte, kündigte die Firmenleitung fristlos mit der Begründung, der Betriebsfrieden und das für ein Arbeitsverhältnis erforderliche Vertrauensverhältnis sei gestört.

§

Urteil

Die Kündigung ist nicht gerechtfertigt.

Begründung: Es handelte sich zwar um einen heftigen, aber in insgesamt 37 Jahren einmaligen Ausrutscher. Der Chef müsse daher Gnade walten lassen.

LAG Frankfurt - Az.: 5 Sa 37/01

Verschweigen einer Schwerbehinderung = arglistige Täuschung

Die Lüge: Eine Frau bewarb sich als Reinigungskraft. Im Personalfragebogen ließ sie die Frage nach der Schwerbehinderteneigenschaft unbeantwortet. Die ausdrückliche Frage des Personalsachbearbeiters, ob eine Behinderung vorliege, verneinte sie.
In Wirklichkeit war die Frau auf einem Auge blind und somit zu 50 % anerkannt schwerbehindert.

Die Aufklärung: Ein Jahr später informierte die Frau den Arbeitgeber über ihre Schwerbehinderung.

Die Folge: **Anfechtung** des Arbeitsverhältnisses durch Arbeitgeber wegen **arglistiger Täuschung.**

Die Reaktion: Die Frau klagte bis vor das Bundesarbeitsgericht.

Das Urteil: Die Klage war erfolglos.

Begründung:

- Beim Vorstellungsgespräch besteht die Verpflichtung, die zulässige Frage nach einer Schwerbehinderung wahrheitsgemäß zu beantworten.
- Für die Anfechtung des Arbeitsvertrages ist es nicht von Bedeutung, ob die Behinderung eine Verminderung der Arbeitsleistung bewirken kann. Letzteres lag im vorliegenden Fall nicht vor.
- Eine wahrheitsgemäße Beantwortung der Frage nach einer Schwerbehinderung ist aus folgendem Grund notwendig:
  Mit der Einstellung Schwerbehinderter sind für den Arbeitgeber besondere gesetzliche Verpflichtungen mit entsprechenden rechtlichen, wirtschaftlichen und betrieblichen Auswirkungen verbunden.

BAG 2 AZR 923/94

Unüberlegte Äußerung: Fristlose Kündigung

Die Kündigung: Eine Arbeitnehmerin erhielt vom Geschäftsführer die fristgerechte Kündigung.

Die Antwort: Während des Gesprächs mit dem Geschäftsführer erklärte sie beleidigt: „Dann komme ich schon am Montag nicht mehr zur Arbeit!"

Die Reaktion: Der Geschäftsführer sah darin eine fristlose Kündigung, wogegen die Frau klagte.

Das Urteil: Fristlose Kündigung gerechtfertigt.

Begründung: Ein Arbeitnehmer, der erklärt, er werde nicht mehr zur Arbeit erscheinen, liefert damit einen Grund zur fristlosen Kündigung. Das Wort „Kündigung" muss dabei nicht ausdrücklich fallen. Es genüge, wenn aus dem Gesamtzusammenhang hervorgehe, dass die Beendigung des Arbeitsverhältnisses gewollt sei.

LAG Rheinland-Pfalz, Urteil v. 6.3.96 - 8 (4) Sa 1330/95

Beleidigt: „Dann sehen Sie alt aus!"

Der Fall: Zwischen Chef und Arbeitnehmer entwickelte sich in etwa folgendes Streitgespräch:

Chef: „Wenn Sie so weitermachen, werde ich Ihnen irgendwann kündigen!"
Arbeitnehmer: „Dann sehen Sie alt aus!"

Folge: Fristlose Kündigung, wogegen der Arbeitnehmer klagte.

Urteil: Fristlose Kündigung nicht rechtens. Begründung: Während eines Streits zwischen Chef und Arbeitnehmer dürfen auch mal harte Worte fallen.

Arbeitsgericht FfM, Az 15 Ca 374/96

Beleidigt: Der heruntergefallene Nagelkasten

Der Fall: Streitgespräch eines Elektroinstallateurs mit seinem Chef, nachdem ein Nagelkasten umgefallen war und die Nägel am Boden verstreut waren:

Chef: „Sortieren Sie die Nägel wieder in die Kiste."
Elektronstallateur: „Ich wollte ja sowieso nicht mehr bleiben!"
Chef: „Dann gehen Sie doch!"

Hierauf verließ der Elektroinstallateur stillschweigend den Arbeitsplatz.

Der Chef betrachtete dies als stillschweigendes Einverständnis mit seiner **Kündigung.** Gegen diese Kündigung klagte der Arbeitnehmer.

Urteil: Die **Kündigung ist rechtens.** Begründung.

- Wer während eines Streits mit seinem Vorgesetzten nach dessen Aufforderung „dann gehen Sie doch" wortlos weggeht, hat sein Arbeitsverhältnis aufgelöst.
- Es liegt ein stillschweigendes Einverständnis zum Angebot des Arbeitgebers vor, das Arbeitsverhältnis aufzulösen.
- Arbeitgeber und Arbeitnehmer haben sich einvernehmlich getrennt.
- Arbeitnehmer müssen ihre Worte genau überlegen.

Arbeitsgericht FfM, Az: 9 Ca 3666/96

Private Telefongespräche: 14 Privattelefonate an einem Tag!

Der Fall: Ein Mitarbeiter telefonierte während der Arbeitszeit bis zu 14 Mal privat am Tag (monatliche Gesprächsgebühren von ca. 85,00 €!). Nach erfolgter Abmahnung wurde ihm gekündigt.

Urteil: Kündigung **rechtens**.

Begründung: Private Telefonate, die das übliche und geduldete Maß erheblich überschreiten, rechtfertigen eine verhaltensbedingte Kündigung.

LAG Niedersachsen v. 13.01.98; Az.: 13 Sa 1235/97

Cowboy-Manieren im Büro: Kündigungsgrund?

- Wer in Cowboy-Manier im Büro beide **Beine auf den Tisch** legt, liefert grundsätzlich keinen Grund für eine (fristlose) Kündigung, wenn der Chef plötzlich den Raum betritt und den Flegel ertappt.
- Arbeitsplätze mit Publikumsverkehr (z. B. Banken, Reisebüros ...): Hochgelegte Füße = Herabsetzung des Kunden. Nach vorheriger Abmahnung kann gekündigt werden.

Beleidigt: „Dann gehe ich!"

Der Fall:

Schweißer auf einer Baustelle: „Mir stehen vertraglich zwei Mark Stundenzuschlag zu, da die Baustelle weiter als 70 km vom Firmensitz entfernt ist!"

Chef: „Kommt nicht in Frage. Die vereinbarte Kilometergrenze bezieht sich auf die Luftlinie und nicht auf die Straßen-km!"

Schweißer: „Dann gehe ich!"

Verärgert verließ der Schweißer die Baustelle.

Folge: Fristlose Kündigung, wogegen der Schweißer klagte.

Urteil: Die fristlose Kündigung ist rechtens. Begründung:

- Arbeitnehmer, die aus Ärger über Kleinigkeiten die Arbeit einstellen, müssen mit einer Kündigung rechnen.
- Auch der Arbeitnehmer muss den Grundsatz der Verhältnismäßigkeit der Mittel beachten.
- Arbeitnehmer hätte ja die Zulage einklagen können.
- Dennoch einigten sich beide Seiten auf einen Vergleich.

Arbeitsgericht Frankfurt

Verlängerte Frühstückspause in der Kneipe

Der Fall: Ein Installateur der BASF dehnte mehrmals in der Woche seine „Frühstückspause" in der Kneipe außerhalb des Werksgeländes auf bis zu zwei Stunden aus, ohne „auszustempeln".
Folge: Kündigung

Urteil: Kündigung **rechtens.** Begründung: beharrliche Arbeitsverweigerung.

BAG 2 AZR 554/97

Die Souffleuse und das auf „laut" gestellte Telefon

Der Fall: Zwischen der Stadt Frankfurt und einer Souffleuse gab es Streit: Die Souffleuse behauptete, der Intendant habe ihr telefonisch eine Monatsgage von 1.800,00 € anstelle einer 40,00-€-Gage pro Auftritt zugesichert. Letzteres könne sie auch beweisen, denn während des Gesprächs war das Telefon auf „laut" gestellt und ihr Lebenspartner hörte alles mit.

Urteil: Sofern ein Telefongespräch arbeitsvertragliche Inhalte betrifft und ein Dritter mithört, muss der Gesprächspartner darüber informiert werden, dass das Telefon auf „laut" gestellt ist. Im anderen Falle sind die mitgehörten Informationen in einem Prozess nicht verwertbar. Es liegt ein Verstoß gegen das Persönlichkeitsrecht vor, wenn diese Informationspflicht nicht erfüllt wird. Bei Telefonaten könne man grundsätzlich von Vertraulichkeit ausgehen.
Folge: Der Lebenspartner wurde nicht als Zeuge vernommen. Pech für die Souffleuse.

BAG 5 AZR 508/96 v. 29.10.97

Mögliche Gründe für eine fristlose Kündigung (Zusammenfassung)

- **Diebstahl**
- **Beleidigung** von Vorgesetzten
- Eigenmächtiger **Urlaubsantritt**
- **Betrug** (z. B.: Kollege betätigt Stempeluhr, um längere Arbeitszeit zu erreichen; Spesenbetrug)
- Missachtung eines betrieblichen **Alkohol**verbots
- **Arbeitsverweigerung** mit drohender Wiederholungsgefahr
- **Krankfeiern** (Vortäuschung einer Krankheit)
- Störung / Gefährdung des **Betriebsfriedens** (z. B. auffälliges Tragen einer politischen Plakette)
- Wiederholte unerlaubte **Telefongespräche** nach Abmahnung

Kündigungsgrund: exakte Angabe?

- Der Kündigungsgrund ist bei Auszubildenden und bei außerordentlichen Kündigungen anzugeben. In allen anderen Fällen ist dies nicht unbedingt erforderlich.
- Unternehmen verzichten gerne darauf, den exakten Kündigungsgrund zu nennen.
  Begründung: Werden die Kündigungsgründe bereits im Kündigungsschreiben exakt fixiert, ist der Arbeitgeber bei einem eventuellen Kündigungsschutzprozess gebunden. Im anderen Falle könnte die Prozessstrategie nochmals überdacht werden. Man ist also flexibler.

Produktionsverlagerung ins Ausland

Der Fall: Ein Textilbetrieb verlagerte seine Produktion ins Ausland. Die in Deutschland beschäftigten Arbeitnehmer wurden entlassen. Eine betroffene Näherin klagte.

Urteil: Kündigungen sind rechtens (Kündigungen aus betrieblichen Gründen), weil durch die Organisationsänderung (Produktionsverlagerung) der Bedarf für die Weiterbeschäftigung der Arbeitnehmer ganz oder teilweise entfällt.
Die Richter müssen hier nicht prüfen, ob die unternehmerische Maßnahme sachlich gerechtfertigt und zweckmäßig ist. Zu prüfen ist lediglich:
- Fallen durch die Produktionsverlagerung tatsächlich Arbeitsplätze weg?
- Ist die soziale Auswahl der zu entlassenen Arbeitnehmer gewährleistet?

BAG Az: 2 AZR 657/96

Kündigung wegen Erfolglosigkeit

Der Fall: Während seines neunmonatigen Arbeitsverhältnisses „glänzte" ein Vertriebsbeauftragter für Datenspeicher mit absoluter Erfolglosigkeit: Er verkaufte in dieser Zeit keinen einzigen Speicher. Folge: Der Computerunternehmer kündigte ihm, wogegen er klagte.

Urteil: Kündigung **rechtens.**
Begründung: Ein in derart eklatanter Weise fehlender Erfolg rechtfertigt die Kündigung.

AG Frankfurt, AZ: 1 Ca 9975/96

Wettbewerbsverbot missachtet –> fristlose Kündigung

Der Fall: Noch während sie in einem Reisebüro beschäftigt war, meldete eine Reisekauffrau ein Gewerbe „Reiseleitung und Reisevermittlung" an und warb in Anzeigen für ihr Unternehmen. Ihr bisheriger Arbeitgeber war in diesem Bereich bisher nicht tätig und wollte hier auch nicht tätig werden. Dennoch kündigte der Arbeitgeber **fristlos,** wogegen sie klagte.

Urteil: Kündigung **rechtens.**
Begründung: Es kommt nicht darauf an, ob die Klägerin Reiseinteressenten abgeworben habe. Entscheidend ist bereits, dass die Arbeitnehmerin im Marktbereich des Arbeitgebers selbstständig tätig wird.

LAG Rheinl.-Pfalz v. 1.12.97 AZ 9 Sa 949/97

„Habe den Wecker nicht gehört!"

Der Fall: Ein Mitarbeiter kam notorisch **zu spät.** Seine Ausreden u. a.: „Habe den Wecker nicht gehört!", „Mein Auto ist nicht angesprungen!"
Nach **Abmahnung** wurde dem Mitarbeiter **gekündigt.**

Urteil: Kündigung **rechtens.**
Begründung: Nach erteilter Abmahnung kann wiederholt zu spät kommenden Mitarbeitern gekündigt werden; Ausreden (s. o.) ziehen dann nicht mehr. Von einschlägig abgemahnten Mitarbeitern kann erwartet werden, dass sie gegen erneute Verspätungen erhöhte Vorsorge treffen.

BAG v. 27.2.1997; 2 AZR 302/96

Neues beim Kündigungsschutz in Kleinbetrieben

Gesetzl. Regelung:

§ 1 Abs. 1, 2 Künd.schutzG

Die Kündigung des Arbeitsverhältnisses durch den Arbeitgeber ist sozial ungerechtfertigt und unwirksam, wenn sie nicht durch personen-, verhaltens- oder betriebsbedingte Gründe veranlasst ist.

§ 23 Abs. 1 Künd.schutzG

Obiges gilt nicht für Betriebe mit höchstens **10 Beschäftigten!** Also: Suspendierung des allg. Kündigungsschutzes in diesen Betrieben. Auch das Bundesverfassungsgericht bestätigte diese seit Oktober 1996 geltende gesetzliche Neuregelung.

Seit 1999 Herabsetzung der Grenze von 10 auf 5 Beschäftigte.

• Begründung: Den besonderen Verhältnissen in Kleinbetrieben wird hierdurch Rechnung getragen:

enge Zusammenarbeit zwischen Inhaber u. Mitarbeitern –> der Zwang zur Fortsetzung eines dem Inhaber nicht mehr zumutbaren Arbeitsverhältnisses belastet ihn persönlich und finanziell mehr als den Inhaber eines Groß- oder Mittelbetriebes. Weiteres Ziel: Beschäftigungsförderung.

Neu vom BVG klargestellt

Jedoch: Die Arbeitnehmer in Kleinbetrieben sind, sofern die Bestimmungen des Kündigungsschutzgesetzes nicht greifen, durch die zivilrechtlichen Generalklauseln **vor einer sitten- u. treuwidrigen Ausübung des Kündigungsschutzrechtes des Arbeitgebers geschützt.**

Laut Bundesverfassungsgericht sind insbesondere folgende Gesichtspunkte zu berücksichtigen:

- Der Arbeitnehmer ist vor **willkürlichen** und auf **sachfremden Motiven** beruhenden Kündigungen zu **schützen.**
- Bei **Auswahlentscheidungen** unter mehreren Arbeitnehmern ist auch in Kleinbetrieben der **verfassungsrechtliche Schutz des Arbeitsplatzes** in Verbindung mit dem **Sozialstaatsprinzip** zu beachten: Ein gewisses Maß an sozialer Rücksichtnahme ist notwendig!
  Zum Beispiel darf ein langjährig Beschäftigter ein gewisses Vertrauen in den Fortbestand seines Arbeitsverhältnisses haben.

Private Telefongespräche: evtl. Betrug!

Der Fall: Ein Exportsachbearbeiter führte monatelang haufenweise Privatgespräche von seinem Diensttelefon, ohne die dabei vorgeschriebene Kennzahl vorzuwählen. Die Kosten (verbrauchte Telefoneinheiten) wurden folglich vom Arbeitgeber nicht einbehalten. Als der Arbeitnehmer hiervon erfuhr, kündigte er **ohne Abmahnung fristlos,** wogegen der Arbeitnehmer klagte.

Urteil: Fristlose Kündigung **rechtens**.

Begründung:

- Es liegt vollendeter Betrug vor = grober Verstoß im Vertrauensbereich. Eine fristlose Kündigung ist in diesem Fall auch dann gerechtfertigt, wenn vorher keine Abmahnung erfolgte und der Arbeitnehmer langjährig (hier 18 J.) beschäftigt war.
- Das Arbeitsgericht konstatierte eine nicht unbeträchtliche kriminelle Energie des Arbeitnehmers, da er eine große Anzahl von Gesprächen auf diese Art führte und die Telefonkosten allein (neben den Arbeitszeitkosten) nicht geringfügig waren.
- Dem Arbeitgeber ist es nicht mehr zuzumuten, das Arbeitsverhältnis fortzusetzen, insbesondere nicht bis zum Ablauf einer ordentlichen Kündigungsfrist, weil das Vertrauensverhältnis unzerrüttbar erschüttert sei. AG Würzburg v. 16.12.97; Az.: 1 Ca 1326/97

Krach im Eheanbahnungsinstitut - der hingeworfene Schlüssel

Der Fall: Eine Mitarbeiterin in einem Eheanbahnungsinstitut hatte eine heftige Auseinandersetzung mit dem Vorgesetzten über Abrechnungen. Vor lauter Ärger warf sie ihre Schlüssel auf den Schreibtisch einer Kollegin und verließ wortlos das Büro. Einige Tage blieb sie daraufhin unentschuldigt der Arbeit fern.
Die Vorgesetzten deuteten diese Verhaltensweise als fristlose Kündigung.

Als die Mitarbeiterin nach einigen Tagen wieder erschien, wollte sie weiterbeschäftigt werden. Die Vorgesetzten lehnten ab, wogegen sie klagte.

Urteil: Die Frau muss nicht weiterbeschäftigt werden.

Begründung: U. a. folgende markante Verhaltensweisen können vom Vorgesetzten als fristlose Kündigung angesehen werden:

- Schlüssel hinwerfen
- Türen knallen
- nach einem Streit das Büro verlassen

LAG Hessen, Az.: 9 Sa 1068/98

Kündigung wegen Arbeitsgier

Der Fall: Eine 39 Jahre alte Sizilianerin arbeitete wie ein Tier: In einem Altersheim in der Nähe von Palermo ging die Frau in der Probezeit derart eifrig ans Werk, dass ihr gekündigt werden musste.
Auszüge aus dem Kündigungsschreiben der Heimleiterin:

„Sie legte maßlosen Eifer an den Tag, um damit die Unfähigkeit ihrer Kollegen deutlich zu machen. Sie erledigte sogar die Arbeiten der anderen Kollegen mit und verstieß damit gegen das Prinzip der Solidarität und den Arbeitsfrieden."

Baden gegangen

Der Fall

Die Internatsleiterin eines Berufsförderungswerkes fühlte sich an einem Freitagnachmittag während der Arbeitszeit körperlich unwohl (Gelenkschmerzen) und entschied sich, für eine halbe Stunde das Bewegungsbad des Berufsförderungswerkes aufzusuchen, ohne die Stechuhr zu betätigen bzw. einen Vorgesetzten um Erlaubnis zu fragen.

Folge: Kündigung, wogegen die Angestellte klagte.

§

Urteil

Kündigung unwirksam. **Begründung**:

Vor der Kündigung hätte erst eine Abmahnung erfolgen müssen. AG Frankfurt, Az.: 4 Ca 3953/98

Schmiergeld gefordert

Der Fall

Der Vorarbeiter eines Unternehmens verlangte von einem Subunternehmer 1.000,00 € für die Erteilung eines Auftrags. Der Arbeitgeber erfuhr hiervon und kündigte fristlos, der Vorarbeiter klagte.

§

Urteil

Kündigung rechtsgültig. **Begründung**:

Bereits das Verlangen von Schmiergeld stellt einen gravierenden Verstoß gegen die Loyalitätspflichten gegenüber dem Arbeitgeber dar.

–> Fristlose Kündigung daher auch ohne vorherige Abmahnung zulässig

AG Frankfurt, Az.: 7 Ca 7420/99

Der Fall

Keine Lust auf Überstunden

Der Inhaber eines Fliesenlegerbetriebs hatte Probleme: Ein Auftraggeber übte extremen Termindruck aus. Um Spannungen mit ihm zu vermeiden, bat der Unternehmer seinen Mitarbeiter, an einem Freitagnachmittag noch einige Stunden „dranzuhängen".
Der Arbeitnehmer lehnte ab mit der Begründung, er habe private Verpflichtungen.

Folge: Der Mitarbeiter erhielt die (ordentliche) Kündigung, wogegen er klagte.

§

Urteil

Ordentliche Kündigung zulässig. **Begründung:**

- Arbeitnehmer dürfen ohne wichtigen Grund Überstunden nicht verweigern.
- Im Verhalten des Arbeitnehmers liegt eine „beharrliche Arbeitsverweigerung vor".
- Unternehmen müssen damit rechnen können, dass ihre Mitarbeiter bei dringendem betrieblichem Bedarf auch außerhalb der regulären Arbeitszeit zur Verfügung stehen.

LAG Hessen, Az.: 9 Sa 386/98

Der Fall

HOT 3/02

Surfen am Arbeitsplatz

Ein Mitarbeiter lud sich während der Arbeitszeit Dateien mit pornografischem Inhalt aus dem Internet auf den betrieblichen PC. Außerdem hatte er eine anzügliche Homepage von seinem Dienst-PC aus ins Web gestellt. In einer Betriebsvereinbarung war ihm das private Surfen vom Arbeitgeber untersagt worden.

Der Arbeitgeber entdeckte die Aktivitäten und kündigte fristlos.

§

Urteil

Die fristlose Kündigung ist rechtens.

Begründung:
- Die Regelungen des Arbeitgebers sind zu beachten.
- Art und Weise sowie der Umfang der Internet-Nutzung spielen eine große Rolle.

AG Hannover - Az.: 1 Ca 504/00B

Hinweis 1: In einem anderen Fall hatte das Arbeitsgericht in Wesel eine Kündigung abgelehnt. Begründung: Arbeitgeber müssen ein ausdrückliches Verbot aussprechen und einen Verstoß zunächst mit einer Abmahnung rügen. Anderenfalls könnten die Arbeitnehmer von einer Duldung der privaten Internet-Nutzung ausgehen.

Hinweis 2: Nach einer Umfrage surfen 93 Prozent der deutschen Beschäftigten privat am Arbeitsplatz - 48 Prozent davon sogar bis zu 50 Minuten wöchentlich!

Der Fall

HOT 3/02

Private E-Mails am Arbeitsplatz

Ein Mitarbeiter verschickte innerhalb des Unternehmens eine private E-Mail. Der Arbeitgeber entdeckte die Aktivität und kündigte ohne vorherige Abmahnung. Der Mitarbeiter klagte.

§

Urteil

Die Kündigung ist unwirksam.

Begründung: Vor Ausspruch einer verhaltensbedingten Kündigung muss zunächst eine Abmahnung erfolgen, wenn es sich um steuerbares, also künftig vermeidbares Fehlverhalten handelt.

AG Frankfurt/M. - Az.: 5 Ca 4459/00

Freud und Leid des leitenden Angestellten

Der „leitende Angestellte“

Ehrgeiziges Karriereziel, aber ... ... Titel mit Tücken !!!

Wer ist „leitender Angestellter“ (LA) ?

Leitender Angestellter i. S. des Betriebsverfassungsgesetzes

Ein Mitarbeiter ist leitender Angestellter i. S. des § 5 (3) BVG, wenn **eine der folgenden Voraussetzungen** vorliegt:

- Er ist befugt zur selbstständigen Einstellung und Entlassung von Mitarbeitern.
- Generalbevollmächtigter bzw. Prokurist
- Wahrnehmung sonstiger für den Bestand und die Entwicklung des Unternehmens bedeutender Aufgaben, deren Erfüllung besondere Kenntnisse oder Qualifikation voraussetzt.

Folge, wenn LA-Eigenschaft i. S. BVG vorliegt

Das BVG gilt nicht!

–> Bei Kündigungen ist somit **kein Betriebsrat** einzuschalten!

Leitender Angestellter i. S. des Kündigungsschutzgesetzes

Ein Mitarbeiter ist leitender Angestellter i. S. des § 14 (2) Künd.SchutzG in folgenden Fällen:

- Geschäftsführer (Anm.: nicht im gesellschaftsrechtlichen Sinn)
- Betriebsleiter und
- ähnliche leitende Angestellte,

soweit diese zur selbstständigen **Einstellung oder Entlassung** von Arbeitnehmern berechtigt sind ...“

Folge, wenn LA-Eigenschaft i. S. KSchG vorliegt

–> kein Einspruch gegen die Kündigung beim **Betriebsrat** möglich

–> Auflösung des Arbeitsverhältnisses durch Arbeitgeber **ohne Angabe von Gründen** möglich

–> **KüSchG gilt überhaupt nicht für Organvertreter (Vorstände und Geschäftsführer)**

Fazit: Leitende Angestellte haben erhebliche Nachteile im Kündigungsfall!!

Der Fall

Klage gegen Kündigung: Fristablauf im Urlaub

Ein bei einem Reinigungsunternehmen angestelltes Ehepaar wollte zu einem bestimmten Termin einen fünfwöchigen Urlaub antreten. Der Vorgesetzte erlaubte jedoch den Urlaubsantritt erst drei Tage später, worauf das Ehepaar eigenmächtig - gegen den Willen des Vorgesetzten - zum ursprünglich geplanten Termin abreiste.

Folge:

- Der Arbeitgeber kündigte sofort in Abwesenheit der Urlauber.
- Nach ihrer Rückkehr wollte das Ehepaar gegen die Kündigung klagen. Die Klage wurde abgelehnt mit der Begründung, die gesetzliche Frist von drei Wochen zwischen Kündigung und Klageerhebung sei abgelaufen.
- Das Ehepaar klagte auf nachträgliche Klagezulassung.

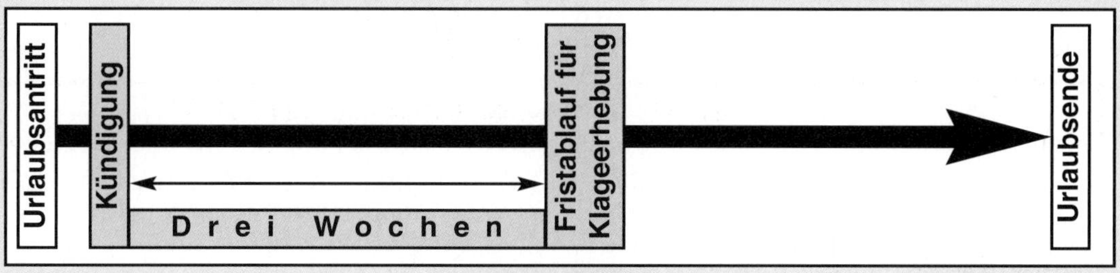

§

Urteil

Die Klage auf nachträgliche Zulassung der Klage wurde zurückgewiesen.

Begründung:

- Das Ehepaar hätte aufgrund seines eigenmächtigen Starts in den Urlaub mit Sanktionen des Unternehmens rechnen und aus diesem Grunde Vorkehrungen treffen müssen.
- Arbeitnehmer können nur dann mit Erfolg auf nachträgliche Klagezulassung klagen, wenn der Arbeitgeber während ihrer Abwesenheit für sie völlig überraschend arbeitsrechtliche Maßnahmen ergreift.

AG Frankfurt, Az.: 7 Ca 5185/96

Der Fall

HOT 3/02

Zu viel Beruhigungsmittel

Eine Altenpflegerin verabreichte den Patienten zu viel Beruhigungsmittel. Der Arbeitgeber entdeckte das Fehlverhalten und kündigte ohne vorherige Abmahnung.

§

Urteil

Die Kündigung ist auch ohne vorherige Abmahnung wirksam.

Begründung:

- Die Pflichtverletzung ist so schwerwiegend, dass der Arbeitnehmer nicht mit einer Hinnahme durch den Arbeitgeber rechnen konnte.
- Eine derartige Fahrlässigkeit darf in Anbetracht der Gefährlichkeit der Medikamente, des Alters der Patienten und der Tatsache, dass die häufig hilflosen Patienten auf eine zuverlässige Versorgung angewiesen sind, nicht vorkommen.

LAG Kiel - Az.: 1 Sa 78e/01

Diskussionsthema Kündigungsschutz

HOT 4/02

Leserbrief eines Unternehmers an das Handelsblatt (Auszüge)

Seine Meinung: **Leistung ist der beste Kündigungsschutz**

- Mittelständische Unternehmen schaffen „die überwiegende Zahl aller Arbeitsplätze in Deutschland. Das geschieht aber nur, wenn es wirtschaftlich Sinn macht."
- „Es macht aber für gut geführte Unternehmen keinen Sinn, neue Arbeitsplätze zu schaffen, wenn sie unfähige und lustlose Arbeitnehmer nicht mehr los werden. Fakt ist, dass die überwiegende Mehrzahl aller Arbeitsgerichtsprozesse gegen die Arbeitgeber entschieden werden."
- „Persönlich habe ich auch schon mit Arbeitsgerichten Bekanntschaft gemacht." Beispiel:
- Ein Mitarbeiter zog sich „eine kleine Schnittwunde am kleinen Finger zu und ließ sich krank schreiben. Da ich selbst approbierter Arzt bin, war mir klar, dass ein Kollege nur ein Gefälligkeitsattest ausgestellt hatte. Ich akzeptierte dies nicht und verlangte, dass der Mitarbeiter wenigstens Telefondienst machen könnte. Er weigerte sich aber trotz Abmahnung und Arbeitsaufforderung, irgendeine Arbeit im Unternehmen aufzunehmen. Deshalb kündigte ich ihm. Er klagte vor dem Arbeitsgericht und bekam Recht. Folge: Ich schaffe keine neuen Arbeitsplätze mehr, obwohl wir auch in Krisenzeiten hoch profitabel sind. Tut mir Leid für die vielen Arbeitslosen, aber die Politiker, Gewerkschaften und Arbeitsgerichte wollen es nicht anders."

- „Es sind doch vorwiegend faule und nicht leistungsbereite Arbeitnehmer, die durch den unseligen Kündigungsschutz und das Arbeitsrecht geschützt werden. Warum sollte ich einen hervorragenden Mitarbeiter entlassen, wenn er gut für meine Firma arbeitet? Gute Leistungen sind der beste Kündigungsschutz!"

HOT 4/02

Arbeitsrecht = entscheidende Jobbremse in Deutschland???

- Viele Unternehmer sagen: Jobs gäbe es genug, wäre da nicht das Arbeitsrecht.
- Ein Bauunternehmer konnte folgende Entscheidung des Arbeitsgerichts nicht nachvollziehen: Ein Hilfsarbeiter blieb dauernd wegen angeblicher Krankheit der Arbeit fern und konnte teilweise keinen Krankenschein vorweisen. Außerdem tankte er sein Privatauto mehrmals auf Kosten der Firma voll. Der Bauunternehmer kündigte schließlich, der Arbeiter klagte und gewann den Prozess. Begründung u. a.: Der Mann sei in schwierigen Verhältnissen groß geworden und habe deshalb ein gestörtes Verhältnis zum Eigentum.
- Ein IHK-Geschäftsführer: Arbeitsrecht ist Arbeitnehmerschutzrecht, vor Gericht kämpften die Unternehmer „mit dem kurzen Taschenmesser und die Arbeitnehmer mit dem langen Schwert. Waffengleichheit ist nicht gegeben."
- Von 547 000 Arbeitsgerichtsverfahren 1999 endete fast jedes zweite mit einem Vergleich, bei Kündigungsschutzklagen also mit einer Abfindung. Ein Anwalt: „Selbst bei haarsträubenden Verfehlungen von Arbeitnehmern kann der Unternehmer sich oft nur über üppige Abfindungen von ihm trennen."
- „Ausländische Investoren schütteln oft nur den Kopf, wenn ich ihnen das deutsche Kündigungsrecht erkläre." (Arbeitsrechtsexpertin Haußmann) Das Kündigungsschutzgesetz sei zum Abfindungsrecht denaturiert und verhindert somit Neueinstellungen - so die Meinung vieler Experten. Das Kündigungsschutzrecht könne daher als entscheidende Jobbremse bezeichnet werden.
- Ein IHK-Geschäftsführer: **„Es ist leichter, sich von der Ehefrau als von einem Mitarbeiter zu trennen."**

7 HANDLUNGSVOLLMACHT UND PROKURA

Zeichnung von Martin Linders

Hinweis (abdecken): Ein Prokurist darf zwar außergewöhnliche Rechtshandlungen vornehmen, im Beispiel würde er aber extrem gegen viele arbeitsrechtliche Vorschriften verstoßen: Videoüberwachung ohne Zustimmung des Betriebsrats nicht denkbar! ...

Zeichnung von Martin Linders

Hinweis (abdecken): Unternehmer kommt von einer Geschäftsreise zurück - Prokurist hat in seiner Abwesenheit aus einem Porzellanladen einen Teddyladen gemacht = außergewöhnliches Geschäft = Prokuristen grundsätzlich erlaubt.

Die Erteilung der Handlungsvollmacht

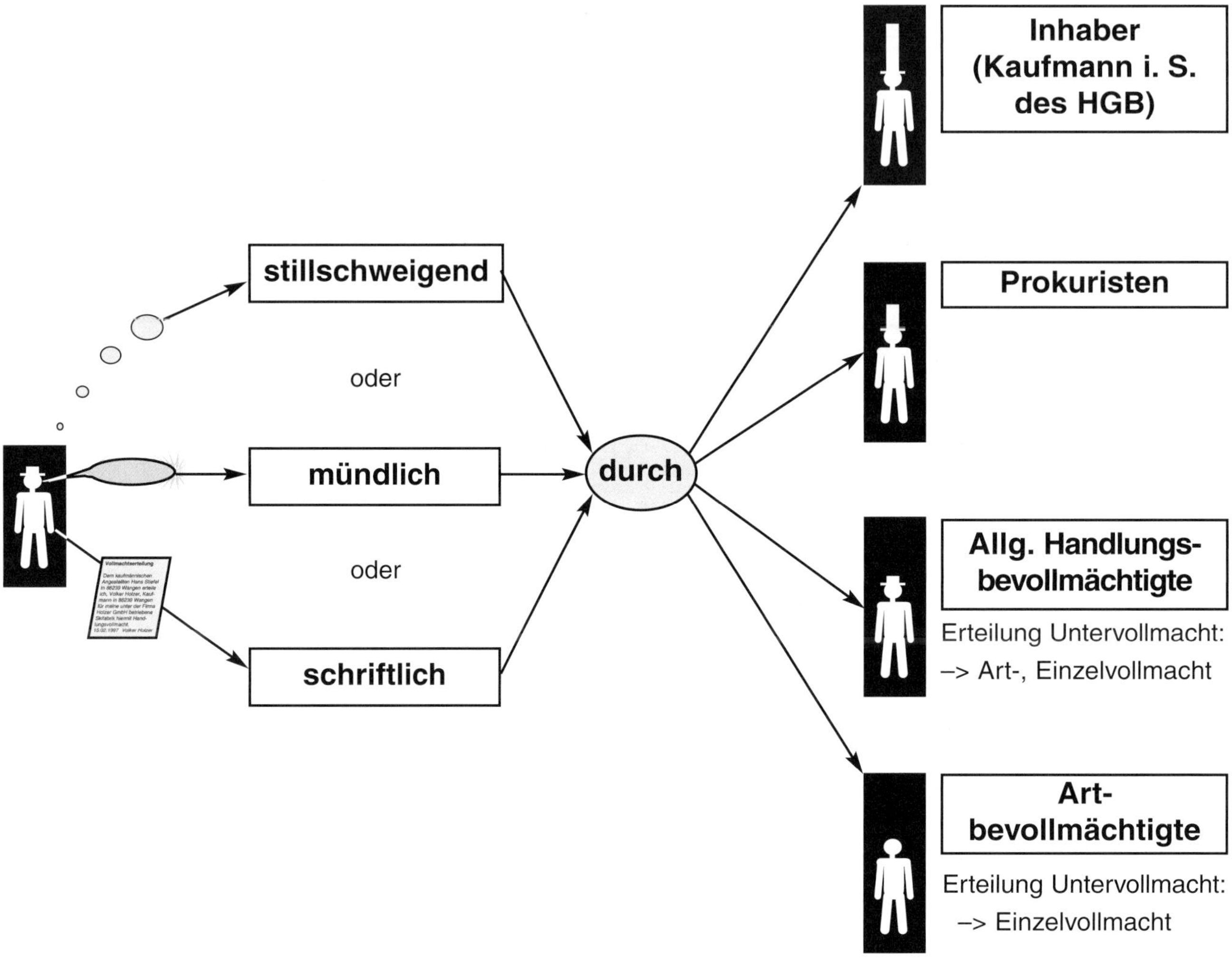

Die Erteilung der Prokura

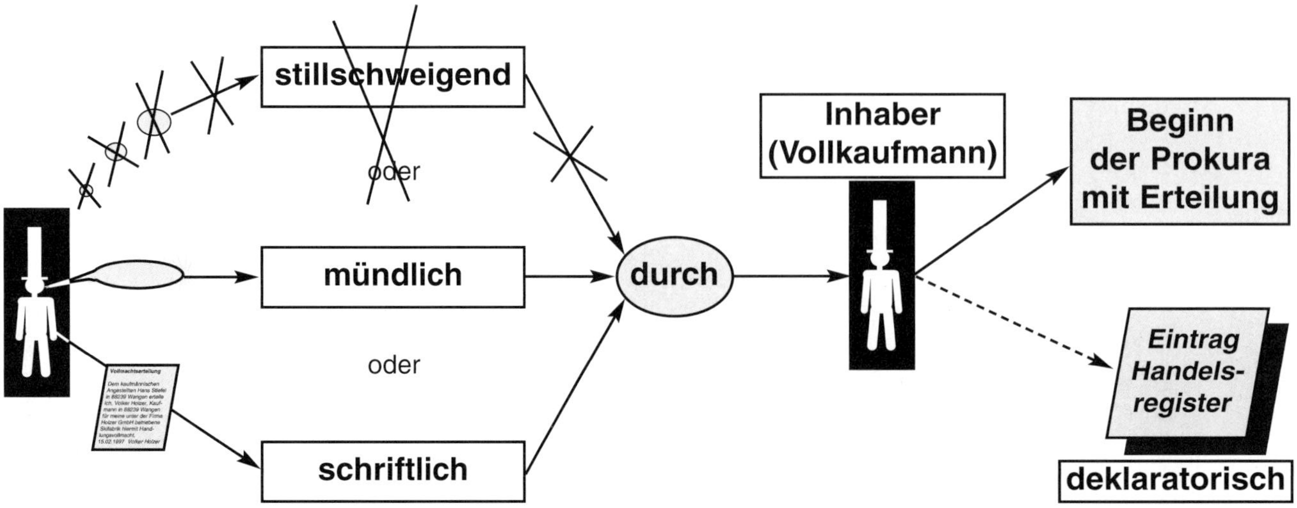

Kopiervorlage

Menschliche Arbeit im Betrieb: Vollmachten

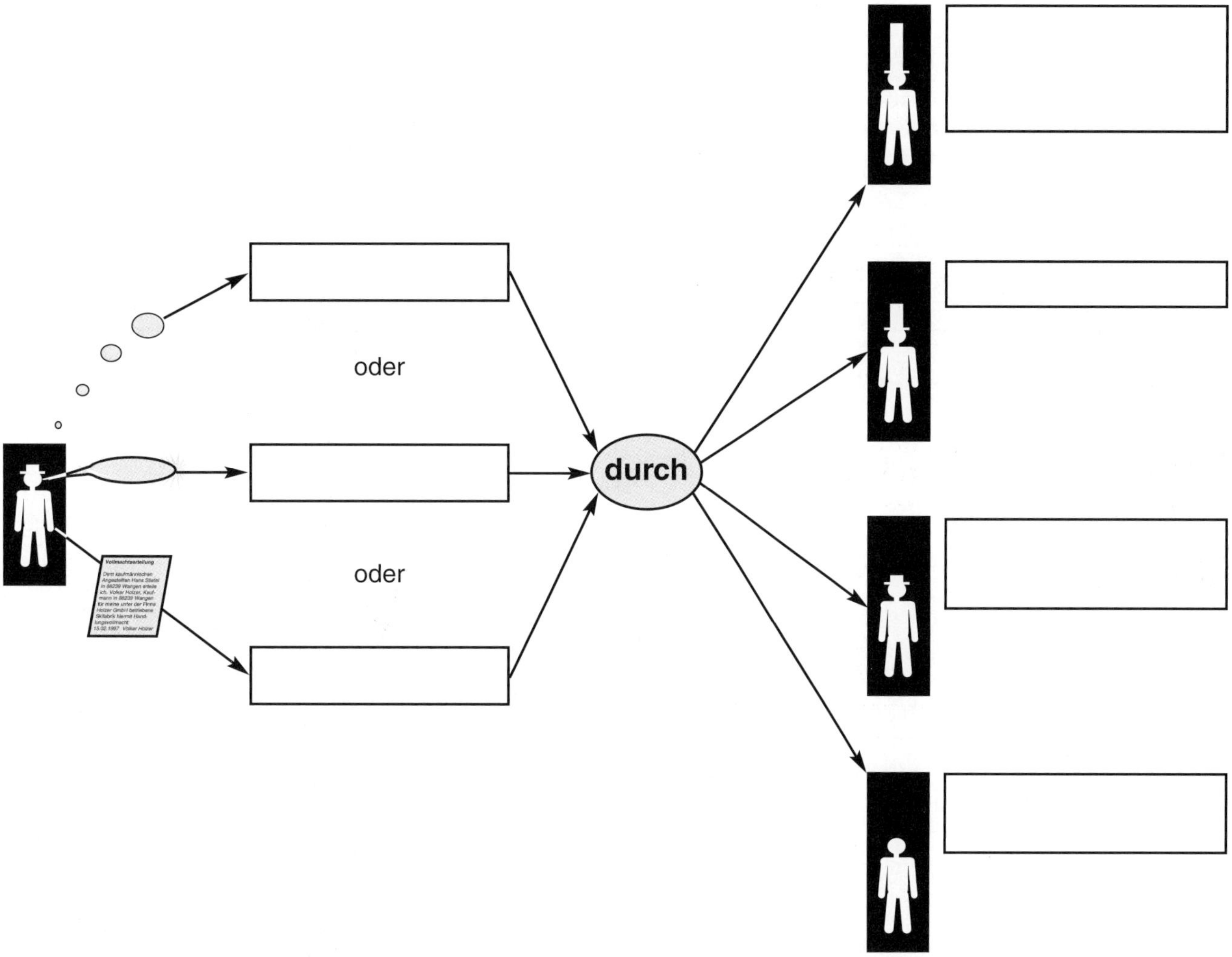

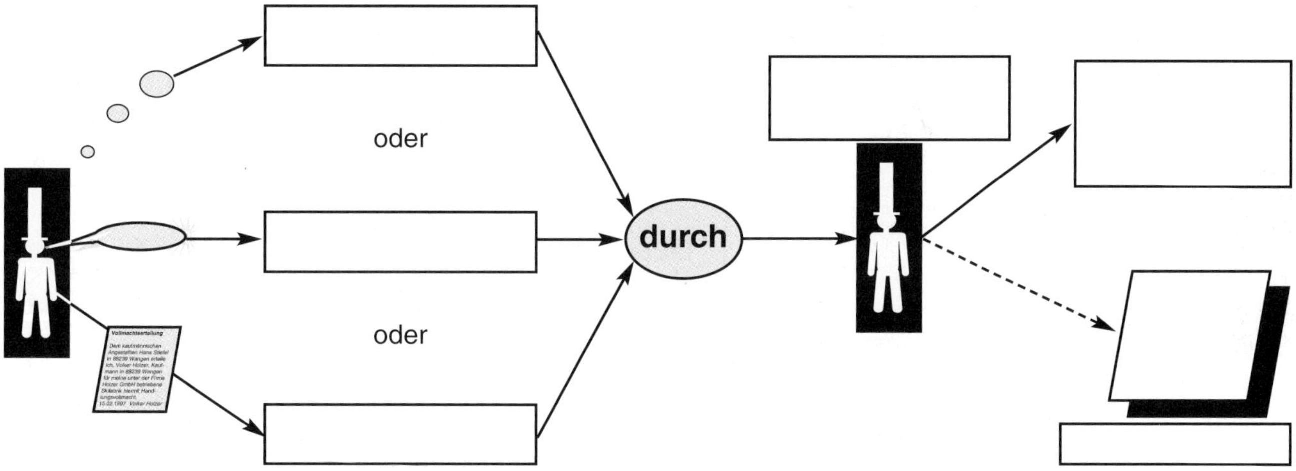

Bild — **Menschliche Arbeit im Betrieb: Vollmachten**

Prokura

§ 49 (1) HGB: Alle **gewöhnlichen** + **außergewöhnl.** Geschäfte

ohne Sondervollmacht
vgl. unten 1. und 2.

mit Sondervollmacht
Grundstücke belasten + verkaufen, § 49 (2) HGB

verboten
vgl. unten 3.

Einzelprokura

Gesamtprokura

Filialprokura
§ 50 (3) HGB

Handlungsvollmacht

Allgemeine Handlungsvollmacht
§ 54 (1) HGB: **Alle gewöhnlichen** Geschäfte der Branche

Artvollmacht
Bestimmte Arten von Geschäften

Bsp.:
- Einkaufen (Einkäufer)
- Verkaufen (Verkäufer)
- Einstellungen (Personalchef)

Einzelvollmacht
Vollmacht für ein **einzelnes Rechtsgeschäft**

Bsp.:
- Kauf Haus
- Kauf LKW
- Prozess führen

1. ohne Sondervollmacht

Bsp.:
- Käufe, Verkäufe
- Zahlungsgeschäfte
- Entlassungen
- Einstellungen

2. mit Sondervollmacht

§ 54 (2) HGB:
- Aufnahme Darlehen
- Grundstücke kaufen
- Verkauf, Belastung Gr'stücke
- Wechsel unterschreiben
- Prozesse führen

3. verboten

Bsp.:
- Geschäft verkaufen
- Eid leisten namens der Unternehmung
- Bilanz, Inventar, Steuererklärungen unterschreiben
- Insolvenz beantragen
- Gesellschafter aufnehmen

Kopiervorlage

Menschliche Arbeit im Betrieb: Vollmachten

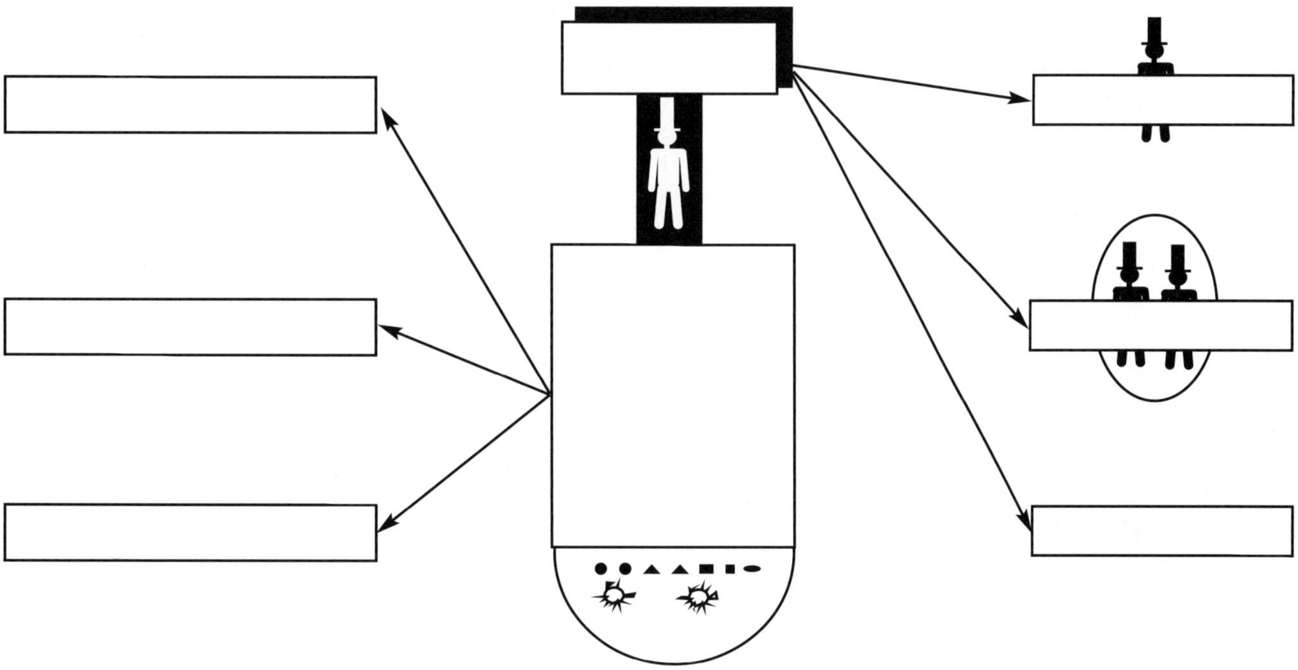

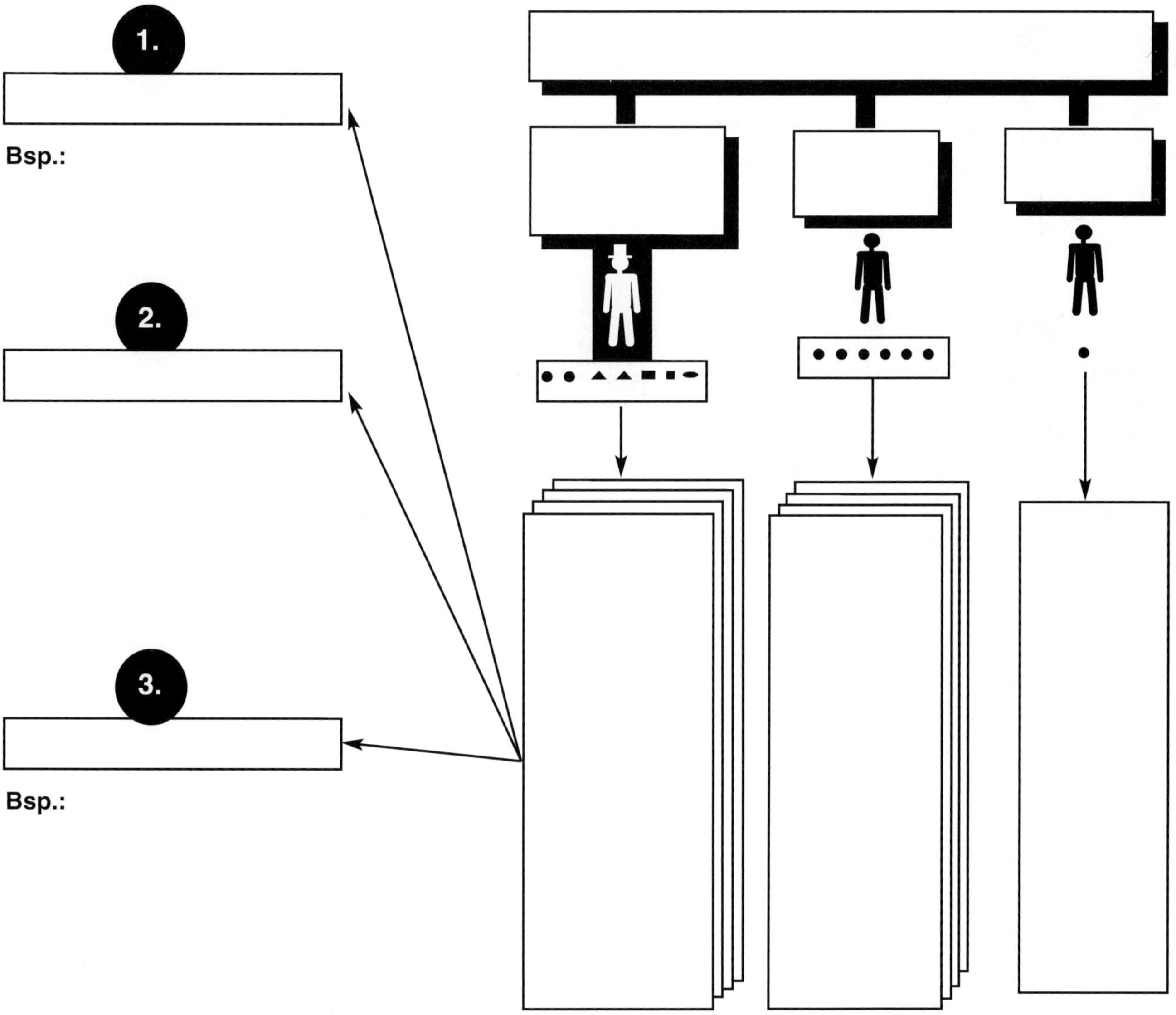

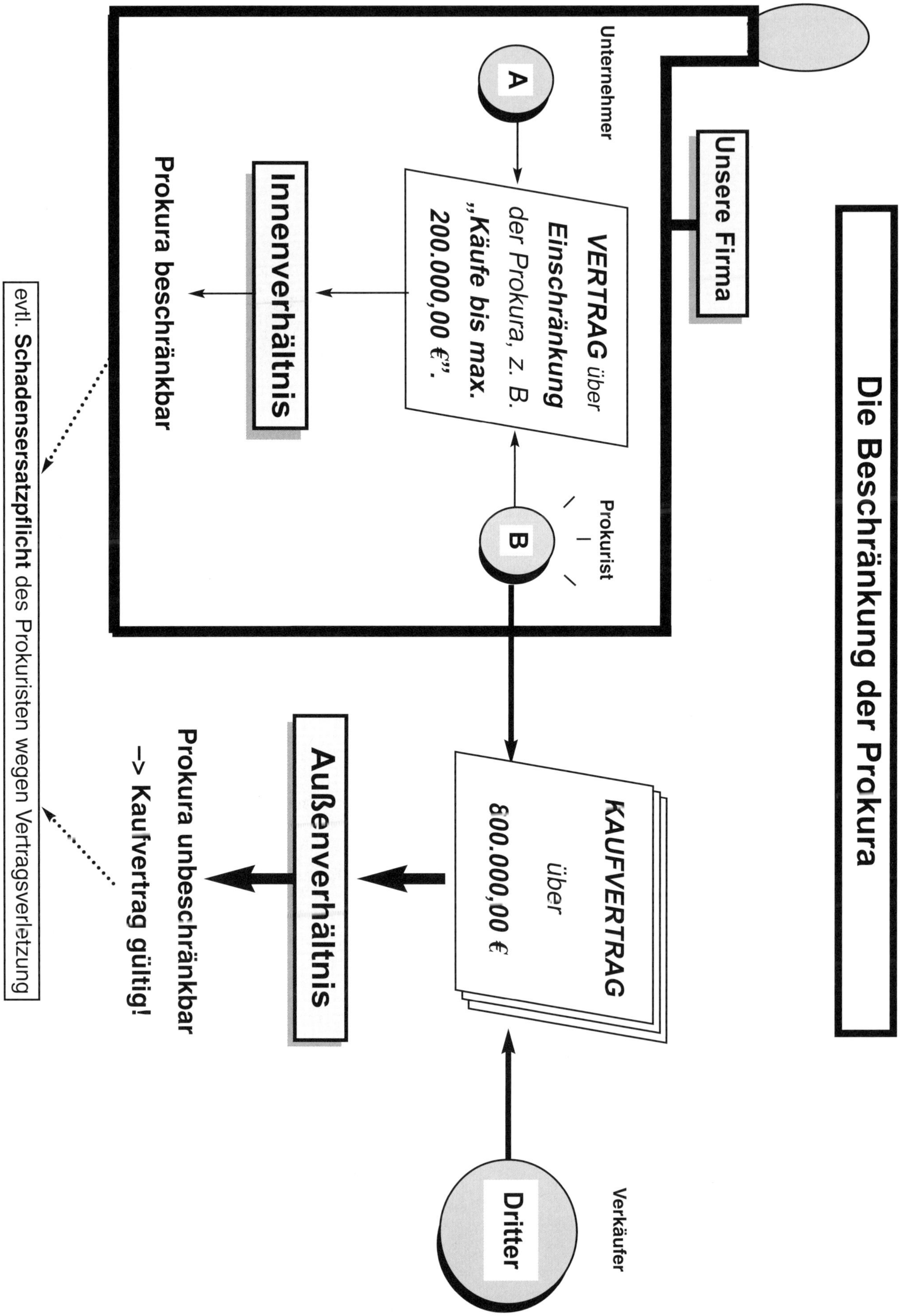
Die Beschränkung der Prokura
Unsere Firma
Unternehmer
A
VERTRAG über Einschränkung der Prokura, z. B. „Käufe bis max. 200.000,00 €".
Prokurist
B
Innenverhältnis
Prokura beschränkbar
KAUFVERTRAG über 800.000,00 €
Verkäufer
Dritter
Außenverhältnis
Prokura unbeschränkbar
-> Kaufvertrag gültig!
evtl. Schadensersatzpflicht des Prokuristen wegen Vertragsverletzung

Kopiervorlage | Menschliche Arbeit im Betrieb: Vollmachten

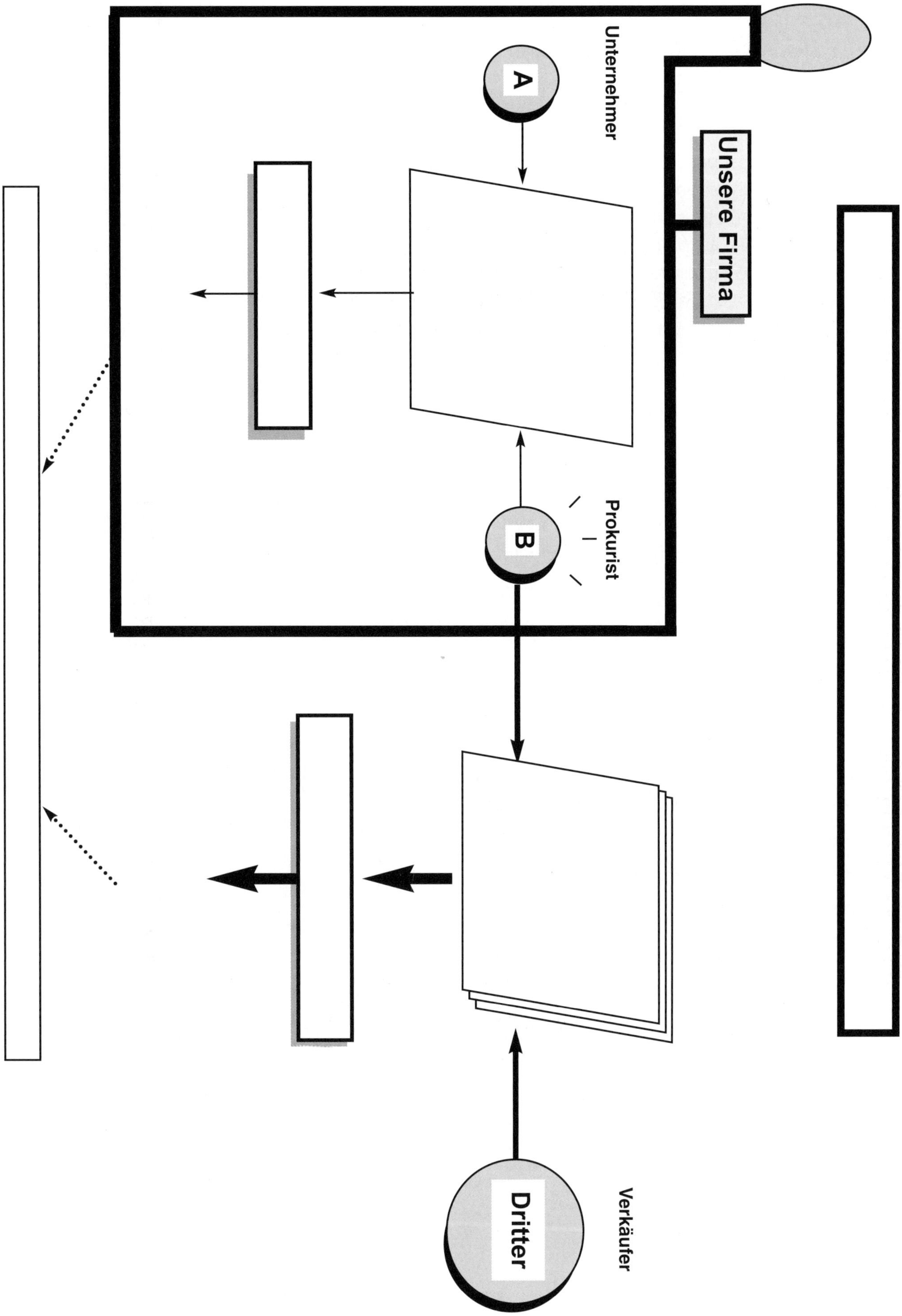

Kreuzworträtsel (Thema: Handlungsvollmacht / Prokura)

Lösungswort (von oben nach unten): Vollmacht hin, Vollmacht her, seine Macht ist immer mehr.

1. ..... Rechtsgeschäfte sind dem Prokuristen vorbehalten.
2. Vollmacht für ein einziges Rechtsgeschäft
3. Auf diese Vollmacht trifft das Sprichwort „Vertrauen ist gut, Kontrolle ist besser" zu.
4. Vollmacht für bestimmte Bereiche wiederkehrender Rechtsgeschäfte
5. Der Prokurist darf es, der Handlungsbevollmächtigte nur mit Sondervollmacht: ..... unterschreiben.
6. Zu diesem Zeitpunkt erlöschen alle Vollmachten.
7. Einem Zweigstellenleiter wird häufig ..... erteilt.
8. Rechtliche Wirkung des Handelsregistereintrags beim Prokuristen
9. Alternativbezeichnung für „Allgemeine Handlungsvollmacht"
10. Durch diese Vollmacht erhält der Prokurist die höchste Machtfülle.
11. Der Prokurist darf es, der Handlungsbevollmächtigte nur mit Sondervollmacht: ..... aufnehmen.
12. Die Prokura kann nicht ..... erteilt werden.
13. Zusatz bei der Unterschrift des Prokuristen
14. Weder Prokurist noch Handlungsbevollmächtigter dürfen sie unterschreiben.
15. Notwendigkeit bei der Prokura
16. Der Unternehmer muss sich gut überlegen, wem er diese Vollmacht erteilt.

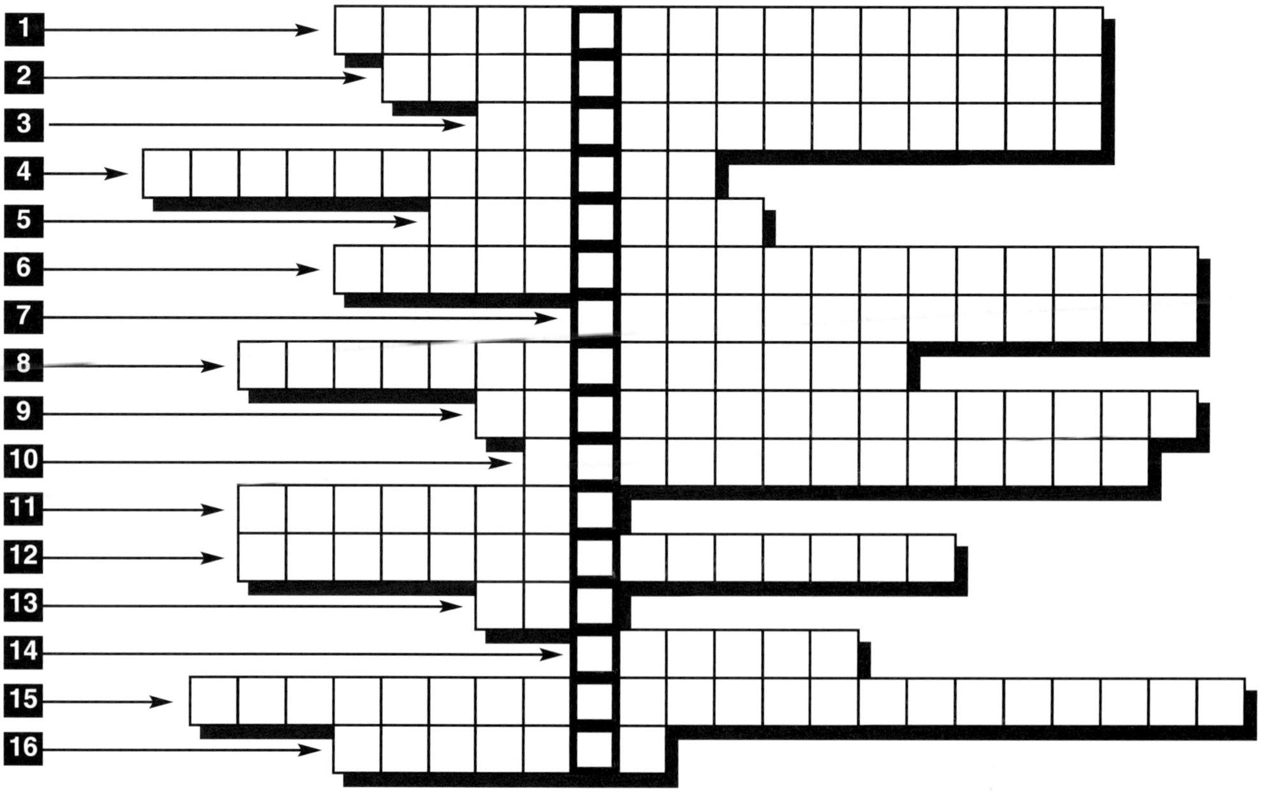

Lösungen: **(Lösungswort: GESCHÄFTSINHABER)**

1. Außergewöhnliche
2. Einzelvollmacht
3. Gesamtprokura
4. Artvollmacht
5. Wechsel
6. Geschäftsauflösung
7. Filialprokura
8. deklaratorisch
9. Gesamtvollmacht
10. Einzelprokura
11. Darlehen
12. stillschweigend
13. ppa
14. Bilanz
15. Handelsregistereintrag
16. Prokura

Test: Handlungsvollmacht - Prokura

1.	Die Personalleiterin einer Sportschuhfabrik, Inge Bühl, nimmt folgende Rechtshandlungen vor. Welche Art von **Handlungsvollmacht** liegt jeweils vor? a) Abschluss eines Arbeitsvertrags mit einem kaufmännischen Angestellten. b) Unterzeichnung eines Kaufvertrages über ein Fließband im Wert von 780.000,00 € bei einer Maschinenfabrik, die dem Bruder von Frau Bühl gehört. c) Einkauf von 20 Flaschen Wein für die bevorstehende Weihnachtsfeier. d) Ausfüllen von Stundenzetteln für die Lohnbuchhaltung. e) Kündigung eines Arbeitnehmers aus wichtigem Grund.	5
2.	Die Personalleiterin macht einen Karrieresprung und wird Leiterin einer Filiale, in der sie alle gewöhnlichen Rechtshandlungen vornehmen darf. Die Filiale beschäftigt 40 Mitarbeiter. a) Welche Art von Handlungsvollmacht liegt vor? b) Die Personalleiterin kauft Leder im Wert von 20.000,00 €. Die Kaufsumme finanziert sie mit einem eigens hierfür bei der Bank aufgenommenen Darlehen. Sind Kaufvertrag und Darlehensvertrag gültig? Begründung.	5
3.	Herr Scholz ist Einkaufsleiter in der Sportschuhfabrik. Seine Einkaufskompetenz ist vertraglich auf 200.000,00 € je Vertragsabschluss begrenzt, ohne dass diese Beschränkung den Vertragspartnern mitgeteilt wurde. Dennoch unterzeichnet er bei einer Lederfabrik einen Kaufvertrag über 250.000,00 €. Bei der Lieferung der Ware verweigert der Inhaber der Sportschuhfabrik die Annahme mit der Begründung, Scholz habe seine Kompetenzen überschritten. Muss der Lieferant einen Teil der Ware zurücknehmen? Begründung.	2
4.	Erneuter Karrieresprung von Frau Bühl (s. o.): Ihr wird **Prokura** erteilt. a) Was ändert sich hinsichtlich des allgemeinen Umfangs der Vertretungsmacht? b) Welche Voraussetzung ist bei der Erteilung einer Filialprokura zu beachten?	2
5.	Worin unterscheiden sich **Handlungsvollmacht und Prokura** hinsichtlich a) Erteilung b) Beginn c) Zeichnung	8
6.	Unterscheiden Sie a) Einzelprokura - Einzelvollmacht b) Gesamtprokura - Gesamtvollmacht	5
7.	Warum erteilen Unternehmer lieber Gesamtprokura als Einzelprokura?	2
8.	Nennen Sie drei Handlungen, die weder Handlungsbevollmächtigte noch Prokuristen - auch nicht mit Sondervollmacht - durchführen dürfen.	3
9.	Maier zu Müller: „Hast du schon gehört, Prokurist Schnösel hat die Strumpffabrik in eine Kleiderfabrik verwandelt?" Begründen Sie diese Behauptung.	1
10.	Im Vertrag der Prokuristin Bühl ist vermerkt: „Sie darf keine Einkäufe über 100.000,00 € tätigen." Dennoch kauft sie Waren im Wert von 500.000,00 €. a) Ist der Kaufvertrag gültig? (Begründung) b) Welche rechtlichen Schritte könnte der Inhaber unternehmen?	4
11.	Am 10. März wird die Prokura von Frau Bühl widerrufen. Dies wird mittels Rundschreiben allen Geschäftspartnern am 12. März mitgeteilt. Der Handelsregistereintrag hinsichtlich Erlöschen der Prokura erfolgt am 28. März. Am 11. März unterschreibt Frau Bühl einen Kaufvertrag. Ihr Chef erkennt den Kaufvertrag nicht an. Nehmen Sie Stellung.	3

Lösungen

1.	a) Artvollmacht b) Einzelvollmacht c) Artvollmacht d) keine e) Artvollmacht	5
2.	a) Allgemeine Handlungsvollmacht (Gesamtvollmacht)	1
	b) Kaufvertrag: gültig, da gewöhnliches Geschäft Darlehensvertrag: ungültig, es sei denn, sie hat Sondervollmacht gemäß § 54 (2) HGB	4
3.	Nein; der Lieferant kannte die Beschränkung nicht. § 54 (3) HGB.	2
4.	a) Sie darf nunmehr auch alle außergewöhnlichen Rechtshandlungen vornehmen.	1
	b) Die Filiale muss sich hinsichtlich Firma (= Handelsname) vom Hauptgeschäft unterscheiden. § 50 (3) HGB.	1
5.	a) Erteilung HV: • durch Inhaber oder Prokurist • mündlich, schriftlich oder stillschweigend Erteilung Prokura: • durch Kaufmann laut HGB • nur mündlich oder schriftlich (= ausdrücklich)	4
	b) Beginn HV: Mit Erteilung + Bekanntgabe Beginn Prokura: • Innenverhältnis: mit Erteilung • Außenverhältnis: wenn Dritte informiert - spätestens mit Veröffentlichung des Handelsregistereintrags	3
	c) Zeichnung HV: i. V. Zeichnung Prokura: ppa	1
6.	a) Einzelprokura: Ein Prokurist ist allein vertretungsbefugt. Einzelvollmacht: Handlungsvollmacht für ein einzelnes Rechtsgeschäft	2
	b) Gesamtprokura: Mehrere Prokuristen vertreten gemeinsam. Gesamtvollmacht: (Allg. Handlungsvollmacht) Vollmacht für alle gewöhnlichen und außergewöhnlichen Rechtsgeschäfte des betreffenden Handelsgewerbes	3
7.	Bei Gesamtprokura können mehrere Prokuristen nur gemeinsam handeln. Insofern findet eine gegenseitige Kontrolle statt - unüberlegte Einzelentscheidungen werden vermieden.	2
8.	• Eid für Firma leisten • Geschäft verkaufen • Handelsregistereintragungen anmelden • Steuererklärungen unterschreiben • Gesellschafter aufnehmen • Insolvenz beantragen • Prokura erteilen • Bilanz unterschreiben (3 Beispiele)	3
9.	Ein Prokurist darf gewöhnliche und außergewöhnliche Rechtshandlungen vornehmen - also auch die Branche wechseln.	1
10.	a) Kaufvertrag rechtsgültig, da Beschränkung der Prokura im Außenverhältnis unwirksam	2
	b) Schadenersatz oder Kündigung (Vertragsverletzung). Eine Beschränkung der Prokura im Innenverhältnis ist erlaubt.	2
11.	Kaufvertrag gültig, da Widerruf der Prokura erst mit Handelsregistereintrag und Veröffentlichung bzw. vorheriger Information des Dritten rechtsgültig ist. Am 11. März war der Widerruf noch nicht bekannt. Innenverhältnis: Unternehmer kann ggf. Schadenersatz verlangen.	3

Test: Handlungsvollmacht - Prokura

Entscheiden Sie bei folgenden Rechtshandlungen, ob diese einem Handlungsbevollmächtigten mit allgemeiner Handlungsvollmacht ohne Sondervollmachten **(HV)** bzw. einem Prokuristen **(P)** einer Möbelfabrik **erlaubt (+)** oder **verboten (–)** sind:

		HV	P
1.	Bilanz unterschreiben		
2.	Einkauf von Holz		
3.	Einstellung eines Arbeiters		
4.	Verkauf eines Grundstücks		
5.	Aufnahme eines Darlehens		
6.	Entlassung eines Arbeiters		
7.	Erteilung von allgemeiner Handlungsvollmacht		
8.	Einlösung eines auf uns gezogenen Wechsels		
9.	Vermietung einer Lagerhalle		
10.	Verkauf des Unternehmens		
11.	Kauf eines Grundstücks		
12.	Entgegennahme einer Mängelrüge		
13.	Kauf einer Rechenmaschine		
14.	Akzeptierung eines Wechsels		
15.	Aufnahme eines Gesellschafters		
16.	Kauf 20 000 Stück Aktien (Wert 400.000,00 €)		

Lösungen

	1.	2.	3.	4.	5.	6.	7.	8.	9.	10.	11.	12.	13.	14.	15.	16.
HV	–	+	+	–	–	+	–	+	+	–	–	+	+	–	–	–
P	–	+	+	–	+	+	+	+	+	–	+	+	+	+	–	+

8 SOZIALVERSICHERUNG (STAND: 2003) - ÜBERBLICK -

Abkürzungen: KV, RV, AV, UV, PV = Kranken-, Renten-, Arbeitslosen-, Unfall-, Pflegeversicherung
AN = Arbeitnehmer - **AG** = Arbeitgeber - **BBG** = Beitragsbemessungsgrenze - **KK** = Krankenkasse
LVA = Landesversicherungsanstalten - **BfA** = Bundesversicherungsanstalt für Angestellte - **W** = West; **O** = Ost

Alle Werte in €

	KV	RV	AV	PV	UV
Träger	AOK, Innungs-, Betriebs-, Ersatzkrankenkassen	BfA (Angestellte) LVA (Arbeiter)	Bundesanstalt für Arbeit	Pflegekassen bei den Krankenkassen	Berufsgenossenschaften
Vers. pfl.	Alle AN bis 75 % der RV-BBG, Azubis	Alle Arbeitnehmer, Azubis	- wie RV -	Mitglieder der gesetzl./privaten KKs	Alle Beschäftigten
BBG	75 % der RV-BBG Höhe: **3.825,00 € mtl. (W + O)**	**5.100,00 € mtl. (W) 4.275,00 € mtl. (O)**	- wie RV -	- wie KV -	- entfällt -
Beiträge	Bis BBG steigend Ab BBG konstant	- wie KV -	- wie KV/RV -	- wie KV -	nach Unfallgefahren
	AG und AN je 1/2; Spezialfall: **Mini-Jobs** (vgl. HOT 1/2003)	- wie KV -	- wie KV/RV -	- wie KV/RV -	AG allein
Beitr. satz	durchschnittl. 14,5 %	**19,5 %** (geplant)	6,5 %	1,7 %	nach Unfallgefahren
LEISTUNGEN	• Krankenhilfe: Arzt-, Krankenhaus-, Arzneikosten; Krankengeld ab 7. Woche (70 % v. Bruttolohn); max. 90 % d. Nettolohns • Vorsorgeuntersuch. • Mutterschaftshilfe • Familienhilfe • Sterbegeld • Zuzahlung zu Arzneimitteln durch Versicherten (4,00 bis 5,00 €)	Rentenzahlung: • Altersruhegeld • Rente wegen Berufs- oder Erwerbsunfähigkeit • Witwen- und Waisenrente Rehabilitationsmaßnahmen	• Arbeitslosengeld • Arbeitslosenhilfe (aus Steuermitteln) • Kurzarbeitergeld • Winterausfallgeld • Insolvenzausfallgeld • KV-Beiträge von Arbeitslosen • Arbeitsvermittlung • Berufsberatung • Umschulungen	• häusl. Pflege: Sachleistung (Pflege durch Profis) bzw. Pflegegeld (bei Versorgung durch Angehörige) • stationäre Pflege • sonst. Leistungen: Pflegehilfsmittel, techn. Hilfen (Rollstühle ...), Zuschüsse zu notw. Umbauten, soziale Sicherung der Pflegepersonen	Arbeitsunfallfolgen (auch Wegeunfälle): • Krankenhilfe • Berufshilfe • Renten an Verletzte + Hinterbliebene Unfallverhütung: • Aufklärung • Belehrung • Überwachung

....

Gesetz zur Förderung eines gleitenden Übergangs in den Ruhestand (in Kraft seit 1. August 1996):

Altersteilzeit: möglich ab 55 Jahren unter Förderung des Arbeitsamtes, sofern freiwerdender Arbeitsplatz mit Arbeitslosen oder Azubi wiederbesetzt wird; möglich sind: halbe Arbeitszeit bei 70 % Verdienst und 90 % RV-Beitrag

Früher in Rente = weniger Rente: 0,3 %-Rentenminderung je Monat des früheren Rentenbeginns. Bestimmte Voraussetzungen und Detailregelungen sind zu beachten.

Rentenbeginn generell seit 2001: 65 Jahre (außer vor 1937 Geborene); Frauen: ebenfalls allmähl. Anhebung auf 65 Jahre.

Anrechnungszeiten für schulische und berufliche Ausbildung bei der Rentenversicherung: max. 3 Jahre

Eine Reihe von Änderungen in Planung!

Kreuzworträtsel (Thema: Sozialversicherung)

Lösungswort (von oben nach unten): Prinzip der Sozialversicherung

1. Gesetzliche Grundlage der Sozialversicherung
2. Sie spielt nur bei der Unfallversicherung keine Rolle.
3. Es verhindert schlimmste Auswirkungen bei Arbeitslosigkeit.
4. Ab der ..... Woche zahlt die Krankenkasse Krankengeld.
5. Träger der Arbeitslosenversicherung ist die ..... für Arbeit.
6. Ohne sie wäre der Kindersegen nicht immer ein Segen.
7. Leistung der Arbeitslosenversicherung
8. Leistungsüberbegriff in der Krankenversicherung
9. Leistung der Arbeitslosenversicherung in Krisenzeiten eines Unternehmens
10. Auch hierfür zahlt die Unfallversicherung.
11. Träger der Rentenversicherung für Angestellte (Abkürzung)
12. Leistung der Pflegeversicherung
13. Vor Bezug von Krankengeld erhält der Arbeitnehmer die sog. .....
14. Leistung der Arbeitslosenversicherung (wetterbedingt)
15. Unabhängig vom Alter wird die Rente wegen ..... gezahlt.
16. Träger der Pflegeversicherung: ..... bei den Krankenkassen

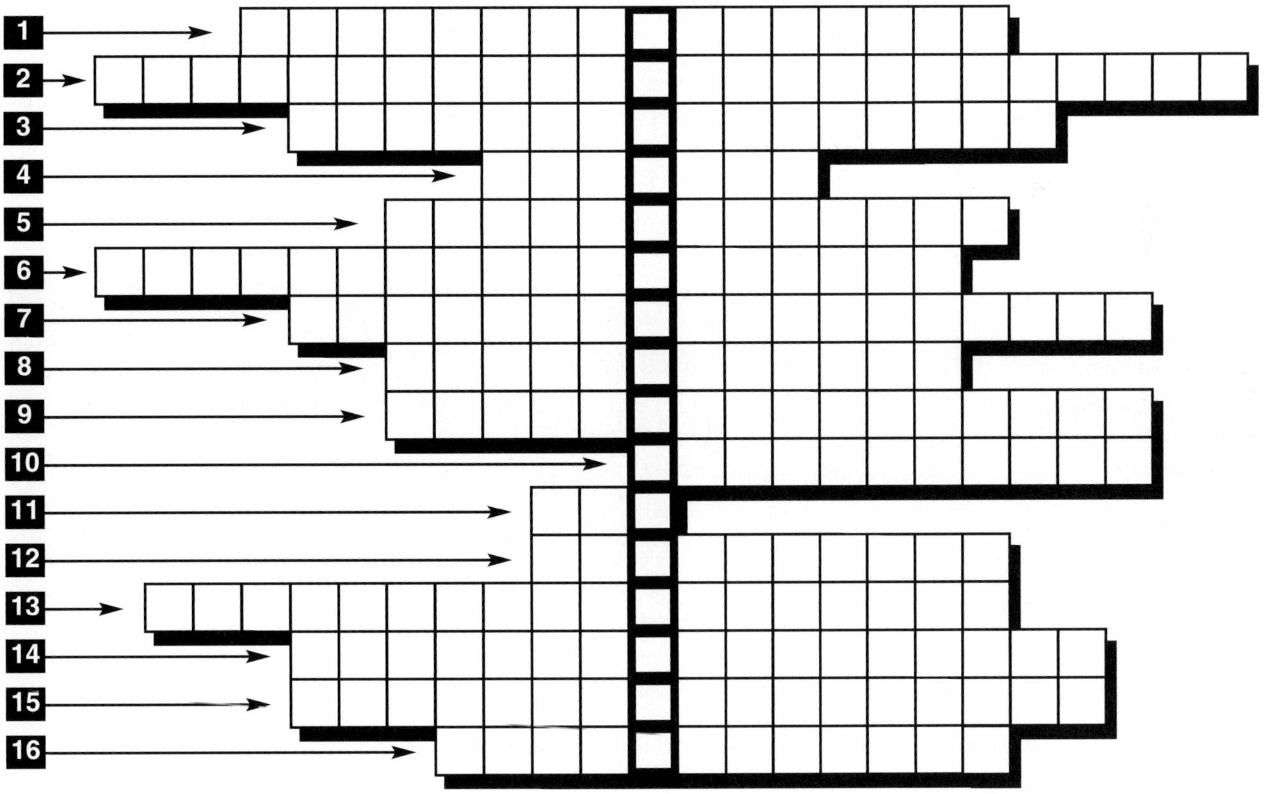

Lösungen: (Lösungswort: **SELBSTVERWALTUNG**)

1. Sozialgesetzbuch	5. Bundesanstalt	9. Kurzarbeitergeld	13. Entgeltfortzahlung
2. Beitragsbemessungsgrenze	6. Mutterschaftshilfe	10. Wegeunfälle	14. Winterausfallgeld
3. Arbeitslosengeld	7. Arbeitsvermittlung	11. BFA	15. Berufsunfähigkeit
4. siebten	8. Krankenhilfe	12. Pflegegeld	16. Pflegekassen

Test: Sozialversicherung

1.	Nennen Sie a) die Zweige, b) die Träger der Sozialversicherung.	5
2.	Welche Bedeutung hat die Beitragsbemessungsgrenze für die einzelnen Sozialversicherungsarten?	4
3.	Wer führt die Sozialversicherungsbeiträge an welche Institutionen ab?	2
4.	Nennen Sie zu jeder Sozialversicherungsart je zwei wesentliche Leistungen.	5
5.	Der Angestellte Schlapp ist sieben Wochen krank. Wovon lebt er in dieser Zeit?	3
6.	a) Heidi Sonne kündigt fristgemäß, um eine halbjährige Südseereise zu starten. Die Finanzierung soll über das Arbeitslosengeld gesichert werden. Nehmen Sie Stellung. b) Eugen Schott kündigt fristgemäß, weil ihm das Arbeitsklima in der Firma Teufel & Co. nicht behagt. Beurteilen Sie, ob sein Antrag auf Arbeitslosengeld erfolgreich sein wird. c) Schott möchte gegen den Bescheid des Arbeitsamtes klagen. Welches Gericht ist zuständig?	4
7.	Nico Schlau erhält als DV-Spezialist ein Gehalt von 8.000,00 € . Da er ein großes Vermögen besitzt, ist er weder auf eine spätere Rente noch auf Arbeitslosengeld im Falle einer Arbeitslosigkeit angewiesen. Außerdem fühlt er sich kerngesund. Er will alle Sozialversicherungen kündigen. Möglich?	4
8.	Unter welchen Voraussetzungen können die Leistungen der gesetzlichen Unfallversicherung in Anspruch genommen werden?	2
9.	Wann zahlt der Arbeitgeber die Sozialversicherungsbeiträge i. d. R. allein?	1
10.	Welcher Versicherungsträger erbringt in folgenden Fällen welche Leistung? a) Der Angestellte Schlott bleibt wegen Schüttelfrost auf ärztlichen Rat fünf Tage zu Haus. b) Ein 50 jähriger Prokurist, der eine Frau und drei Kinder hinterlässt, stirbt. c) Der 55-jährige Angestellte Hupf tritt auf dem Heimweg von der Arbeit in einen Pferdeapfel, fällt und bricht sich dabei drei Finger und das Nasenbein. Er nimmt ärztliche Behandlung in Anspruch. d) Ein Angestellter kann nach privatem Autounfall seinen Beruf nicht mehr ausüben. e) Ein Arbeiter kann nach einem privaten Autounfall seinen Beruf nicht mehr ausüben. f) Ein 65-jähriger Angestellter begibt sich in den Ruhestand. g) Die 25-jährige Arbeiterin Nina Friedlein kündigt fristlos, weil sie ständige Beleidigungen ihres Chefs nicht länger hinnehmen will. h) Ein Angestellter erkrankt schwer und ist zukünftig in keiner Weise mehr arbeitsfähig.	9
11.	Wer muss den Arbeitnehmer zur Sozialversicherung melden?	1
		40

LÖSUNGEN

1.	a) Kranken-, Renten-, Arbeitslosen-, Unfall-, Pflegevers. (KV, RV, AV, UV, PV) b) KV: Krankenkassen (AOK, Betriebs-, Innungs-, Ersatz-KK (DAK, KKH...) RV: Bundesvers.anstalt für Angestellte (BfA), Landesversicherungsanstalten für Arbeiter (LVA) AV: Bundesanstalt für Arbeit (Aufgliederung in Arbeitsämter) UV: Berufsgenossenschaften PV: Pflegekassen bei den Krankenkassen	5
2.	KV, RV, AV, PV: Bis Beitragsbemessungsgrenze steigende, darüber konstante Beiträge KV: Bis Beitragsbemessungsgrenze KV-Pflicht, danach Weiterversicherungsberechtigung UV: BBGrenze hat keine Bedeutung	4
3.	Arbeitgeber führt ab an Krankenkassen (KV, RV, AV, PV) und Berufsgenossenschaft (UV).	2
4.	KV: • Krankenhilfe: Arzt-, Krankenhaus-, Arzneikosten, Krankengeld • Vorsorgeuntersuchungen • Familienhilfe • Mutterschaftshilfe • Sterbegeld RV: • Rentenzahlungen: Altersruhegeld, Rente wegen Berufs- oder Erwerbsunfähigkeit, Witwen- und Waisenrente • Rehabilitationsmaßnahmen AV: • Arbeitslosengeld • Arbeitslosenhilfe (aus Steuern) • Kurzarbeitergeld • Winterausfallgeld • Berufsberatung • Umschulung UV: • Leistungen bei Arbeitsunfallfolgen (Krankenhilfe, Renten...). • Unfallverhütungsmaßnahmen: Aufklärung, Belehrung, Überwachung PV: • häusliche Pflege • stationäre Pflege • sonstige Leistungen: Pflegehilfsmittel, techn. Hilfen, Zuschüsse für Umbauten ...	5
5.	Sechs Wochen Gehaltsfortzahlung. Ab der 7. Woche Krankengeld von der Krankenkasse (70 % v. Bruttolohn, max. 90 % des Nettolohns).	3
6.	a) Kein Arbeitslosengeld, sie steht zur Arbeitsvermittlung nicht zur Verfügung. Sperrfrist. b) Er kündigt ohne wichtigen Grund und erhält 12 Wochen kein Arbeitslosengeld. c) Nach fruchtlosem Widerspruch ist das Sozialgericht zuständig.	4
7.	Aus KV u. PV kann er austreten, da mit Überschreiten der Beitragsbemessungsgrenze die Versicherungspflicht entfällt. RV, AV, UV: Pflichtversicherungen. Kündigung nicht möglich.	4
8.	Unfälle während Berufsausübung sowie auf direktem Weg zwischen Wohnung und Arbeitsstätte; Berufskrankheiten	2
9.	Bei sog. Mini-Jobs (Neuregelung 2003)	
10.	Versicherungsträger / Leistungen a) Krankenkasse — Krankenhilfe (ärztl. Beratung) b) Krankenkasse — Sterbegeld Bundesversicherungsanstalt für Angestellte — Witwenrente c) Berufsgenossenschaft (Unfall auf dir. Heimweg) — Krankenhilfe (ärztl. Beratung) d) Bundesversicherungsanstalt für Angestellte — Berufsunfähigkeitsrente e) Landesversicherungsanstalt — Berufsunfähigkeitsrente f) Bundesversicherungsanstalt für Angestellte — Altersruhegeld g) Bundesanstalt für Arbeit — Arbeitslosengeld h) Bundesversicherungsanstalt für Angestellte — Erwerbsunfähigkeitsrente	9
11.	Arbeitgeber	1
		40

Die Pflegeversicherung

Gesetzliche Grundlage: Pflegeversicherungsgesetz **Gültig seit:** 1995

Die fünf Säulen der Sozialversicherung

KRANKENVERSICHERUNG

RENTENVERSICHERUNG

ARBEITSLOSENVERSICHERUNG

UNFALLVERSICHERUNG

PFLEGEVERSICHERUNG

Versicherungspflichtige

Mitglieder der gesetzl. Krankenvers.

- Arbeiter, Angestellte, Azubis, Studenten, Rentner

Freiwillig Versicherte:

- Befreiungsmöglichkeit bei Nachweis einer gleichwertigen privaten Versicherung
- Tritt Befreiungsmöglichkeit später ein (z. B. Einkommen übersteigt Beitragsbemessungsgrenze der Krankenversicherung): drei Monate Wahlrecht

Mitglieder einer privaten Krankenkasse

- Abschlusspflicht für private Pflegeversicherung
- Die private Pflegeversicherung muss i. Vgl. zur gesetzlichen Versicherung **gleichwertig** sein
- Pflicht der Privatkassen: müssen Vertrag anbieten mit den gesetzlichen Leistungen - maximal zu einem Preis, der den Höchstsatz der gesetzlichen Versicherung nicht übersteigt

Beitragsfrei mitversichert: unterhaltsberechtigte Kinder und Ehegatten im Rahmen der Familienversicherung, sofern deren monatliches Gesamteinkommen best. Grenzen nicht übersteigt

Beiträge

- 1,7 % vom Bruttoeinkommen, max. bis zur Beitragsbemessungsgrenze der KV.
- Arbeitnehmer: Arbeitgeber- und Arbeitnehmeranteil je 1/2
- Rentner: Rentner und Rentenversicherungsträger zahlen je 1/2

Pflegestufen

Stufe I: Erhebliche Pflegebedürftigkeit:

- Hilfsbedarf mindestens einmal täglich für mindestens zwei Verrichtungen sowie
- mehrfach wöchentliche Hilfe bei hauswirtschaftlichen Arbeiten

Stufe II: Schwerpflegebedürftige:

- Hilfsbedarf mindestens dreimal tägl. für mindestens zwei Verrichtungen sowie
- mehrfach wöchentliche Hilfe bei hauswirtschaftlichen Arbeiten

Stufe III: Schwerstpflegebedürftige: Pflege rund um die Uhr notwendig

Leistungen

Unterstützung / Übernahme der Verrichtungen des täglichen Lebens (Körperpflege, Ernährung, Mobilität, hauswirtschaftliche Versorgung)

Häusliche Pflege:

- Sachleistung: Pflege durch Profis bis monatlich best. Betrag
- Pflegegeld: Versorgung durch Angehörige, Freunde, Nachbarn bis best. Betrag monatlich - steuerfrei - (gewerbsmäßige Pflege = steuerpflichtig)

Stationäre Pflege:

- Pflegebedingte Aufwendungen bis best. Betrag monatlich
- Unterkunft, Verpflegung trägt Versicherter

Sonst. Leistungen:

- Pflegehilfsmittel (falls nicht durch Krankenversicherung finanziert)
- technische Hilfen (Rollstühle...)
- Zuschüsse zu pflegebedingten Umbaumaßnahmen bis best. Betrag je Maßnahme
- Soziale Sicherung der Pflegepersonen (pflegen nicht erwerbsmäßig den Pflegebedürftigen mindestens 14 Std. wöchentl.): Pflegeversicherung zahlt unter best. Bedingungen Kranken- u. Rentenversicherungsbeiträge, wenn wegen der Pflege nicht oder nur halbtags erwerbstätig. Außerdem in gesetzl. Unfallversicherung (beitragsfrei) sowie best. Hilfen bei Arbeitslosigkeit nach Pflegebeendigung.
- Beiträge zur Pflegeversicherung sind Sonderausgaben.

Die gesetzliche Unfallversicherung

Wegeunfall: Der Verwandtenbesuch

Der Fall: Arbeitnehmer unterbrach seinen Weg von der Arbeit nach Hause, um Verwandte zu besuchen. Auf diesem Umweg geschah der Unfall.

Urteil: Gesetzliche Unfallversicherung nicht zuständig.

Bundessozialgericht 2 RU 28/95

Wegeunfall: Das Salatblatt

Der Fall: Der Verkaufsleiter eines Frankfurter Unternehmens begab sich in der Mittagspause in ein **Café** im Obergeschoss eines Kaufhauses und rutschte auf einem **Salatblatt** aus.
Folge: **Verletzung** am Kniegelenk. Die **Unfallversicherung** des Betriebs weigerte sich, für den Schaden aufzukommen.

Urteil: Der Angestellte steht mit Betreten des Kaufhauses nicht mehr unter Unfallversicherungsschutz. Der Versicherungsschutz endet mit Betreten der Eingangstür des Kaufhauses und beginnt erneut mit Verlassen des Kaufhauses. **Das Essen in der Mittagspause ist also Privatsache.**

Bundessozialgericht II RU 34/95

Wegeunfall: Kneipentour und Überfall mit Todesfolge

Der Fall: Ein Außendienstmitarbeiter aus Mecklenburg-Vorpommern war mit dem Fimen-PKW nach Berlin gefahren, um Kundengespräche zu führen und Fenster auszuliefern. Er traf anschließend seinen dort lebenden Vater, mit dem er ebenfalls zunächst dienstliche Geschäfte erledigte. Um 20:30 Uhr stellten sie den Firmen-PKW an einem Bahnhof ab und kehrten in eine **Gaststätte** ein, um dort zu essen sowie (gehörig) Bier zu trinken.
Auf dem **Rückweg zum Parkplatz** fühlte sich ein Passant vom Sohn provoziert und schlug ihm derart heftig ins Gesicht, dass er zu Boden fiel und sich schwere Schädel- und Gehirnverletzungen zuzog, denen er vier Tage später **erlag.**

Die Frau des Verstorbenen forderte von der Berufsgenossenschaft Zahlung von **Witwenrente.** Die Berufsgenossenschaft lehnte ab, die Frau klagte.

Urteil: Es besteht **kein Rentenanspruch**, obwohl die Tat auf dem Arbeitsweg geschah.

Begründung:

- Ein Leistungsanspruch hätte nur bestanden, wenn die Tat im Zusammenhang mit der Arbeit gestanden hätte oder wenn „besondere Umstände", z. B. eine gefährliche Wegstrecke, die Tat stark begünstigt hätten.
- Im vorliegenden Fall liegt eine Abweichung vom normalen Weg („Verrichtungen, die der privaten Sphäre zuzuordnen sind") vor –> = Unterbrechung oder Vernichtung des Versicherungsschutzes!
- Ablehnung einer Witwenrente, weil der Versicherte „auf einem der Erholung nach einem langen Arbeitstag dienenden und damit eigenwirtschaftlichen" Weg zurück zum Firmen-PKW verunglückt war.

BSG v. 11.8.1998; Az.: B 2 U 17/97 R

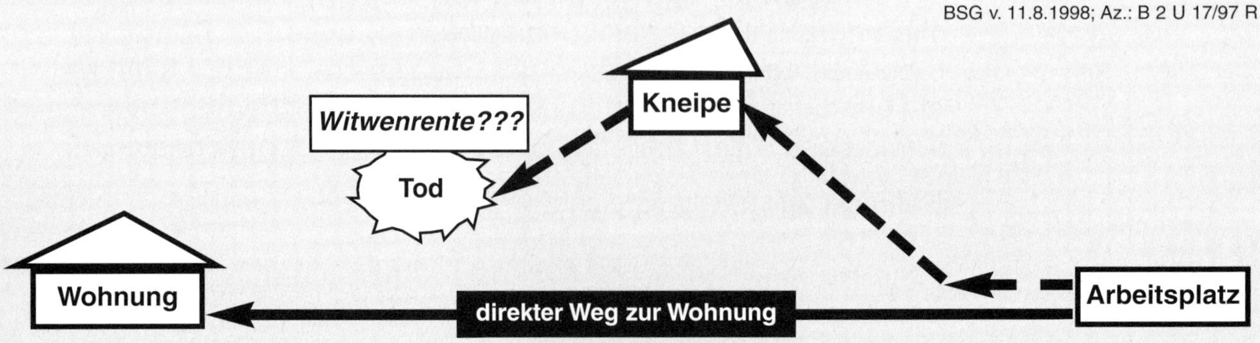

Wegeunfall: Vor dem Auto erschossen

Der Fall: Ein indischer Gabelstaplerfahrer einer Markthalle in Frankfurt/M. verließ wie gewohnt morgens um drei Uhr sein Haus, um zur Arbeit zu fahren. Vor seinem Auto wurde er **erschossen,** die Täter sind bis heute unbekannt. Vermutet wird ein Zusammenhang mit dem Frankfurter Tempelverein der Sikhs, bei denen der Ermordete aktiv war und bei denen es harte Auseinandersetzungen zwischen rivalisierenden Gruppen gab.

Die Angehörigen des Ermordeten forderten von der Berufsgenossenschaft die Zahlung von **Witwen- und Waisenrenten.** Die Berufsgenossenschaft lehnte ab, die Familie klagte.

Urteil: Es besteht **keinerlei Rentenanspruch**, obwohl die Tat auf dem Arbeitsweg geschah.

Begründung: Ein Leistungsanspruch hätte nur bestanden, wenn der Mord **im Zusammenhang mit der Arbeit** gestanden hätte oder wenn „besondere Umstände", z. B. eine gefährliche Wegstrecke, die Tat stark begünstigt hätten. Im vorliegenden Fall hatten die Angreifer jedoch **persönliche Motive** für die Tat.

BSG Az.: B 2 U 27/97

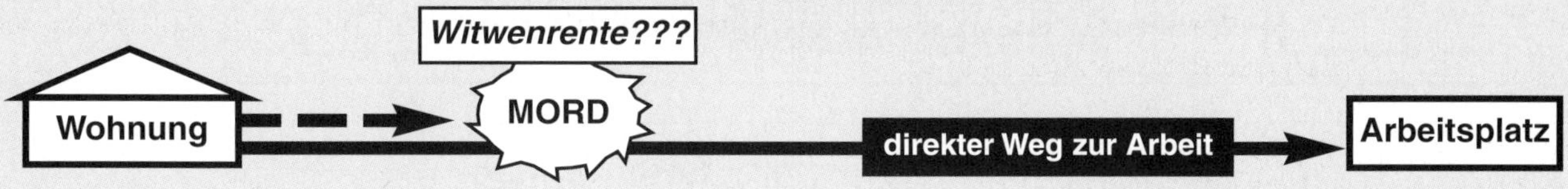

Wegeunfall: Verhängnisvoller Umweg

Der Fall: Ein 19-Jähriger erlitt einen Arbeitsunfall im Betrieb. Er wurde von seinem Freund zur Würzburger Klinik gefahren, um sich dort untersuchen zu lassen. Auf dem Rückweg zum Betrieb unterhielten sich die beiden dermaßen rege, dass sie ihre Abfahrt Schweinfurt/Werneck verpassten und noch rund 40 km an vier weiteren Ausfahrten vorbeifuhren. Nach Feststellung des Irrtums verunglückten sie kurz vor dem Wenden. Der Kläger verletzte sich schwer. Die Berufsgenossenschaft verweigerte die Übernahme der Kosten, wogegen der Verunglückte klagte.

Urteil: Die Berufsgenossenschaft muss **nicht zahlen.**

Begründung:

- Grundsätzlich besteht auf dem Hinweg zur wie auch auf dem Rückweg von der Klinik Versicherungsschutz aufgrund des ursächlichen Arbeitsunfalls.
- Der Umweg hat jedoch nichts mehr mit der Fahrt zur Würzburger Klinik zu tun.
- Bei „Verirren" entfällt Versicherungsschutz nur dann nicht, wenn äußere Umstände wie Dunkelheit, Nebel oder schlecht beschilderte Wege Ursache sind.

BSG Az.: B 2 U 4/97 R

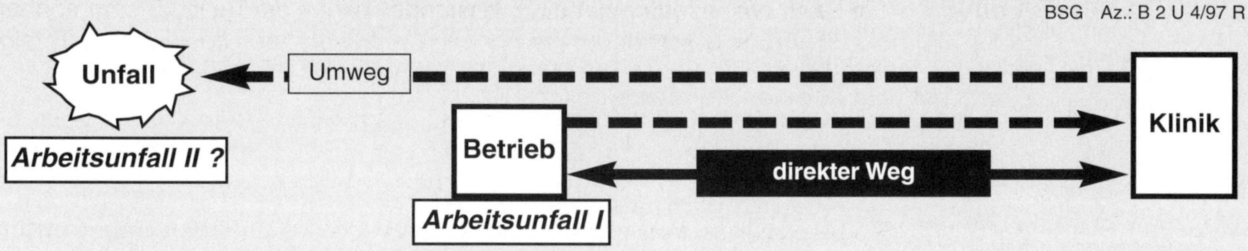

Mörtel-Schlacht mit Folgen

Der Fall: Auf einer Baustelle veranstalteten einige Bauarbeiter eine ausgelassene Mörtel-Schlacht. Ein Maurerlehrling wurde dabei schwer verletzt und verlor durch ein Mörtel-Geschoss auf dem linken Auge 90 % seines Sehvermögens. Der 18-Jährige beantragte bei der Berufsgenossenschaft Verletztenrente, da es sich seines Erachtens um einen Arbeitsunfall handelte. Reaktion der Berufsgenossenschaft: keine Anerkennung als Arbeitsunfall, weil es sich hier um das „Ausleben eines persönlichen Spieltriebs" gehandelt habe und solches nicht versichert sei. Der Maurerlehrling klagte.

Urteil: Die Berufsgenossenschaft wurde verurteilt, Verletztenrente zu zahlen. Begründung: Weil „die nötige Aufsicht" am Arbeitsplatz gefehlt habe, hat der Verletzte Anspruch auf Entschädigung (Betriebsunfall).

Sozialgericht Osnabrück, AZ: S 12U 6/96

Wegeunfall: Mittagessen in der Wirtschaft

Der Fall: Ein Arbeitnehmer ging in der Mittagspause zum Essen in die Gaststätte. Innerhalb des Restaurants verletzte er sich und forderte Kostenübernahme durch die BG, die dies ablehnte.

Urteil: Die Berufsgenossenschaft muss **nicht zahlen.**

Begründung:
- Versichert ist lediglich der Weg vom Betrieb bis zur Außentür der Gaststätte (Amtsdeutsch: „Ort der Nahrungsaufnahme") sowie der Weg von (außerhalb) der Gaststätte bis zum Betrieb..
- Nicht gesetzlich unfallversichert ist der Aufenthalt in der Gaststätte. Die Zeit zum Mittagessen gehört zum persönlichem Lebensbereich.

BSG Az.: B 2 RU 34/97

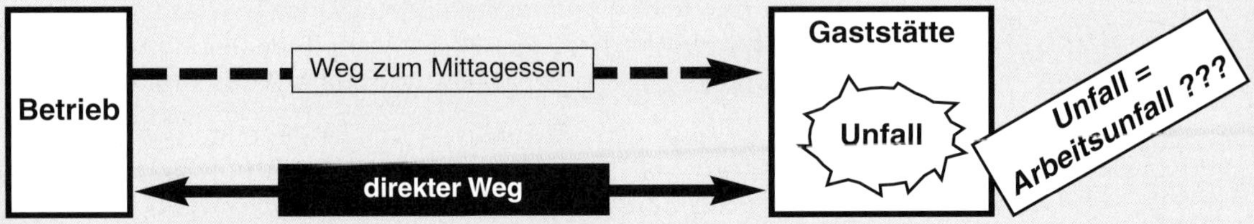

Wegeunfall: Verletzt beim Tanken

Der Fall: Eine Arbeitnehmerin fuhr auf dem Weg von der Arbeit nach Hause zu einer Tankstelle, um ihr Auto für die Fahrt am nächsten Morgen zur Arbeitsstätte zu tanken. Sie verletzte sich auf dem Tankstellengelände und verlangte Leistungen von der BG, die dies ablehnte.

Urteil: Die Berufsgenossenschaft muss **nicht zahlen.** Zahlen müsste sie nur, wenn der Sprit benötigt worden wäre, um noch bis zu ihrer Wohnung zu kommen.

BSG Az.: B 2 U 29/97 R

Sturz ist nicht gleich Sturz!

Der Fall: Ein 42 Jahre alter Straßenbahnfahrer aus Stuttgart unterbrach seinen Heimweg von der Arbeit, um bei seinen Eltern zu Mittag zu essen. Der Aufenthalt dauerte 30 Minuten. Danach wollte er seinen Heimweg fortsetzen, stürzte jedoch im Treppenhaus am Ende der Treppe. Die gesetzliche Unfallversicherung lehnte Leistungen ab mit der Begründung, der Unfall sei nicht auf dem **direkten Heimweg** geschehen.
Der Straßenbahnfahrer klage bis zum Bundessozialgericht.

Urteil: Die **gesetzliche Unfallversicherung muss nicht zahlen!** Begründungen:

- Der Schutz der gesetzl. Unfallversicherung gilt nur während des **üblichen Heimwegs.**
- Für **private Umwege** - auch wenn diese sehr kurz sind - sowie für Mittagessen bei Eltern usw. gibt es keinen Unfallversicherungsschutz.
- Generell gilt: Wird der Heimweg um mehr als **zwei Stunden** unterbrochen, handelt es sich beim nachfolgenden Heimweg-Antritt nicht mehr um die Fortsetzung des Heimwegs.
- Der Unfallversicherungsschutz endet im Beispiel mit Durchschreiten des **äußeren Hauseingangs.**
  Unfall innerhalb der Tür: Fällt der Verunglückte nach außen, besteht Unfallversicherungsschutz, fällt er nach innen, entfällt der Unfallversicherungsschutz! Im Treppenhaus selbst besteht kein Unfallversicherungsschutz mehr.
- Im Fall wäre der Unfallversicherungsschutz nach Verlassen der Haustüre wieder aufgelebt (nur 30-Minuten-Aufenthalt)

Die Außentür eines Hauses kann also erhebliche Bedeutung haben!

Bundessozialgericht Az.: 2 RU 11/96

Wegeunfall: Wieder der verflixte direkte Weg

Der Fall: Eine Verkaufsleiterin eines Kaufhauses wollte um 12:00 Uhr ihre Arbeit aufnehmen. Sie verließ bereits um 10:45 Uhr ihre Wohnung, um einen vorher vereinbarten **Arzttermin** (11:00 Uhr) wahrzunehmen. Zunächst fuhr sie auf dem zum Arbeitsantritt üblichen Weg in Richtung Arbeitsstätte, bog dann jedoch von der üblichen Fahrtroute ab Richtung Arzt. Nach der ärztlichen Behandlung fuhr sie weiter in Richtung Kaufhaus. Noch bevor sie die übliche Route ihres Weges zur Arbeitsstätte erreicht hatte, erlitt sie gegen 12:30 Uhr einen **Verkehrsunfall** mit Verletzungen. Sie forderte Entschädigungsleistungen von der Berufsgenossenschaft. Letztere lehnte ab, die Verkaufsleiterin klagte.

Urteil: Die Berufsgenossenschaft muss nicht zahlen.

Begründung:

- Es liegt kein Arbeitsunfall vor, weil der Unfall nicht auf dem **direkten Weg** zur Arbeit, sondern auf einem **unversicherten Umweg** geschah.
- Der Weg muss mit der **Tätigkeit** in dem Unternehmen zu tun haben. Dies war hier nicht der Fall. Es handelte sich um eine dem **privaten** und persönlichen unversicherten Bereich zuzurechnende eigenwirtschaftliche Tätigkeit.
- Ein anderer Ort als die Wohnung als **Ausgangspunkt** des Weges zur Arbeit wird nur anerkannt, wenn die dortige Aufenthaltsdauer mindestens **zwei Stunden** beträgt. Im vorliegenden Fall hielt sich die Klägerin nur 1 1/4 Stunden in der Arztpraxis auf. Die Arztpraxis war damit nicht „dritter Ort" (anerkannter Ausgangsort) im Sinne der Rechtsprechung.
- Erst nach Rückkehr auf den gewohnten Weg von der Wohnung zur Arbeitsstätte wäre ein Versicherungsschutz wieder eingetreten.

BSG v. 5.5.1998, B2U 40/97R

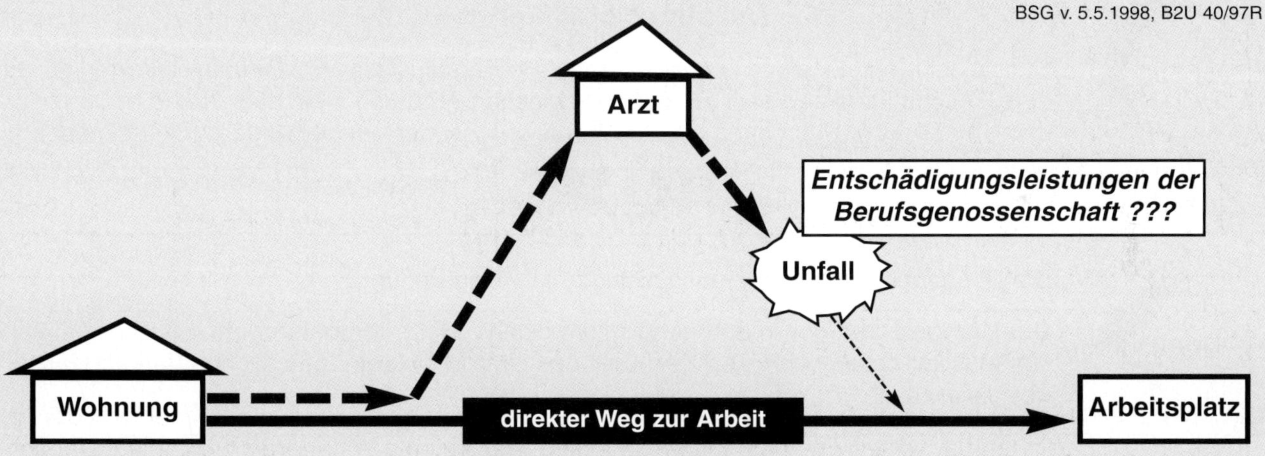

Der Schläfer

Der Fall

Ein Arbeitnehmer schlief während der üblichen Arbeitszeit ein, fiel vom Stuhl und verletzte sich dabei erheblich. Er verlangte Leistungen von der Berufsgenossenschaft, die dies ablehnte.

§

Urteil

Die Berufsgenossenschaft muss nicht zahlen. Begründung:

Ein „Arbeitsunfall" mit der Folge der Leistungspflicht der Berufsgenossenschaft liegt nur vor, wenn

- der Arbeitnehmer „infolge betrieblicher Überarbeitung vom Schlaf übermannt" wurde oder
- der Schlaf am Arbeitsplatz durch andere betriebliche Gründe verursacht wurde.

Sozialgericht Dortmund, S 36 U 294/97

Schlägerei: Faustschlag in der Mittagspause

Der Fall: Zwei Auszubildende stritten in der **Mittagspause** in der Umkleidekabine derart heftig über eine **private** Angelegenheit, dass der Kläger durch einen Faustschlag verletzt wurde. Die zuständige Berufsgenossenschaft lehnte die Anerkennung als Arbeitsunfall ab, wogegen der „Faustschlag-Empfänger" klagte.

Urteil: Es liegt **kein Arbeitsunfall** vor, die Berufsgenossenschaft muss nicht zahlen. Begründung:

- Bei einem Streit in der Mittagspause steht der Arbeitnehmer nicht unter dem gesetzlichen Unfallversicherungsschutz.
- Es fehle in dieser Zeit der innere Zusammenhang zur beruflichen Tätigkeit, somit liegt kein Arbeitsunfall vor.
- Ein „Arbeitsunfall" würde allerdings vorliegen, wenn der Streit aus Gründen entstanden ist, die mit der Arbeit zusammenhängen.

LSG Rheinl.-Pfalz, Az.: L7 U 254/95

Alkohol am Steuer –> gesetzliche Unfallversicherung streikt

Der Fall: Ein Arbeitnehmer verursachte auf dem Heimweg von der Arbeit infolge Alkoholkonsums einen Autounfall, bei dem er sich erheblich verletzte. Die gesetzliche Unfallversicherung verweigerte die Kostenübernahme. Der Arbeitnehmer klagte.

Urteil: Der Arbeitnehmer verliert bei alkoholbedingtem Unfall den Anspruch auf Leistungen der gesetzlichen Unfallversicherung. Dies gilt selbst dann, wenn der Unfallgegner den Unfall verschuldet.

Bundessozialgericht AV: 2 RU 40/96

Durstiger Musiker

Der Fall

Nach einer mehrstündigen Orchesterprobe wich ein Musiker vom direkten Heimweg ab, um eine Flasche Mineralwasser zu kaufen. Zwischen Auto und Geschäft stürzte er und zog sich erhebliche Verletzungen zu. Die Berufsgenossenschaft verweigerte die Leistungen.

§

Urteil

Die Berufsgenossenschaft muss nicht zahlen. Begründung:

Der Umweg zum Supermarkt gehört zum nichtversicherten persönlichen Lebensbereich. Der Musiker befand sich zum Zeitpunkt des Unfalls nicht im „öffentlichen Verkehrsraum des Heimwegs".

Bundessozialgericht, Az.: B 2U 31/98 R

Wegeunfall: Die Nachttankstelle

Der Fall: Ein Arbeitnehmer erfuhr in der Spätschicht, dass er unplanmäßig am nächsten Morgen in die Frühschicht eingeteilt wurde. Da sein Tank fast leer war, wollte er nach der Spätschicht eine entfernter liegende Nachttankstelle aufsuchen. Auf der Fahrt erlitt er einen schweren Unfall. Die Unfallversicherung verweigerte die Zahlung, Begründung, der Unfall sei nicht auf dem direkten Weg zwischen Arbeitsstätte und Wohnung passiert. Der Arbeitnehmer klagte.

Urteil: Die Unfallversicherung muss zahlen.

Begründung: Tanken ist versicherungsrechtlich geschützt, wenn es betrieblich veranlasst ist. Dies war hier eindeutig der Fall.

Bundessozialgericht v. 24.1.1995

Wegeunfall: Die Radkappe

Der Fall: Arbeitnehmer unterbrach seinen Weg von der Arbeit nach Hause: Weil seine Radkappe vom Auto gesprungen war, musste er wenden, um diese von der Straße zu nehmen. Auf diesem „Abweg" (entgegengesetzte Richtung) passierte der Unfall. Die gesetzliche Unfallversicherung verweigerte die Zahlung, der Arbeitnehmer klagte.

Urteil: Gesetzliche Unfallversicherung muss zahlen.

Hess. Landessozialgericht L 8 Kn 781/92

Wegeunfall: Brötchenkauf am Kiosk

Der Fall: Auf dem Weg zur Arbeit kaufte sich ein Arbeitnehmer an einem Kiosk Brötchen und eine Zeitung. Auf dem Weg zu seinem Auto wurde er angefahren und verletzt. Die Unfallversicherung zahlte nicht, der Mann klagte bis zum Bundessozialgericht.

Urteil: Weil der Mann die zu seinem Arbeitsplatz führende Straße bereits wieder erreicht habe, muss die Unfallversicherung zahlen. Wäre der Unfall somit nicht an dieser Straße passiert, hätte die Unfallversicherung nicht gezahlt, denn private Erledigungen stehen nicht unter dem gesetzlichen Unfallversicherungsschutz.

Bundessozialgericht 2 RU 16/95

Skiunfall = Arbeitsunfall?

Der Fall: Ein Vorstandsassistent einer Versicherung erhielt den Auftrag, die Wintertagung einer Vermögensberatungsfirma „aktiv zu begleiten" und bei den Mitarbeitern für sein Unternehmen zu werben. Im Anschluss an einen Aufenthalt mit führenden Mitarbeitern der Firma auf einer Berghütte erfolgte die Ski-Abfahrt ins Tal: Der Vorstandsassistent stürzte und verletzte sich. Die gesetzliche Unfallversicherung verweigerte die Leistungen.

Urteil: Schwere Stürze bei geschäftlich bedingten Skifahrten sind Arbeitsunfälle, sofern zwischen der Abfahrt und dem geschäftlichen Auftrag der Reise ein „innerer Zusammenhang" besteht. Die Berufsgenossenschaft verlor den Prozess.

Bundessozialgericht Kassel (AZ 2 RU 36/96)

„Du Duckmäuser!"

Der Fall: Ein Polizist (Arbeitnehmer) beschimpfte einen Kollegen mehrfach vor anderen mit „Duckmäuser". Der Beleidigte schlug ihn daraufhin krankenhausreif. Der Verprügelte wollte Leistungen aus der gesetzlichen Unfallversicherung beanspruchen. Der Unfallversicherungsträger lehnte ab, wogegen er klagte.

Urteil: Es liegt kein Arbeitsunfall vor. Somit keine Zahlungen aus der gesetzlichen Unfallversicherung.

Hess. Verwaltungsgerichtshof,8 UE 3286/94

Die Rentenversicherung

Das Rentenproblem

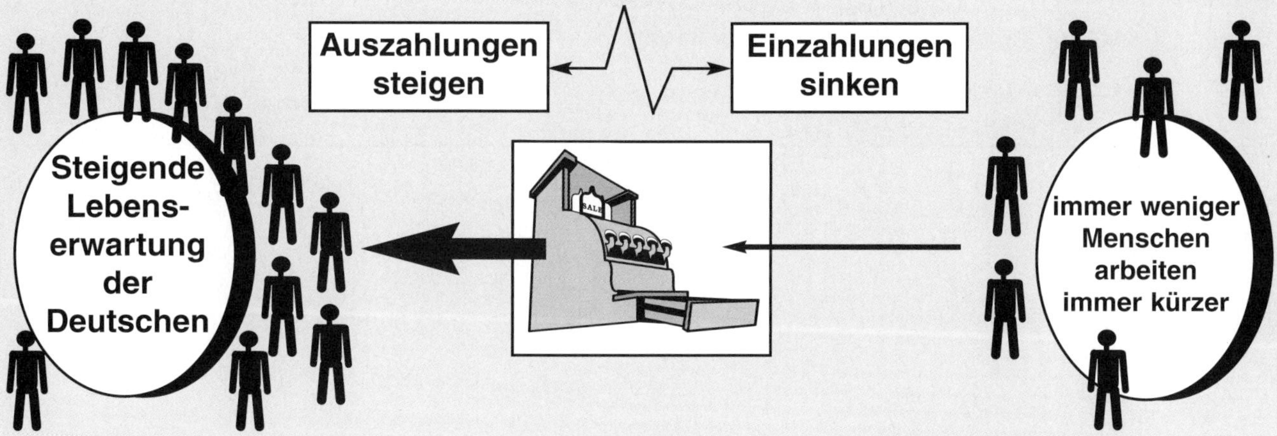

Die Arbeitslosenversicherung

Teurer Skiurlaub

Der Fall: Eine ältere Arbeitslose aus Bayern verunglückte bei einem Skiurlaub in Italien und war sechs Wochen krank. Das Arbeitsamt erfuhr durch die Krankenkasse, dass sich die arbeitslos gemeldete Frau unangemeldet von der näheren Umgebung ihres Wohnorts entfernt hatte.

Folge: Das Arbeitsamt strich ihr aus diesem Grunde von Beginn des Urlaubs an das Arbeitslosengeld. Die Frau erhielt somit lediglich von der Krankenkasse für die Zeit ab dem Unfall Krankengeld, in der Zeit zwischen Urlaubsbeginn und Unfall erfolgten keine Zahlungen.

Die Reaktion: Die Frau klagte bis vor dem Bundessozialgericht in Kassel. Begründung: Sie sei sowieso nicht mehr zu vermitteln.

Das Urteil des Bundessozialgerichts in Kassel (AZ.: 7 RAr 14/95):

Auch über 58-jährige Arbeitslose, die nicht mehr jede zumutbare Stelle annehmen müssen, müssen sich vor Antritt einer Reise beim Arbeitsamt abmelden. Die Arbeitsämter müssen die Arbeitslosen jedoch auf die bestehende Anzeigepflicht hinweisen.

Generell gilt: Arbeitslose müssen täglich für das Arbeitsamt erreichbar sein. Das Arbeitsamt muss sie jeden Tag durch die normale Briefpost erreichen können und sie müssen anschließend sofort das Amt aufsuchen können. Im anderen Falle könnten sie keine Geldleistungen verlangen, weil sie der Vermittlung des Arbeitsamtes nicht ausreichend zur Verfügung stünden.

Arbeitslos: Pflichtversäumnis mit Folgen

Der Fall: Ein 34-jähriger Arbeitsloser war an einzelnen Tagen zur üblichen Zeit der Briefzustellung nicht zu Hause und somit für das Arbeitsgericht nicht erreichbar. Folge: Das Arbeitsamt strich für diese Zeiten das Arbeitslosengeld, wogegen er klagte.

Urteil: Die Streichung des Arbeitslosengeldes ist korrekt. Ein Arbeitsloser muss zur üblichen Zeit der Briefzustellung zu Hause sein. Es genügt auch nicht, dass ein Familienangehöriger bzw. (wie im vorliegenden Fall) die Verlobte des Arbeitslosen zu Hause war.

Landessozialgericht Rheinl.-Pfalz v. 26.11.96 - Az: L 1 Ar 212/95

Betrug mit Arbeitslosengeld: Haftstrafe für Sängerin

Der Fall: Eine 40-jährige Frau aus Kroatien bezog insgesamt 22.000,00 € Arbeitslosengeld und Arbeitslosenhilfe, obwohl sie als Sängerin in einer Showband monatlich 750,00 € verdiente. Auf einem Fragebogen verneinte sie eine Nebenbeschäftigung. Bei einer Kontrolle kam ihr die Behörde auf die Spur und klagte.

Urteil:
- **Haftstrafe**: sechs Monate auf Bewährung
- Rückzahlung der Gesamtsumme

Amtsgericht Rüsselsheim (AZ: 2 Df 14 Jf 39.468 7/96)

9 GEHALTSABRECHNUNGEN 2003

Solidaritätszuschlag

- **5,5 % der Lohn- bzw. Einkommensteuer** • **S. u. „Annahmen“**

Kirchensteuer

- Bad.-Württ., Bayern, jeweils **8 %** der Lohn bzw. Einkommensteuer
- restliche Länder jeweils **9 %**. • **S. u. „Annahmen“**

Rentenversicherung

- **Beitragssatz** 2003: voraussichtl. **19,5 %** (Arbeitnehmeranteil 9,75 %)
- **Beitragsbemessungsgrenze** 2003: **5.100,00 €** (West) bzw. **4.275,00 €** (Ost)

Arbeitslosenversicherung

- **Beitragssatz** 2003: unverändert **6,5 %** (A.n.-Anteil 3,25 %)
- **Beitragsbemessungsgrenzen** wie bei Rentenversicherung

Krankenversicherung

- **Beitragssätze** je nach Kasse zwischen **13,5 und 14,5 %** des sozialversicherungspflichtigen Gehaltes. Arbeitnehmeranteil somit zwischen 6,75 und 7,25 %.
- **Beitragsbemessungsgrenze** 2003: **3.825,00 € (West + Ost)**

Pflegeversicherung

- **Beitragssatz** 2003: **1,7 %** des steuerpflichtigen Gehalts
- **Beitragsbemessungsgrenzen** wie bei der Krankenversicherung

Übungen zur Gehaltsabrechnung (2003) für Ost- u. Westdeutschland in €:

Annahmen: (!)

- Krankenversicherungssatz jeweils 14 %
- Die Lohnsteuerbeträge wurden unterstellt; sie sind letztlich von der Lohnsteuerklasse abhängig.
- vermögenswirksames Sparen jeweils 40,00 €
- Vermögenswirksame Leistung des Arbeitgebers jeweils 20,00 €
- Aus Vereinfachungsgründen wurde vernachlässigt, dass der **Solidaritätszuschlag** erst ab einer bestimmten Einkunftshöhe berechnet wird und der 5,5-%-Zuschlag erst ab höheren Einkünften voll zum Tragen kommt. Ähnliches gilt bei der **Kirchensteuer**. Anhand der Kopiervorlagen könnte unter Anwendung der Lohnsteuertabellen und Angabe von Steuerklassen mit ganz exakten Zahlen gerechnet werden.

	Fall 1	**Fall 2**	**Fall 3**	**Fall 4**
Bruttogehalt:	2.500,00 €	3.000,00 €	4.275,00 €	6.000,00 €
Lohnsteuer: z.B.	250,00 €	400,00 €	600,00 €	1.000,00 €
Kirchensteuersatz:	8 % (Ost 9 %)	8 % (Ost 9 %)	8 % (Ost 9 %)	8 % (Ost 9 %)
Vorschussverrechnung:	–	–	500,00 €	–

Aufgabe: Erstellen Sie die Gehaltsabrechnungen jeweils für die alten und neuen Bundesländer.

Abkürzungen:

vL-AG	= vermögenswirksame Leistung des Arbeitgebers
Soli	= Solidaritätszuschlag
KiSt	= Kirchensteuer
vS	= vermögenswirksames Sparen
st+sv Gehalt	= steuer- und sozialversicherungspflichtiges Gehalt
RV	= Rentenversicherung
KV	= Krankenversicherung
PV	= Pflegeversicherung
AV	= Arbeitslosenversicherung

Lösung Fall 1

		West (€)		Ost (€)
Bruttogehalt		**2.500,00**		**2.500,00**
+ vL-AG		20,00		20,00
= st+sv Gehalt		2.520,00		2.520,00
– Lohnsteuer		250,00		250,00
– Soli	(5,5 % v. 250)	13,75		13,75
– KiSt	(8,0 % v. 250)	20,00	(9 % v. 250)	22,50
– KV	(7 % v. 2.520)	176,40		176,40
– RV	(9,75 % v. 2.520)	245,70		245,70
– AV	(3,25 % v. 2.520)	81,90		81,90
– PV	(0,85 % v. 2.520)	21,42		21,42
= Nettogehalt		1.710,83		1.708,33
– vS		40,00		40,00
= Überweisungsbetrag		**1.670,83**		**1.668,33**

Lösung Fall 2

		West (€)		Ost (€)
Bruttogehalt		**3.000,00**		**3.000,00**
+ vl-AG		20,00		20,00
= st+sv Gehalt		3.020,00		3.020,00
– Lohnsteuer		400,00		400,00
– Soli	(5,5 % v. 400)	22,00		22,00
– KiSt	(8,0 % v. 400)	32,00	(9 % v. 400)	36,00
– KV	(7 % v. 3.020)	211,40		211,40
– RV	(9,75 % v. 3.020)	294,45		294,45
– AV	(3,25 % v. 3.020)	98,15		98,15
– PV	(0,85 % v. 3.020)	25,67		25,67
= Nettogehalt		1.936,33		1.932,33
– vS		40,00		40,00
= Überweisungsbetrag		**1.896,33**		**1.892,33**

Kopiervorlage | Gehaltsabrechnungen

Abkürzungen:
vL-AG = vermögenswirksame Leistung des Arbeitgebers
Soli = Solidaritätszuschlag
KiSt = Kirchensteuer
vS = vermögenswirksames Sparen
st+sv Gehalt = steuer- und sozialversicherungspflichtiges Gehalt
RV = Rentenversicherung
KV = Krankenversicherung
PV = Pflegeversicherung
AV = Arbeitslosenversicherung

Lösung Fall 1	West (€)	Ost (€)
Bruttogehalt	....	....
vL-AG	....	....
= st+sv Gehalt	....	....
– Lohnsteuer	....	....
– Soli	....	....
– KiSt	....	....
– KV	....	....
– RV	....	....
– AV	....	....
– PV	....	....
= Nettogehalt	....	....
– vS	....	....
= Überweisungsbetrag	....	....

Lösung Fall 2	West (€)	Ost (€)
Bruttogehalt	....	....
+ vl-AG	....	....
= st+sv Gehalt	....	....
– Lohnsteuer	....	....
– Soli	....	....
– KiSt	....	....
– KV	....	....
– RV	....	....
– AV	....	....
– PV	....	....
= Nettogehalt	....	....
– vS	....	....
= Überweisungsbetrag	....	....

Lösung Fall 3

		West (€)		Ost (€)
Bruttogehalt		**4.275,00**		**4.275,00**
+ vL-AG		20,00		20,00
= st+sv Gehalt		4.295,00		4.295,00
– Lohnsteuer		600,00		600,00
– Soli	(5,5 % v. 600)	33,00		33,00
– KiSt	(8,0 % v. 600)	48,00	(9 % v. 600)	54,00
– KV	(7 % v. 3.825)	267,75		267,75
– RV	(9,75 % v. 4.295)	418,76	(9,75 % v. 4.275)	416,81
– AV	(3,25 % v. 4.295)	139,59	(3,25 % v. 4.275)	138,94
– PV	(0,85 % v. 3.825)	32,51		32,51
= Nettogehalt		**2.755,39**		**2.751,99**
– vS		40,00		40,00
– Vorschuss		500,00		500,00
= Überweisungsbetrag		**2.215,39**		**2.211,99**

Lösung Fall 4

		West (€)		Ost (€)
Bruttogehalt		**6.000,00**		**6.000,00**
+ vL-AG		20,00		20,00
= st+sv Gehalt		6.020,00		6.020,00
– Lohnsteuer		1.000,00		1.000,00
– Soli	(5,5 % v. 1.000)	55,00		55,00
– KiSt	(8,0 % v. 1.000)	80,00	(9 % v. 1000)	90,00
– KV	(7 % v. 3.825)	267,75		267,75
– RV	(9,75 % v. 5.100)	497,25	(9,75 % v. 4.275)	416,81
– AV	(3,25 % v. 5.100)	165,75	(3,25 % v. 4.275)	138,94
– PV	(0,85 % v. 3.825)	32,51		32,51
= Nettogehalt		**3.921,74**		**4.018,99**
– vS		40,00		40,00
= Überweisungsbetrag		**3.881,74**		**3.978,99**

Lösung Fall 3	West (€)	Ost (€)
Bruttogehalt	.....	.....
vL-AG	.....	.....
= st+sv Gehalt	.....	.....
– Lohnsteuer	.....	.....
– Soli	.....	.....
– KiSt	.....	.....
– KV	.....	.....
– RV	.....	.....
– AV	.....	.....
– PV	.....	.....
= Nettogehalt	.....	.....
– vS	.....	.....
– Vorschuss	.....	.....
= Überweisungsbetrag	.....	.....

Lösung Fall 4	West (€)	Ost (€)
Bruttogehalt	.....	.....
+ vl-AG	.....	.....
= st+sv Gehalt	.....	.....
– Lohnsteuer	.....	.....
– Soli	.....	.....
– KiSt	.....	.....
– KV	.....	.....
– RV	.....	.....
– AV	.....	.....
– PV	.....	.....
= Nettogehalt	.....	.....
– vS	.....	.....
= Überweisungsbetrag	.....	.....

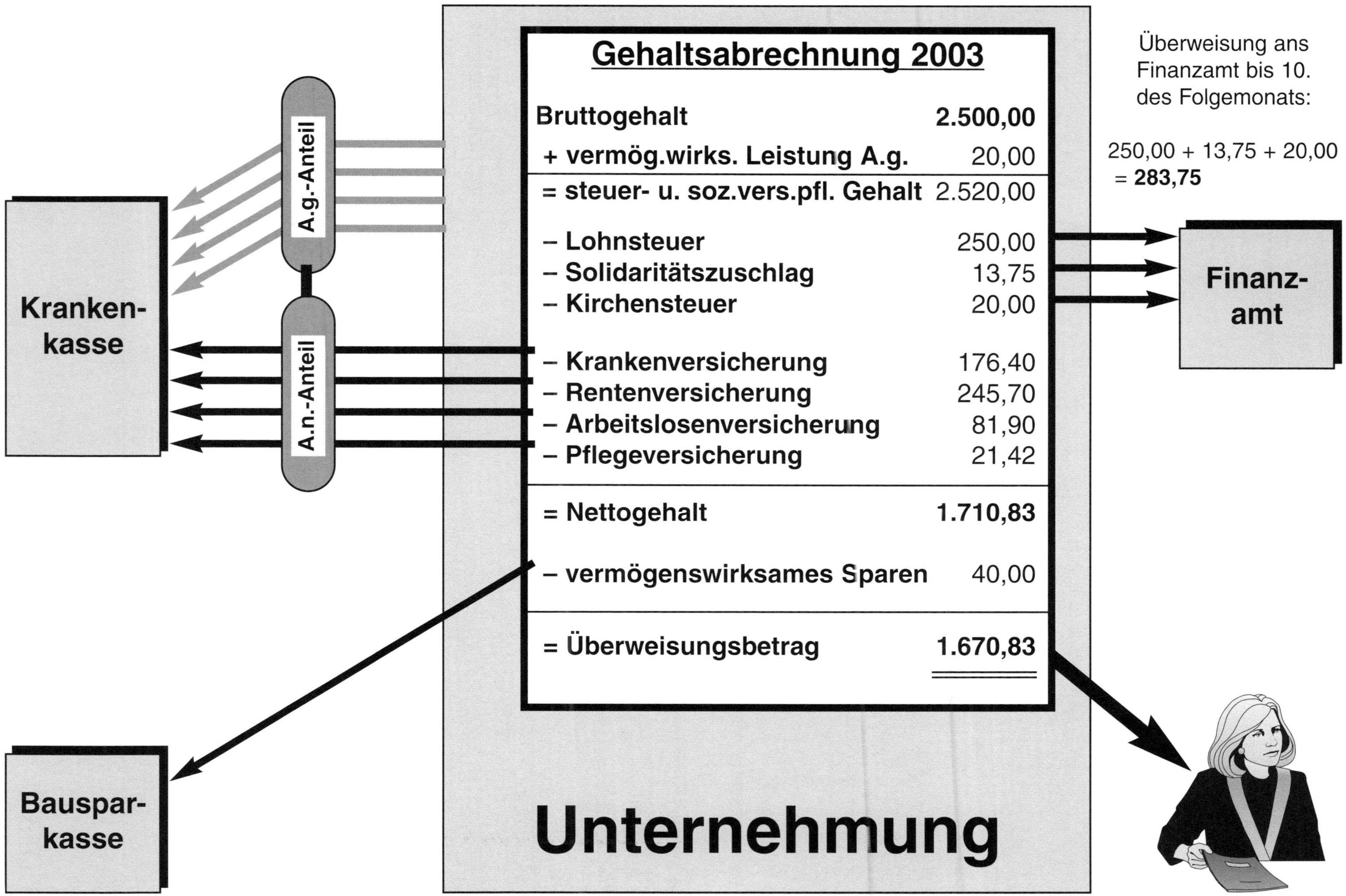
Gehaltsabrechnung 2003
Bruttogehalt 2.500,00
+ vermög.wirks. Leistung A.g. 20,00
= steuer- u. soz.vers.pfl. Gehalt 2.520,00
– Lohnsteuer 250,00
– Solidaritätszuschlag 13,75
– Kirchensteuer 20,00
– Krankenversicherung 176,40
– Rentenversicherung 245,70
– Arbeitslosenversicherung 81,90
– Pflegeversicherung 21,42
= Nettogehalt 1.710,83
– vermögenswirksames Sparen 40,00
= Überweisungsbetrag 1.670,83
Unternehmung
Kranken-kasse
A.g.-Anteil
A.n.-Anteil
Bauspar-kasse
Finanz-amt
Überweisung ans Finanzamt bis 10. des Folgemonats:
250,00 + 13,75 + 20,00
= 283,75

Kopiervorlage

Menschliche Arbeit im Betrieb: Gehaltsabrechnung

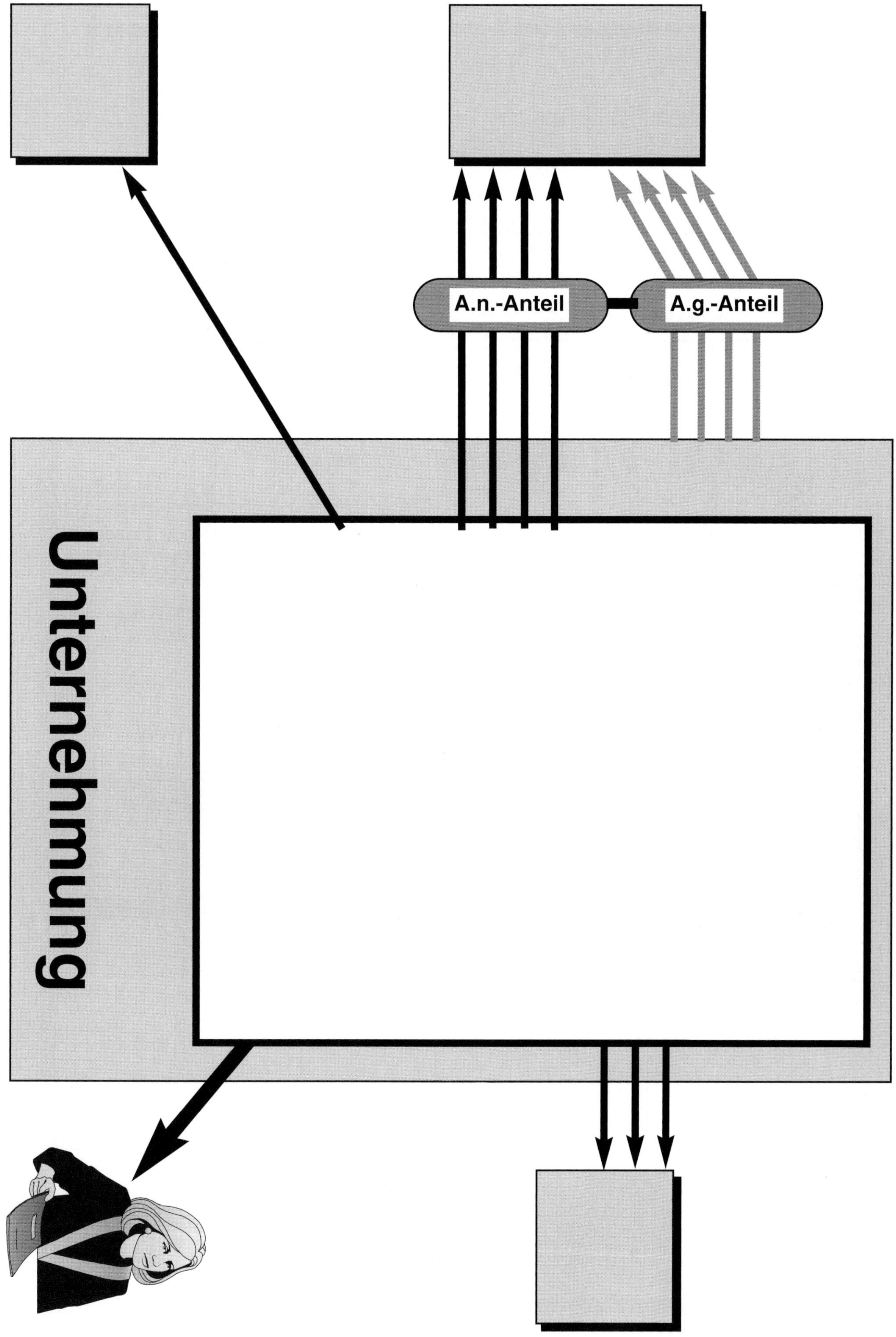

Die Buchung der Gehaltsabrechnung (obiger Fall)

• **Buchung zum obigen Fall (West):** - ohne Kontonummern -

Gehälter

2.520,00	

Sonst. Verbindlichkeiten gegenüber Finanzbehörden

	283,75

Bank

	1.670,83

Sonst. Verbindlichkeiten gegenüber Sozialversicher.

	525,42
	525,42

A.g.-Anteil zur Sozialversicherung

525,42	

Verbindlichkeiten aus vermögenswirks. Leistungen

	40,00

Buchungssatz:

Gehälter	2.520,00	an	Sonst. Verb. geg. Finanzbeh.	283,75
		an	Sonst. Verb. geg. Soz.vers.	525,42
		an	Verbindl. aus vermög. Leist.	40,00
		an	Bank	1.670,83
A.g.-Ant.SV	525,42	an	Sonst. Verb. geg. Soz.vers.	525,42

10 LOHNFORMEN

Zeit- oder Leistungslohn

Handlungsorientiertes Unterrichtsbeispiel von Dieter Krebs

Arbeitsblatt: Arbeitsanweisungen zum Rollenspiel

Gruppe 1: Mitglied der Geschäftsleitung

Versetzen Sie sich in die Lage der Geschäftsleitung. Erarbeiten Sie Argumente, die für die Umstellung auf Zeitlohn sprechen und halten Sie diese **stichwortartig** auf einem Notizblatt fest. Überlegen Sie auch, was Ihnen die Mitglieder des Betriebsrates sagen werden und denken Sie über Antworten auf deren Argumente nach. Formulieren Sie ein **Eingangsstatement** für die Eröffnung der Diskussion, in dem Sie Ihre Position kurz darlegen.

Bestimmen Sie ein Gruppenmitglied, das die Rolle der Geschäftsleitung spielen soll.
Sie haben 15 Minuten Vorbereitungszeit.

Gruppe 2: Mitglied des Betriebsrates

Versetzen Sie sich in die Lage eines Mitglieds des Betriebsrates. Sie sollen die Interessen der betroffenen Arbeitnehmer vertreten. Erarbeiten Sie Argumente, die für die Beibehaltung der Akkordentlohnung sprechen und halten Sie diese **stichwortartig** auf einem Notizblatt fest. Überlegen Sie auch, was Ihnen die Mitglieder der Geschäftsleitung sagen werden und denken Sie über Antworten auf deren Argumente nach. Formulieren Sie ein **Eingangsstatement** für die Eröffnung der Diskussion, in dem Sie Ihre Position kurz darlegen.

Bestimmen Sie ein Gruppenmitglied, das die Rolle des Betriebsrates spielen soll.
Sie haben 15 Minuten Vorbereitungszeit.

Gruppe 3: neutraler Schlichter

Versetzen Sie sich in die Rolle eines neutralen Schlichters. Sie leiten die Diskussion. Fordern Sie die streitenden Parteien auf, ihr Eingangsstatement vorzutragen. Sie erteilen das Wort und sorgen für eine sachliche und faire Diskussion. Damit Sie die Diskussion leiten können, machen Sie sich bitte mit den unterschiedlichen Standpunkten der streitenden Parteien vertraut. Versuchen Sie einen Interessenausgleich herbeizuführen. Sollte kein Interessenausgleich möglich sein, ist es Ihre Aufgabe, einen Schiedsspruch zu fällen. Überlegen Sie sich jetzt schon **Argumente**, wie Sie zwischen den streitenden Parteien schlichten könnten.

Bestimmen Sie ein Gruppenmitglied, das die Rolle des neutralen Schlichters spielen soll.
Sie haben 15 Minuten Vorbereitungszeit.

Beobachtungsaufträge zur Diskussion

Sie haben als Beobachter die Aufgabe, die Diskussion aufmerksam zu verfolgen. **Notieren** Sie bitte auf einem Blatt alle Argumente, die die streitenden Parteien vortragen. Sie sollen nach Ablauf der Diskussion die ausgetauschten Argumente noch einmal zusammenfassen und die Qualität der vorgetragenen Argumente **beurteilen**.

Zeit- oder Leistungslohn

Arbeitsanweisung

Sie übernehmen nun die Rolle eines neutralen Beobachters. Ihre Aufgabe ist es, die Diskussion aufmerksam zu befolgen. **Notieren** Sie bitte auf diesem Blatt alle Argumente, die von den streitenden Parteien vorgetragen werden. Sie sollen nach Ablauf der Diskussion die ausgetauschten Argumente noch einmal zusammenfassen und die Qualität der vorgetragenen Argumente **beurteilen**.

Argumente des Betriebsrates	Argumente der Geschäftsleitung

Kompromiss bzw. Schlichterspruch

Verlaufsplanung der Unterrichtseinheit „Zeit- oder Leistungslohn"

Unterrichtsphasen	Didaktisch-methodische Hinweise	
Motivation		
Schüler werden mit einer Zeitungsanzeige der Mitarbeiter der Fa. Schaeff GmbH & Co. KG konfrontiert.	Unterrichtsgespräch Einführung in die Konfliktsituation	Folie
Frage: „Weshalb wurde diese Anzeige von den Mitarbeitern der Fa. Schaeff veröffentlicht?"	Themenangabe: Zeit- oder Leistungslohn?	
Schüler erarbeiten anhand der Hintergrundinformation die Gründe für die Auseinandersetzung um das Lohnsystem in der Fa. Schaeff.	Einzelarbeit	Infoblatt 1 Infoblatt 2
Diskussion im Klassenverband über die Hintergründe der Auseinandersetzung um das Lohnsystem	Diskussion Strukturierung der Konfliktsituation	
Vorbereitung des Rollenspiels		
Schüler bilden 7 Gruppen zu je 3 bis 4 Personen je nach Klassenstärke. 3 Gruppen übernehmen jeweils die Rolle des Betriebsrates bzw. die Rolle der Geschäftsleitung. 1 Gruppe übernimmt die Rolle des neutralen Schlichters	Gruppenbildung Wahl des Gruppensprechers	
Schüler erarbeiten in der Gruppe Argumente und halten ihre Arbeitsergebnisse stichwortartig auf einem Notizzettel fest und formulieren ein Eingangsstatement.	Gruppenarbeit Arbeitsanweisungen	Arbeitsblatt
Durchführung des Rollenspiels		
Lehrer ruft die Gruppensprecher nach vorne und fordert diese auf, entsprechend der Sitzordnung Platz zu nehmen.	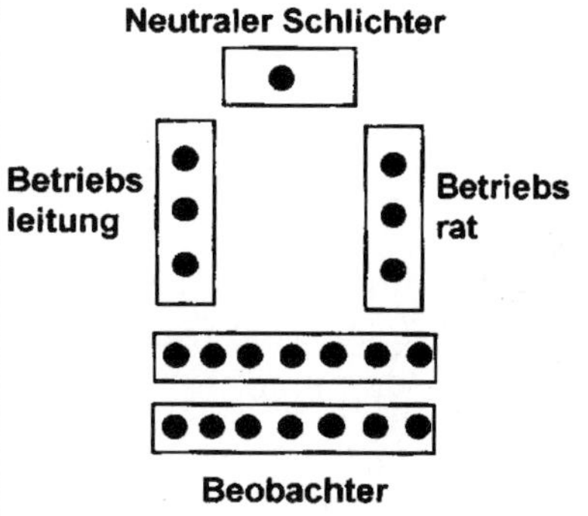	Sitzordnung aufbauen Platzkarten verteilen
Lehrer weist die übrigen Schüler noch einmal auf ihre Rolle als Beobachter hin und bittet sie, die Diskussion sorgfältig mit zu protokollieren. Fixierung der Ergebnisse im Tafelbild.		
Der neutrale Schlichter fordert die streitenden Parteien auf, ihr Eingangsstatement vorzutragen und leitet die Diskussion und fällt gegebenenfalls einen Schiedsspruch.	Diskussion	Protokollblatt
Auswertung des Rollenspiels		
Die Beobachter werden aufgefordert, die ausgetauschten Argumente zusammenzufassen und die Qualität der Argumente und das Ergebnis der Diskussion zu beurteilen.	Diskussion	Tafelbild Protokollblatt
Zusammenfassung der Argumente aufgrund der Diskussion und der Protokollblätter.	Ergebnissicherung	

Ablaufschema zum Rollenspiel

Nr.	Phase	Ablauf
①	**Motivationsphase** **- Folie** **- Infoblatt 1 und 2** Konfrontation mit dem Problem Schüler lesen Hintergrundinformationen	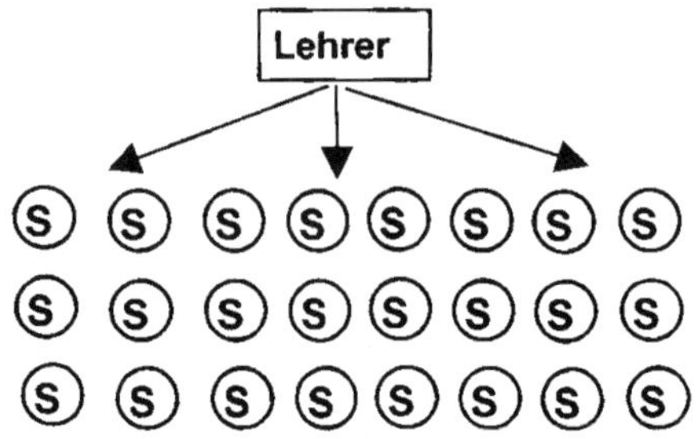
②	**Gruppenarbeitsphase** **- Arbeitsblatt** **- Notizzettel** Schüler erarbeiten in der Gruppe ihre Argumente und halten ihre Arbeitsergebnisse stichwortartig fest.	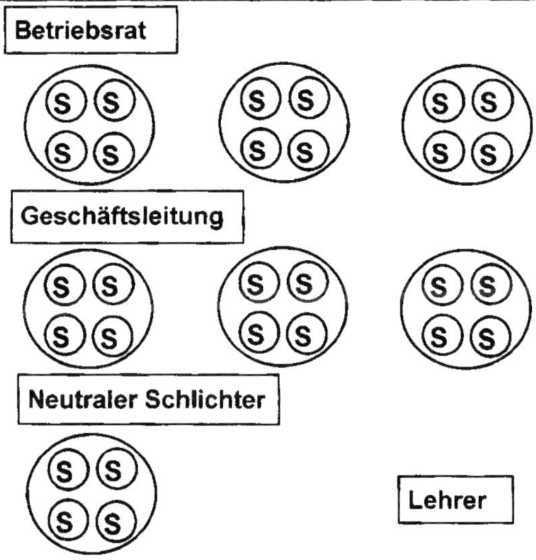
③	**Spielphase** **- Protokollblatt** **- Platzkarten** Gruppensprecher führen die Diskussion, die Beobachter verfolgen die Diskussion und notieren die Argumente.	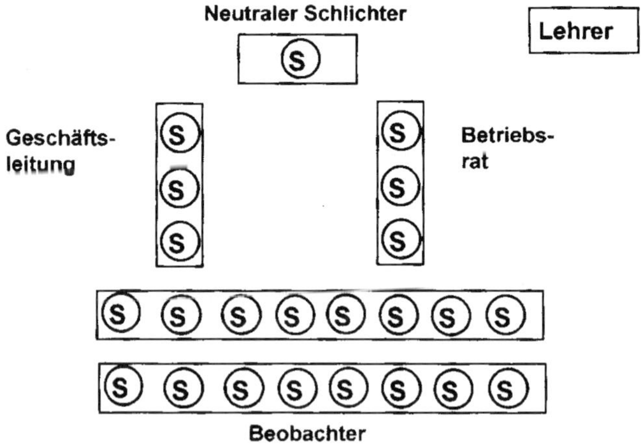
④	**Reflexionsphase** **- Protokollblätter** **- Tafelbild** **- Heft** Diskussion im Plenum über die Argumente und das Spielgeschehen und Fixierung der Ergebnisse.	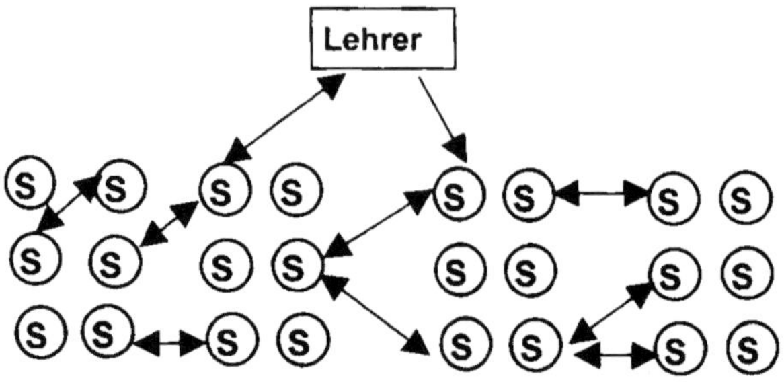

Leistungs- oder Zeitlohn

Betriebsrat möchte Leistungslohn weil ...

... sonst weniger verdient wird

... mehr Leistung auch besser bezahlt werden soll

... ein Leistungsanreiz die Motivation der Mitarbeiter fördert

... die Mitarbeiter nach Leistung entlohnt werden sollen

Geschäftsleitung möchte Zeitlohn weil ...

... produzierte Stückzahlen zu gering

... die Voraussetzungen für den Leistungslohn nicht mehr erfüllt sind

... die Lohnabrechnung bei Zeitlohn einfacher ist

... die Fehlerquote und die Fehlzeiten wesentlich geringer sind

Konflikt

möglicher Lösungsansatz

Prämienlohn

Grundlohn (Fixum) + leistungsorientierte Prämie

Leistungs- oder Zeitlohn

Betriebsrat möchte Leistungslohn weil ...

....

....

....

....

....

....

....

....

Geschäftsleitung möchte Zeitlohn weil ...

....

....

....

....

....

....

....

....

möglicher Lösungsansatz

An die Geschäftsführer der Firma Schaeff

Zeitlohn - das ist der Hohn! Wir wollen weiterhin Leistungslohn!

Im Auftrag der Leistungslöhner der Schaeff GmbH + Co., Crailsheim

Verantwortlich im Sinne des Presserechts: Heinz Mayer, Tulpenstraße 64, 74585 Rot am See

Quelle: Hohenloher Tagblatt, 28. März 2000

Quelle: Hohenloher Tagblatt, 6. April 2000

SCHAEFF / Zeitlohn bleibt umstritten

Wilder Streik vor Firmenzentrale

Geschäftsleitung und Betriebsrat wollen morgen über das Lohnsystem verhandeln

In einem wilden Streik ist die Auseinandersetzung um das neue Lohnsystem bei der Firma Schaeff gestern eskaliert.

VON ERWIN ZOLL

Unmut über das neue Lohnsystem bei Schaeff wurde gestern in Langenburg deutlich FOTO: Hahn

LANGENBURG ■ Zwischen 8 Uhr und 8.30 Uhr fanden sich nach Angaben der IG Metall rund 120, nach Firmenangaben rund 80 Beschäftigte aus den Werken Langenburg, Crailsheim, Gerabronn und Rothenburg vor der Firmenzentrale in Langenburg ein, um gegen die Abschaffung des Leistungslohns zu protestieren.

Hintergrund der Auseinandersetzung ist der Spruch einer Einigungsstelle, die im Juni 1999 gegen die Stimmen der Arbeitnehmervertreter für den Zeitlohn an Stelle des Leistungslohns entschieden hatte. Wie berichtet, war der Betriebsrat beim Arbeitsgericht Crailsheim zwar mit Erfolg gegen den Spruch vorgegangen, doch hat das Unternehmen wiederum gegen den Beschluss des Arbeitsgerichts Berufung beim Landesarbeitsgericht Stuttgart eingelegt.

Seit dem Juli 1999 erhalten rund 170 Beschäftigte statt des nach Stückzahlen errechneten Akkordlohns einen Zeitlohn, der nach der Arbeitszeit berechnet wird. Die Folgen sind nach Betriebsratsangaben Lohneinbußen von 300 bis 400 Mark bei Durchschnittverdienern und von knapp 1000 Mark bei Spitzenverdienern.

Betriebsrat und Geschäftsleitung werfen sich in der Frage des Lohnsystems gegenseitig mangelnde Verhandlungsbereitschaft vor.

Gegen 10 Uhr beendeten die Arbeiter ihre Protestaktion in Langenburg, nachdem die Geschäftsleitung und der Betriebsrat vereinbart hatten, morgen über das Lohnsystem zu verhandeln.

Sowohl die IG Metall als auch der Betriebsrat betonten gestern auf HT-Anfrage, nicht zu der Streikaktion aufgerufen zu haben. Betriebsratsvorsitzender Tomo Rupcic sieht vielmehr die jüngste Lohnabrechnung als Auslöser der Aktion.

Schaeff-Justitiar Andreas Wild wirft dem Betriebsrat dagegen vor, mit einem Aushang indirekt zu der Aktion aufgerufen zu haben. Ob diese auch arbeitsrechtliche Folgen für die beteiligten Mitarbeiter haben werde, sei noch nicht entschieden, meinte Wild auf HT-Anfrage.

Möglicherweise gibt es einen Zusammenhang zwischen der Aktion und einer Äußerung des Schaeff-Holding-Geschäftsführers Karl Schaeff, der bestritten haben soll, dass die Beschäftigten in der Frage des Lohnsystems hinter dem Betriebsrat stehen. Der wiederum soll darauf hin geplant haben, einen für den vergangenen Mittwoch geplanten Warnstreik zum Protest gegen den Zeitlohn zu nutzen. Nach der überraschenden Einigung im Tarifkonflikt der Metallindustrie waren jedoch alle Warnstreiks abgesagt worden.

SCHAEFF / Lohnsystem bleibt umstritten

Erfolg für Betriebsrat vor dem Arbeitsgericht

Spruch der Einigungsstelle aufgehoben

Der Streit um das Lohnsystem beim Langenburger Maschinenbauer Schaeff geht in eine neue Runde. Das Arbeitsgericht Crailsheim hat auf Antrag des Betriebsrats einen Einigungsstellen-Spruch aufgehoben. Möglicherweise entscheidet als nächste Instanz das Landesarbeitsgericht in Stuttgart.

VON ERWIN ZOLL

LANGENBURG ■ „Entlohnungs-Grundsatz-Wechsel" ist das Stichwort, das rund 170 der 820 Schaeff-Beschäftigten an den Standorten Langenburg, Gerabronn, Crailsheim und Rothenburg schon seit längerer Zeit auf die Palme bringt. Bis zum 1. Juli 1999 wurden sie als Akkordarbeiter bezahlt, seitdem erhalten sie den so genannten Zeitlohn, der sich nicht nach Stückzahlen, sondern nach der Arbeitszeit bemisst. Lohneinbußen von 14 bis 44 Prozent, also von monatlich knapp 1 000 Mark bei Spitzenverdienern und 300 bis 400 Mark bei Durchschnittsverdienern, sind nach Angaben des Betriebsrats die Folgen dieser Umstellung.

Die Geschäftsleitung hatte damit argumiert, die Voraussetzungen für die Akkordarbeit seien nicht mehr gegeben, weil in kleineren Stückzahlen und mit mehr Varianten produziert werde; zudem sei die Abrechung sehr aufwendig.

Auslöser für die Umstellung des Lohnsystems war der Spruch einer Einigungsstelle, die auf Antrag der Unternehmensleitung eingesetzt worden war. Am 11. Juni 1999 hatte das paritätisch mit Arbeitgeber- und Arbeitnehmervertretern, sowie einem neutralen Vorsitzenden besetzte Gremium für den Zeitlohn votiert - mit den Stimmen der Arbeitgebervertreter und des Vorsitzenden und gegen die Stimmen der Arbeitnehmer.

Schon ab dem folgenden Monat setzte die Schaeff-Gruppe den Spruch in die Praxis um, während sich der Betriebsrat für den Gang zum Arbeitsgericht entschied - mit Erfolg: Am vergangenen Donnerstag hat das Gericht dem Betriebsrat auf der ganzen Linie Recht gegeben. Der Spruch der Einigungsstelle sei unwirksam - unter anderem weil er im Hinblick auf den Umfang der Lohnabsenkungen und seine fast fünfjährige Laufzeit „keinen billigen und gerechten Ausgleich der Interessen" von Arbeitnehmern und Arbeitgeber darstelle. Daneben bemängelt das Gericht auch, dass die Einigungsstelle nicht ausreichend geprüft haben, welche Arbeitsplätze überhaupt akkordfähig seien.

"Die Freude ist bei uns groß", kommentierte der Betriebsratsvorsitzende Tomo Rupcic gestern vor der Presse die Entscheidung des Arbeitsgerichts, „wir hatten den Spruch der Einigungsstelle als äußerst ungerecht empfunden".

Demgegenüber verweist das Unternehmen auf einen Versuch, die Auseinandersetzung auch während des vergangenen Beschlussverfahrens vor dem Arbeitsgericht mit Hilfe eines neutralen Schlichters beizulegen. „Unser Interesse ist, möglichst bald eine betriebliche Lösung zu finden", erklärte Schaeff-Justitiar Andreas Wild gestern. Er und Personalchef Joachim Wanielik erklärten die Bereitschaft des Unternehmens zu weiteren Gesprächen, schlossen aber gleichzeitig nicht aus, das Landesarbeitsgericht anzurufen.

Zeitlohn oder Akkordlohn? Das ist die Frage beim Maschinenbauer Schaeff - hier ein Blick in eine Montagehalle, in der Minibagger hergestellt werden.

FOTO: Schaeff/thak

Quelle: Hohenloher Tagblatt, 12. Mai 2000

11 FÜHRUNGSSTILE

FÜHRUNGSSTILE

Der autoritäre Führungsstil

Chef

- Entscheidungen
- Verantwortung

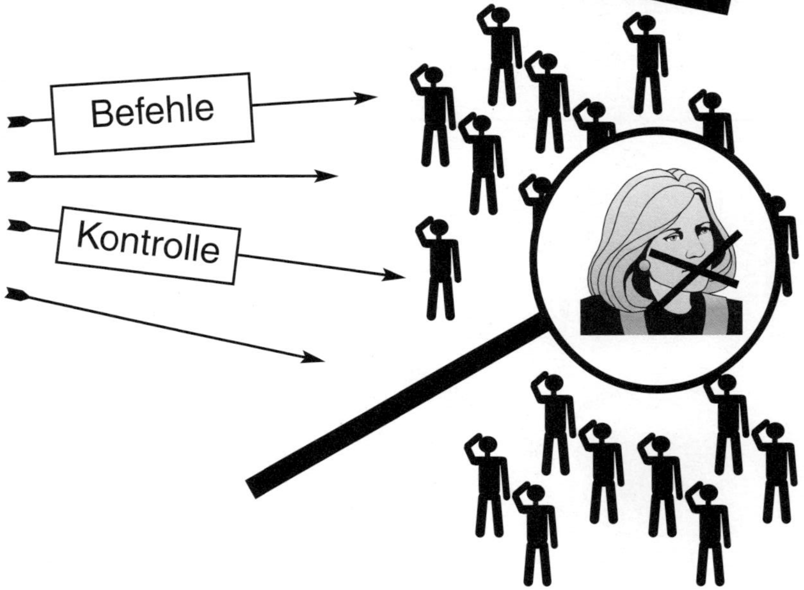

Untergebene

- keine Mitbestimmung
- keine Mitwirkung
- wenig Entscheidungen
- wenig Verantwortung

Vorteile

- schnelle Entscheidungen
- einheitliche Linie

Nachteile

- Motivationsbremse
- Druck von oben
- schlechtes Betriebsklima
- hohe Fluktuation
- ungenutzte Denkfähigkeit der Mitarbeiter (keine Teamvorteile)
- Vorgesetzte überlastet

FÜHRUNGSSTILE

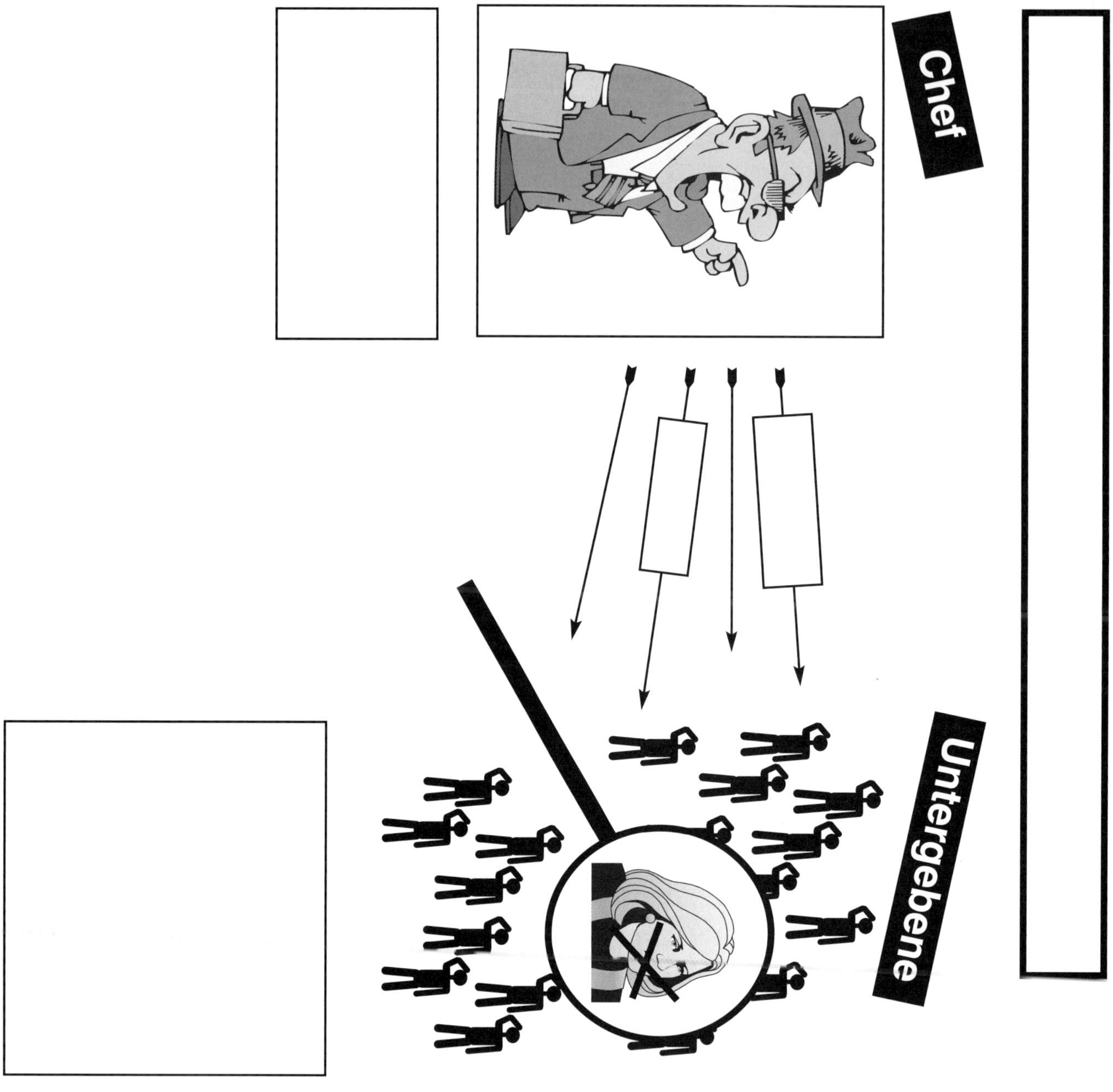

Vorteile

Nachteile

Führungsstile

Der kooperative (demokratische) Führungsstil

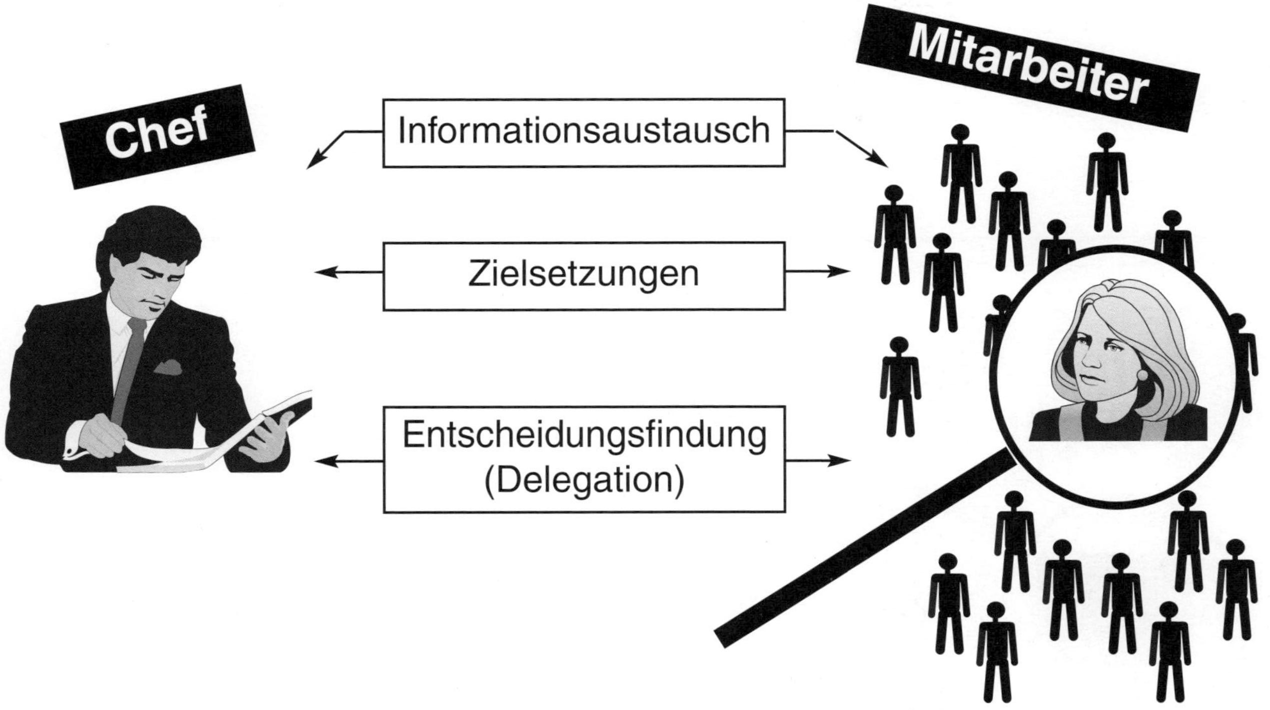

- Kontrolle
- Verantwortung
- Entscheidungen
- Delegation

- Kontrolle
- Verantwortung
- Entscheidungen

Vorteile

- höhere Motivation
- Identifizierung
- bessere Entscheidungen
- gutes Chef-Mitarbeiter-Verhältnis
- geringere Fluktuation

Nachteile

- verzögerte Entscheidungen (Diskussionen)
- Qualifikation sowie rege Mitarbeit notwendig
- Problem labiler Mitarbeiter

Führungsstile

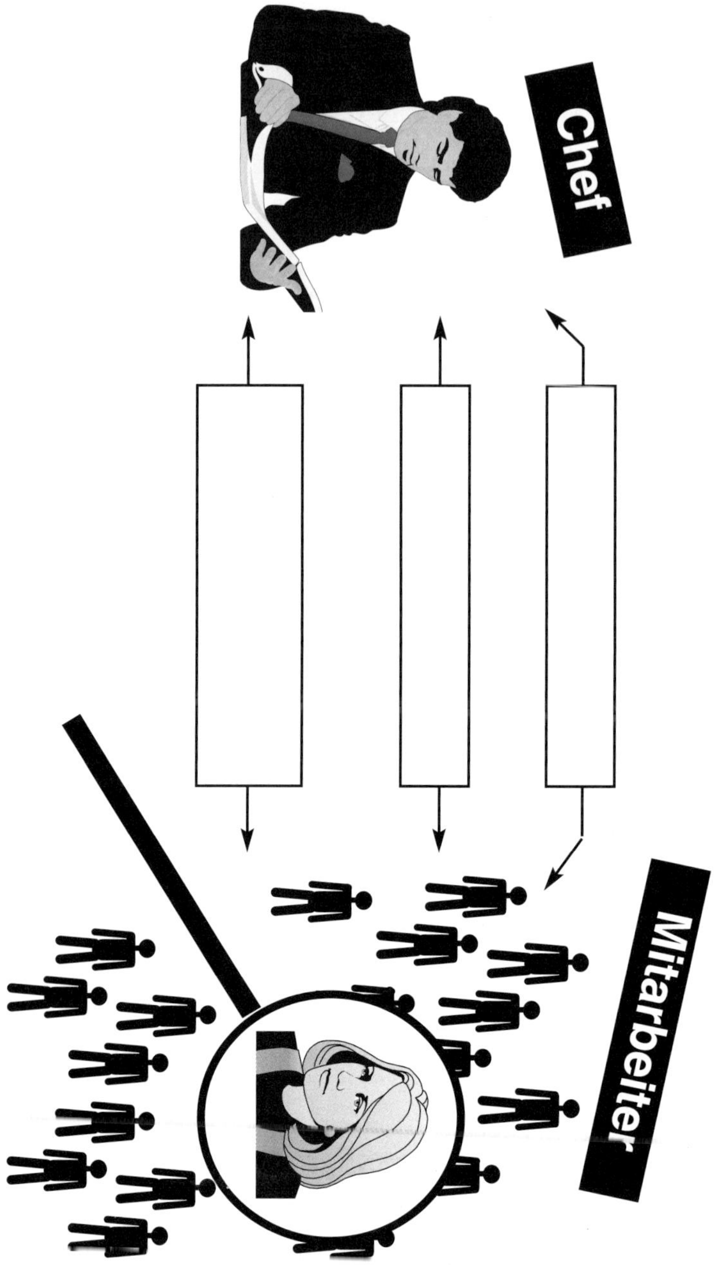

Vorteile

Nachteile

Management by Delegation (Führen durch Delegation)

Chef

Delegation von Aufgaben + Verantwortung an befähigte Mitarbeiter

Wichtig:
- Mitarbeiter gut informieren!
- Aufgaben + Kompetenzen exakt abgrenzen!

Vorteile

- Entlastung
- Konzentration auf eigentliche Chefaufgaben
- hohe Motivation (kooperativer Führungsstil)

Kopiervorlage | Menschliche Arbeit im Betrieb: Führungstechniken

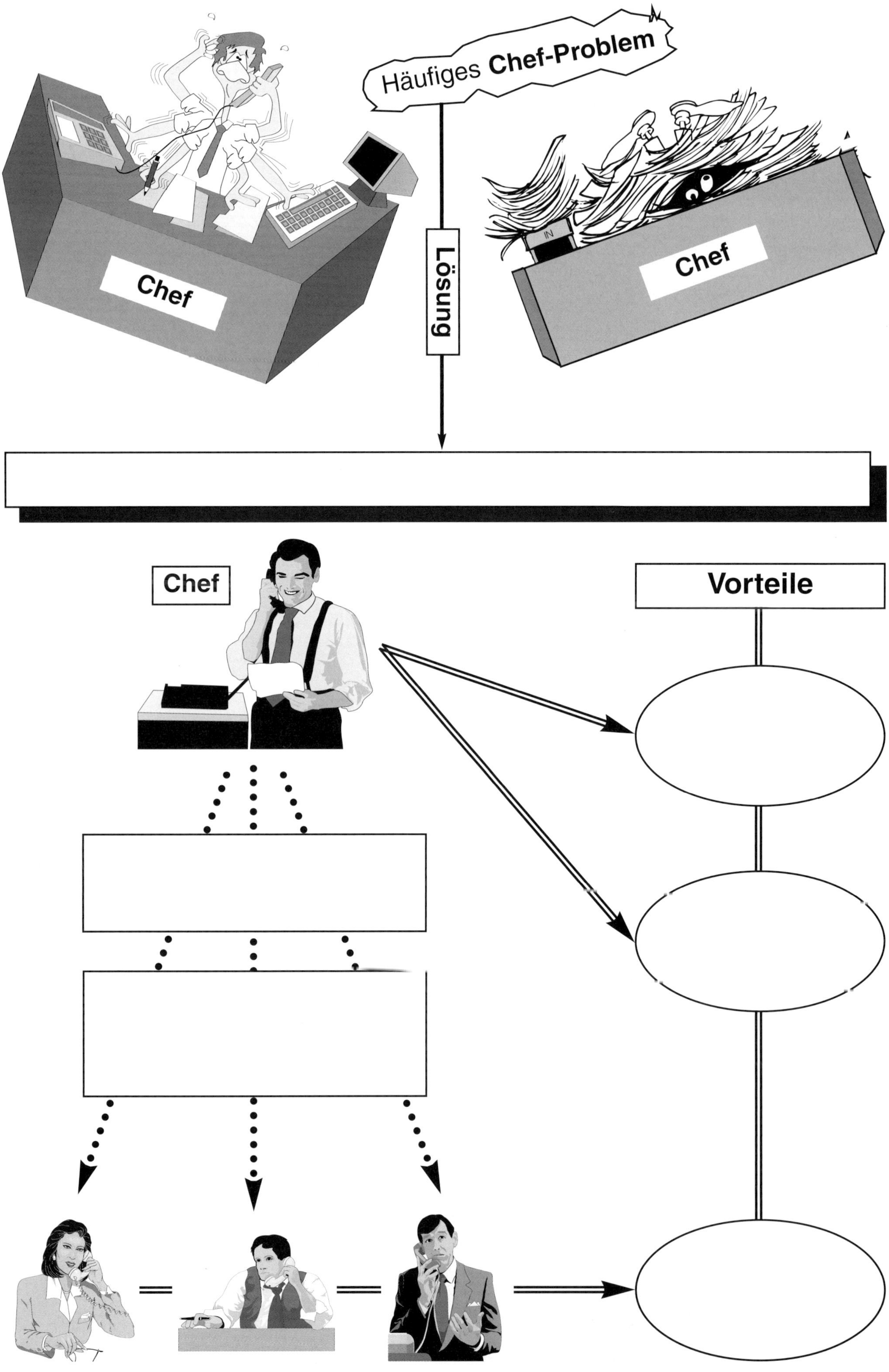

Management by Exception (Führen nach dem Ausnahmeprinzip)

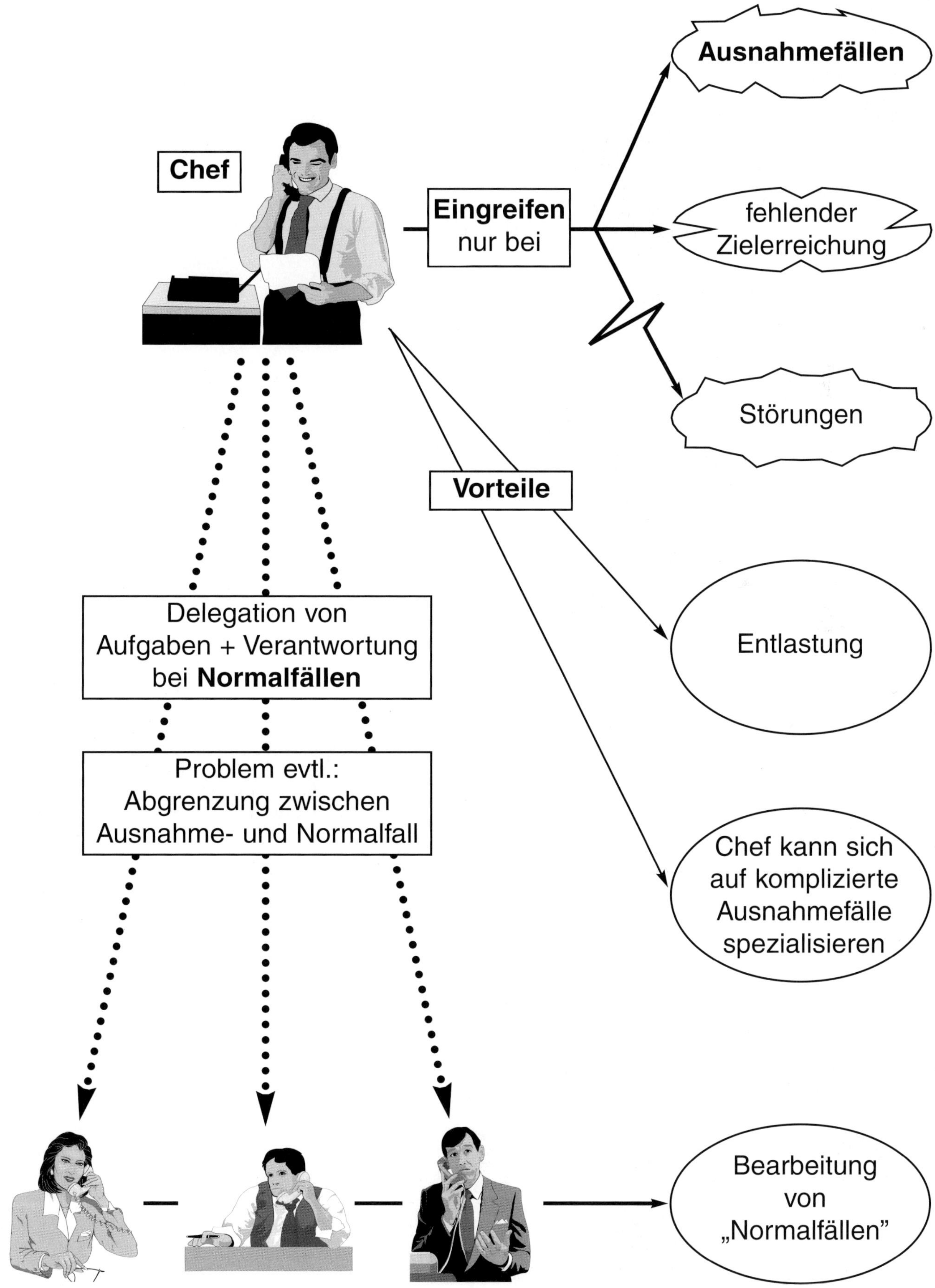

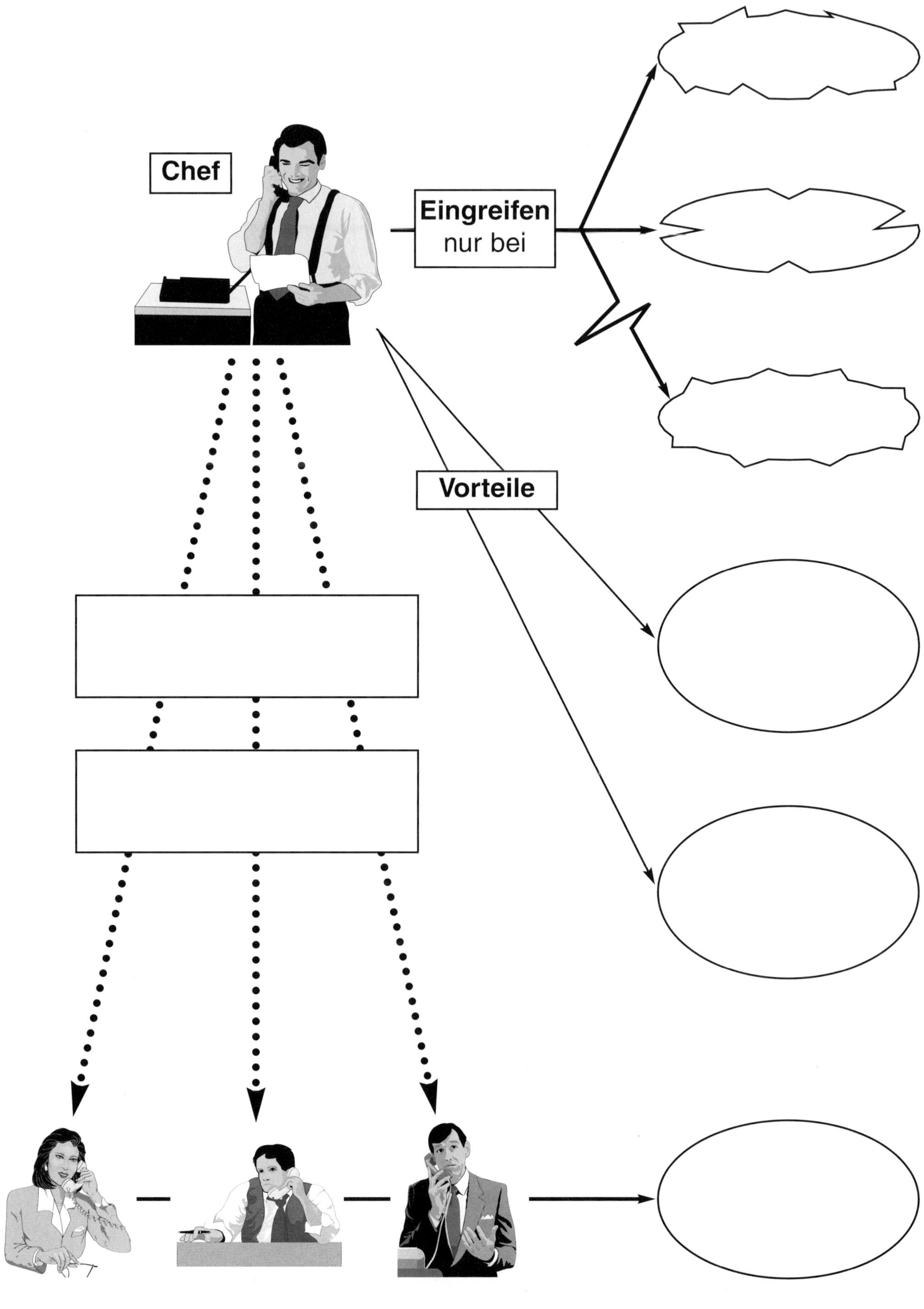
Chef
Eingreifen nur bei
Vorteile

Management by Objectives (Führen durch Zielvereinbarung)

Eingreifen nur bei **fehlender Zielerreichung**

ZIELVORGABEN

an Mitarbeiter

wichtig:

- Mitwirkung der Mitarbeiter bei Fixierung der Zielvorgaben
- Vorgabe realistischer Ziele
- Prämien für Zielerfüllung

Eigenverantwortliche Zielerfüllung

Vorteile

- Stärkung des **Kostendenkens** beim Mitarbeiter
- Förderung der **Leistungsbereitschaft**
- Förderung des **Teamgeistes**
- gerechtere Entlohnung durch **Prämien**
- **Identifikation** mit den Zielen

Kopiervorlage

Menschliche Arbeit im Betrieb: Führungstechniken

Vorteile

12 TARIFVERTRAG UND TARIFKONFLIKT

Bild | **Arbeitswelt**

TK = Tarifkommission; SK = Schlichtungskommission; AG = Arbeitgeber; AN = Arbeitnehmer; TV = Tarifvertrag

Der Arbeitskampf: Streik - Aussperrung - Schlichtung

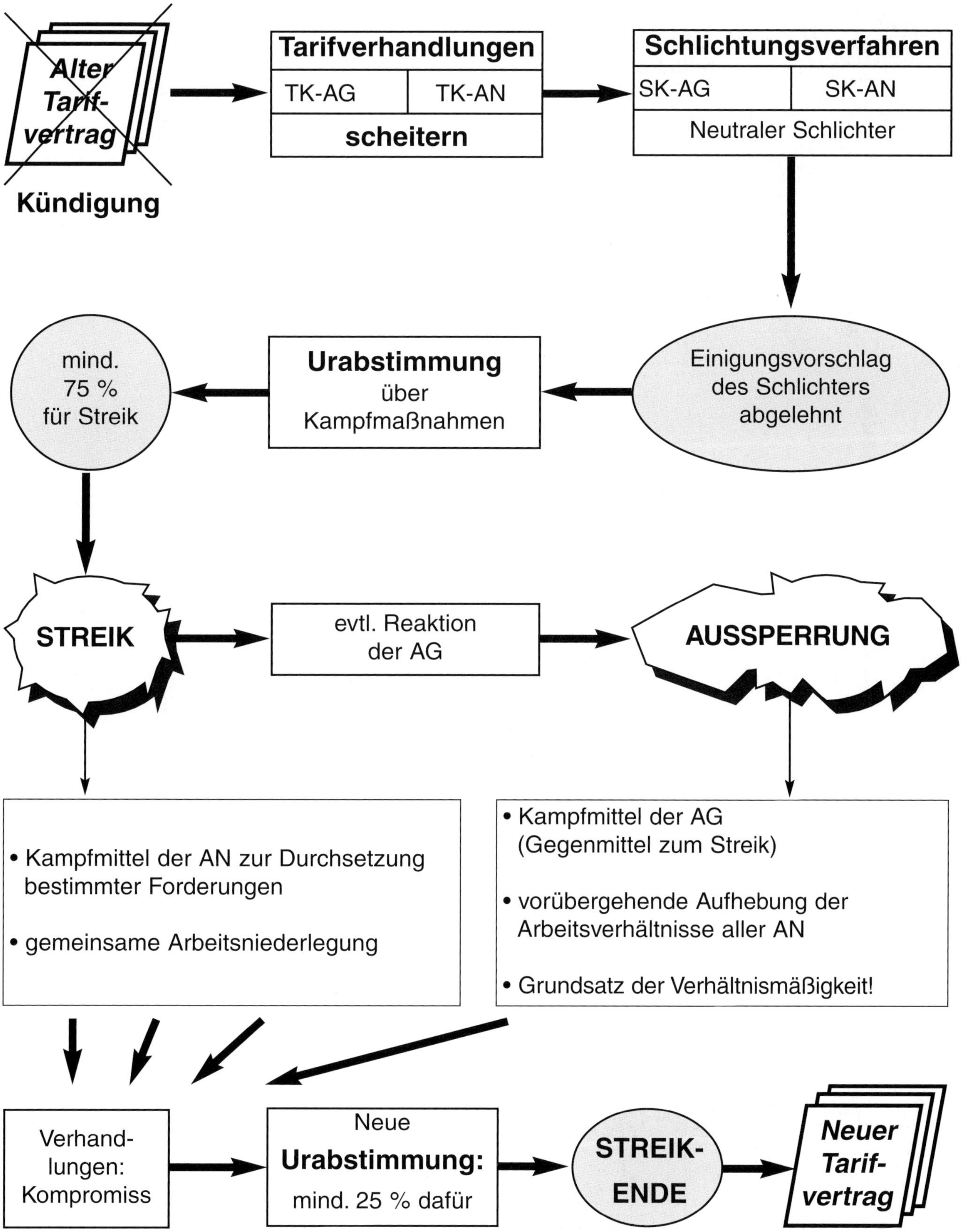

TK = Tarifkommission; SK = Schlichtungskommission; AG = Arbeitgeber; AN = Arbeitnehmer; TV = Tarifvertrag

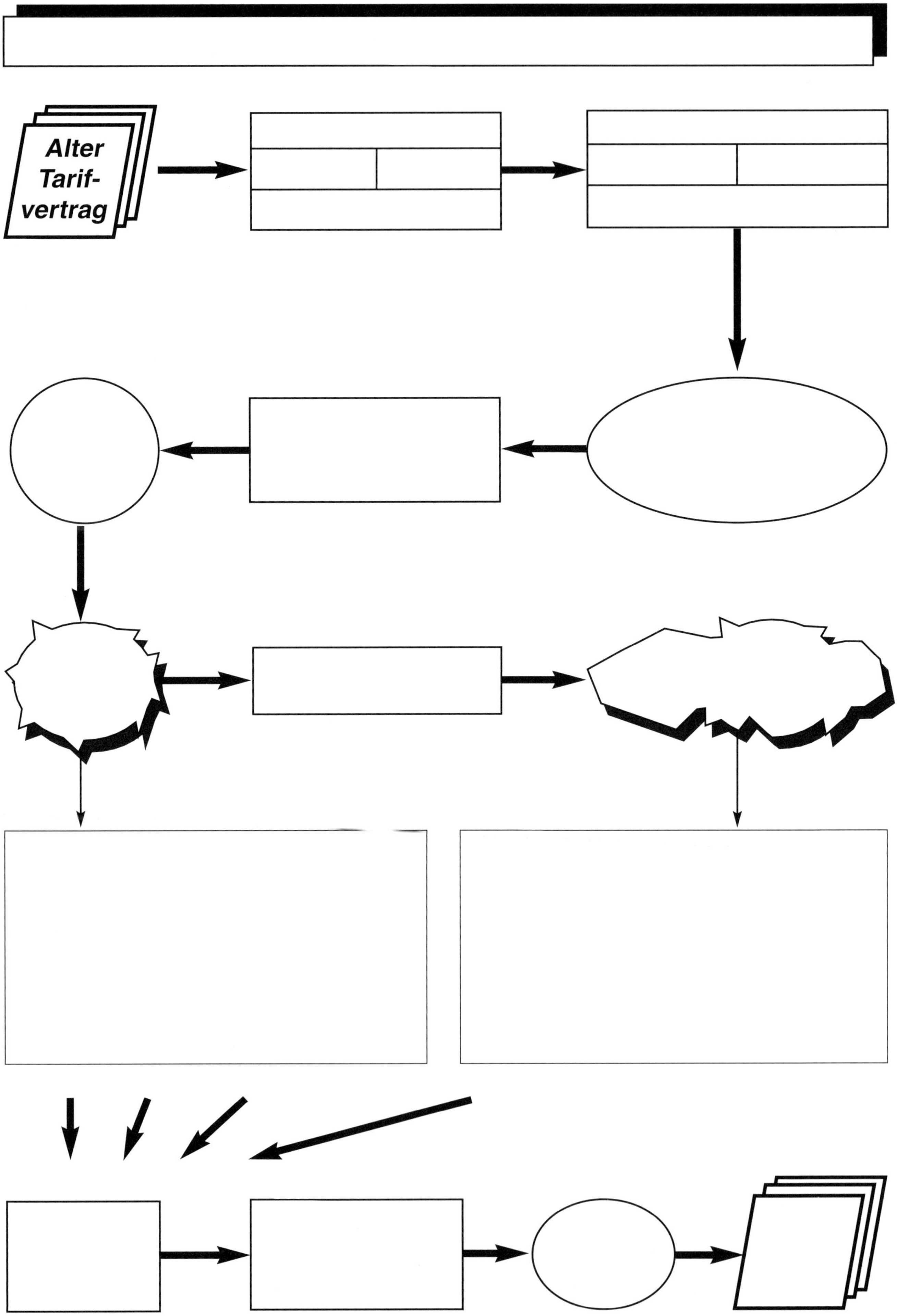

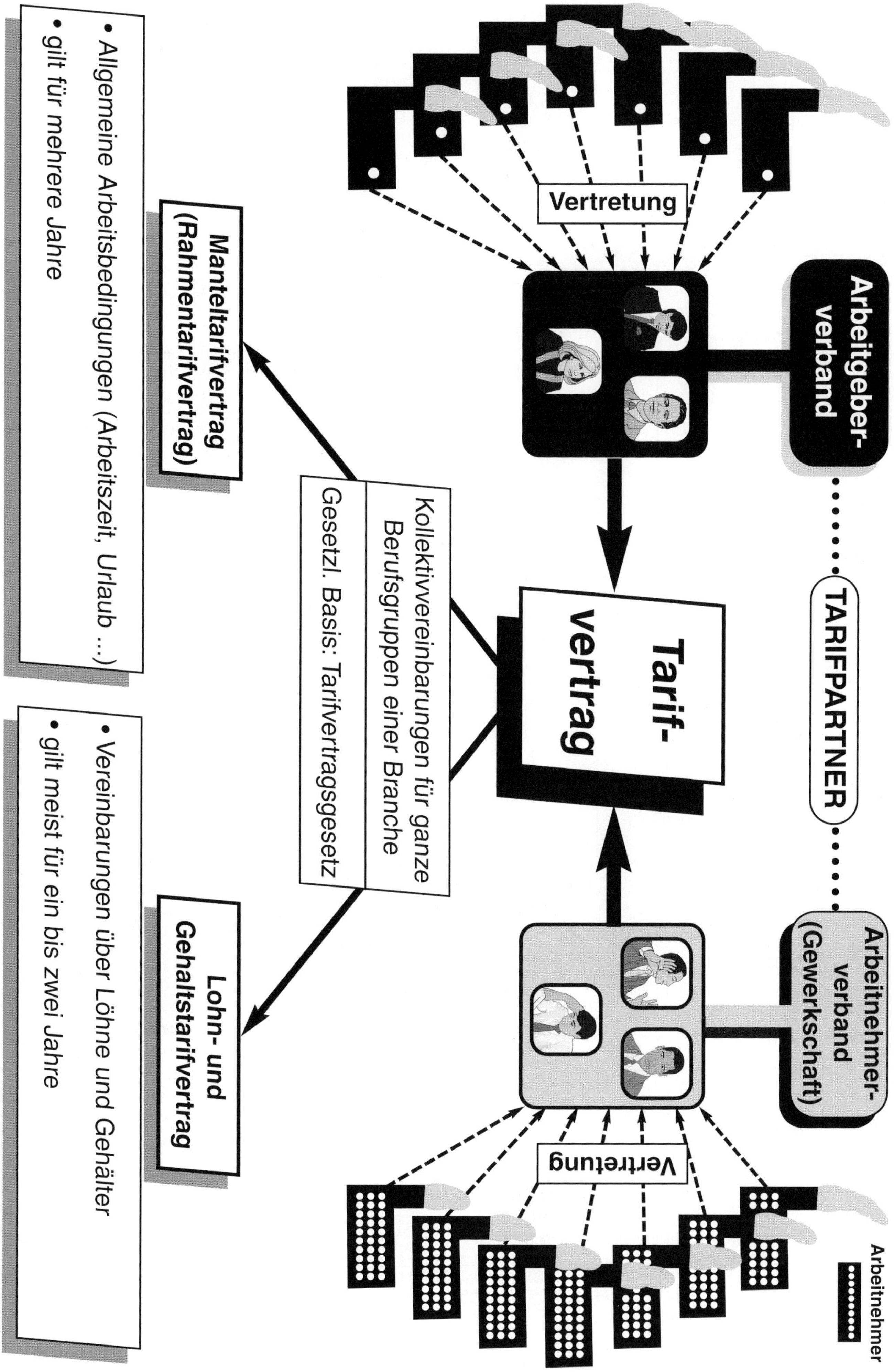
Arbeitgeber-verband
TARIFPARTNER
Arbeitnehmer-verband (Gewerkschaft)
Vertretung
Vertretung
Tarif-vertrag
Kollektivvereinbarungen für ganze Berufsgruppen einer Branche
Gesetzl. Basis: Tarifvertragsgesetz
Manteltarifvertrag (Rahmentarifvertrag)
• Allgemeine Arbeitsbedingungen (Arbeitszeit, Urlaub ...)
• gilt für mehrere Jahre
Lohn- und Gehaltstarifvertrag
• Vereinbarungen über Löhne und Gehälter
• gilt meist für ein bis zwei Jahre
Arbeitnehmer

Kopiervorlage Tarifvertrag

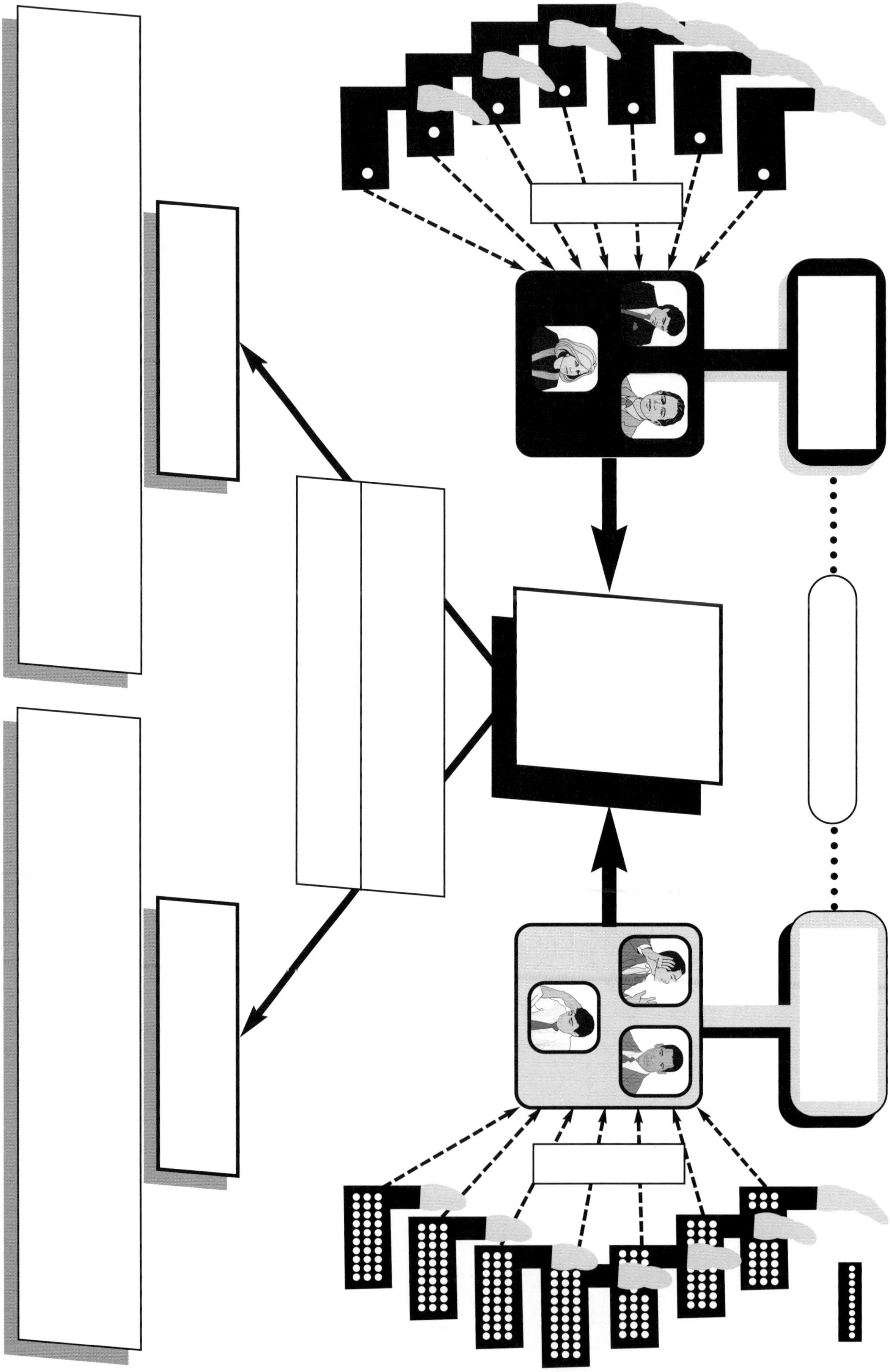

Kreuzworträtsel (Thema: Tarifvertrag)

Das Lösungswort (von oben nach unten gelesen) beinhaltet Freiheitscharakter.

1. Er vertritt bei Tarifvertragsverhandlungen die Unternehmerseite.
2. Die Beteiligten bei Tarifverhandlungen
3. Sie vertritt bei Tarifverhandlungen die Arbeitnehmerseite.
4. Tarifvertrag zwischen einem Arbeitgeber und dem Arbeitnehmerverband
5. Fachausdruck für „verbotene Kampfmaßnahmen während der Tarifvertragsdauer“
6. Hier werden allgemeine Arbeitsbedingungen geregelt.
7. Fachausdruck für folgende Tatsache: Nach Ablauf des Tarifvertrages gilt der alte Tarifvertrag bis zum Neuabschluss.
8. Übliche Art des Tarifvertrages
9. Alternativbegriff zu 2.
10. Fachausdruck dafür, dass der Tarifvertrag Mindestbedingungen für Arbeitsverträge und Betriebsvereinbarungen vorgibt
11. Im Grundgesetz garantiertes Recht zum Zusammenschluss zu Verbänden
12. Durch die ...verbindlichkeitserklärung kommen „Außenseiter“ auch zum Zuge.
13. Alternativbegriff zu 6.
14. Basis des Tarifvertragsrechts

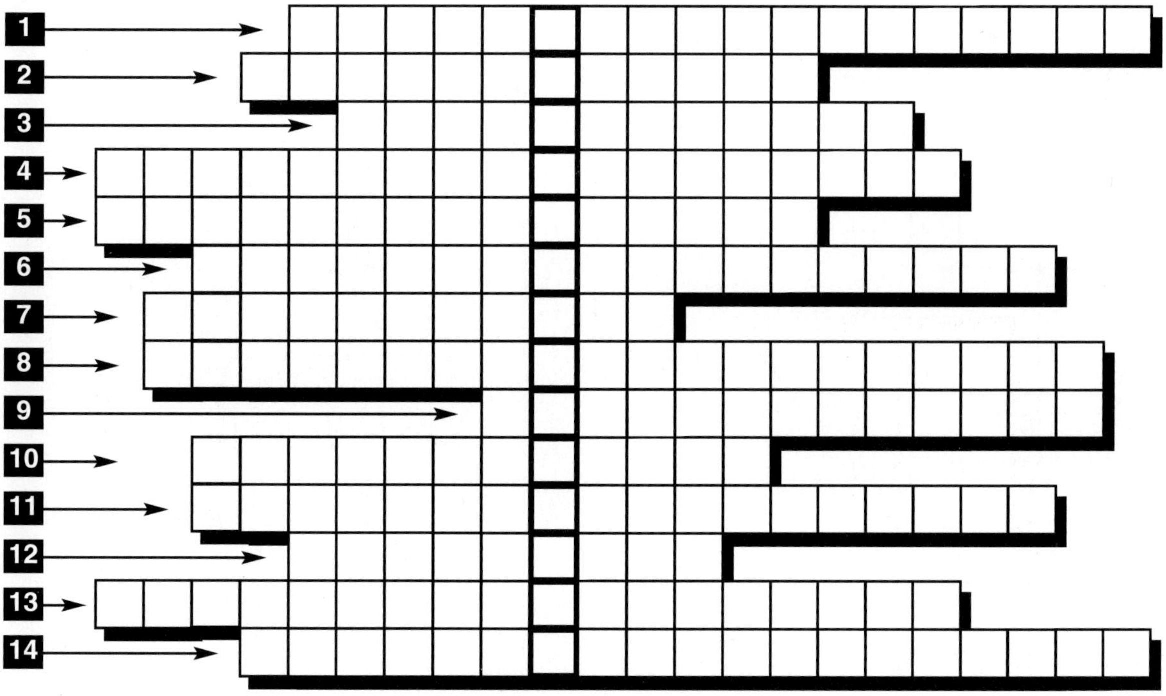

Lösungen: **(Lösungswort: TARIFAUTONOMIE)**

1. Arbeitgeberverband
2. Tarifpartner
3. Gewerkschaft
4. Firmentarifvertrag
5. Friedenspflicht
6. Manteltarifvertrag
7. Nachwirkung
8. Verbandstarifvertrag
9. Sozialpartner
10. Tarifbindung
11. Koalitionsfreiheit
12. Allgemein
13. Rahmentarifvertrag
14. Tarifvertragsgesetz

Kreuzworträtsel (Thema: Arbeitskampf)

Lösungswort (von oben nach unten gelesen):
Tierische Verniedlichung der Beteiligten des Tarifkonflikts

1. Notwendige Aktion, bevor die Arbeitnehmerseite zum Kampf schreitet
2. Kampfmittel der Arbeitnehmer
3. Kampfmittel der Arbeitgeber
4. Schmerzliche Nebenerscheinung für die Gewerkschaften beim Arbeitskampf
5. Vertretung der Arbeitnehmer bzw. Arbeitgeber bei Tarifverhandlungen
6. Hiermit erzielen die Gewerkschaften mit minimalem Aufwand eine maximale Wirkung.
7. Verfahren zur Beilegung von Streitigkeiten bei Tarifverhandlungen
8. Zu beachtender Grundsatz bei Reaktion auf eine Kampfmaßnahme
9. Ausgleichende Person bei Tarifkonflikten
10. Billige Kampfmaßnahme der Arbeitnehmer
11. 7. kommt erst zum Tragen bei ..... der Tarifverhandlungen.
12. Das Gegenmittel der Arbeitgeber gegen Kampfmaßnahmen der Arbeitgeber ist aus Gründen der ..... legalisiert worden.
13. Verbotene Maßnahme der Arbeitnehmer
14. Kampfmaßnahme zur Demonstration der Entschlossenheit

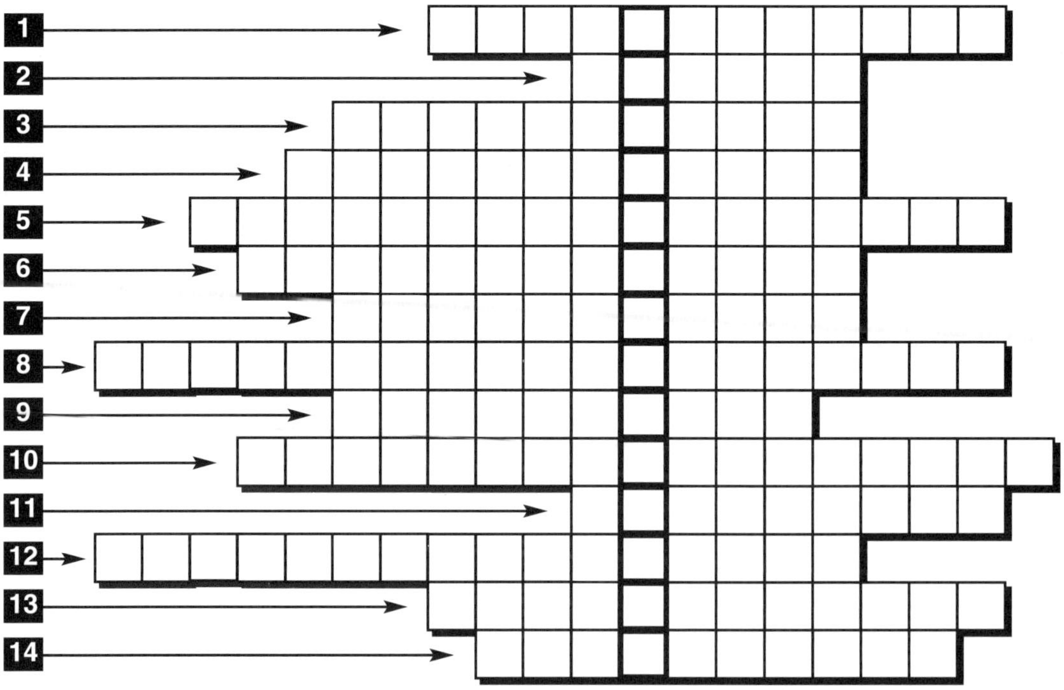

Lösungen: **(Lösungswort: STREITHÄHNCHEN)**

1. Urabstimmung
2. Streik
3. Aussperrung
4. Streikgelder
5. Tarifkommissionen
6. Minimaxstreik
7. Schlichtung
8. Verhältnismäßigkeit
9. Schlichter
10. Schwerpunktstreik
11. Scheitern
12. Waffengleichheit
13. Wilder Streik
14. Warnstreik

AKTUALITÄTSSERVICE

Streikparagraf 116 Arbeitsförderungsgesetz verfassungsgemäß

Das Problem (Beispiel)

Tarifbezirk Hessen
STREIK!!

Fernwirkung

Tarifbezirk Bayern: kein Streik, dennoch durch Hessenstreik bedingte Produktionsstörungen: vorübergehende **Kurzarbeit bzw. Arbeitslosigkeit**

Zahlung von **Streikgeld** durch Gewerkschaften

Streitfrage: Zahlung von **Arbeitslosen- bzw. Kurzarbeitergeld** durch die Bundesanstalt für Arbeit? (= Ziel der Gewerkschaften)

§ 116 (3) AFG

Keine Zahlung von Kurzarbeiter bzw. Arbeitslosengeld durch Bundesanstalt für Arbeit, sofern:

- Tarifforderung des Tarifbezirks Bayern derjenigen Hessens im Wesentlichen gleich ist bzw.
- Hessen-Abschluss in Bayern voraussichtlich übernommen wird.

Hiergegen reichte die IG-Metall **Verfassungsbeschwerde** ein; NRW, Saarl., Hamburg + Bremen sowie 202 SPD-Bundestagsabgeordnete erhoben eine Normenkontrollklage.

Entscheidung des **Bundesverfassungsgerichts** (Juli 1995): **Verfassungsbeschwerde** wurde als unbegründet **zurückgewiesen.** Mittelbar von einem Arbeitskampf in derselben Branche betroffene Arbeitnehmer erhalten somit i. S. von § 116 AFG keine Leistungen der Bundesanstalt für Arbeit, wenn für ihr Tarifgebiet eine vergleichbare Tarifforderung erhoben wurde oder eine Tarifabschluss voraussichtlich übernommen wird. **Schwerpunktstreiks** bleiben somit ein zweischneidiges Schwert.

HOT 2/01

Gewerkschaften fusionieren zu Verdi

Mit dem Zusammenschluss von fünf Gewerkschaften ist die

größte Einzelgewerkschaft der Welt

entstanden. Sie vertritt rund drei Millionen Mitglieder in fast 1 000 Berufen. Der bisherige ÖTV-Chef Frank Bsirske wurde zum Verdi-Vorsitzenden gekürt.

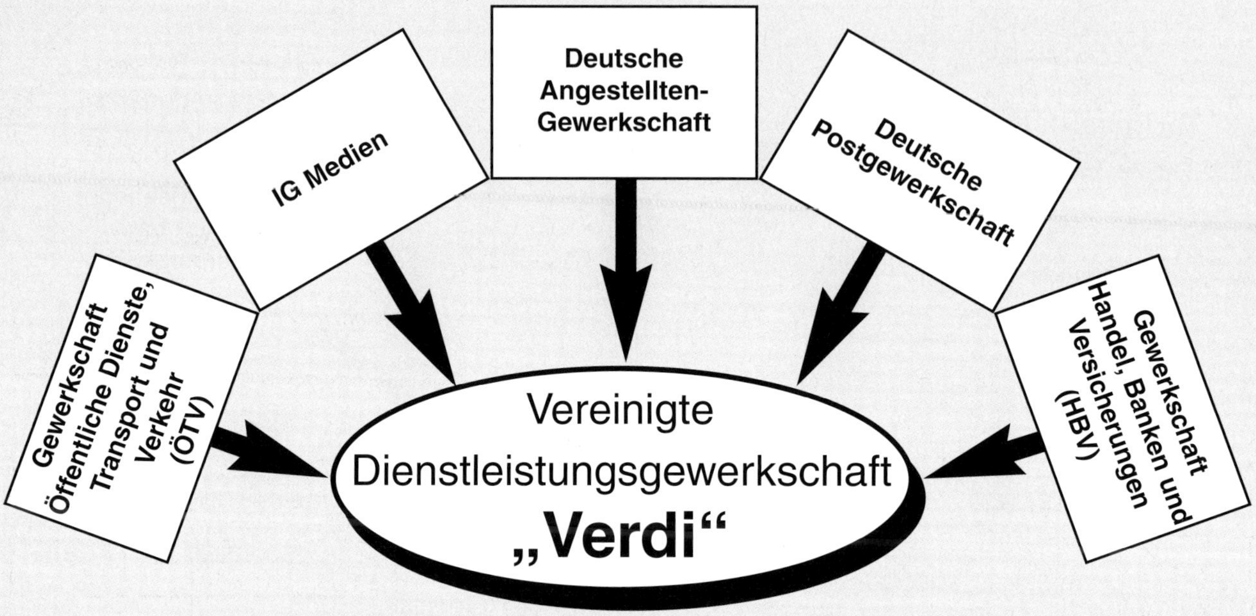

Kaum gegründet, machte Verdi Druck: Mehrere Tausend Lufthansa-Mitarbeiter (Bodenpersonal) begaben sich in den Warnstreik, um die Tarifgespräche zu „forcieren“. Viele Lufthansa-Starts fielen aus.

13 BETRIEBSRAT

§ Neues Betriebsverfassungsgesetz §
(seit 1. August 2001 in Kraft)

HOT 4/01

Zahl der Betriebsräte

Mitarbeiterzahl	Zahl der Betriebsräte
5 - 20	1
21 - 50	3
51 - 100	**5**
101 - 200	**7**
201 - 400	**9**
401 - 700	**11**
701 - 1 000	**13**
1 001 - 1 500	**15**
1 501 - 2 000	**17**
2 001 - 2 500	**19**
2 501 - 3 000	**21**
3 001 - 3 500	**23**
3 501 - 4 000	**25**
4 001 - 4 500	**27**
4 501 - 5 000	**29**
5 001 - 6 000	**31**
6 001 - 7 000	**33**
7 001 - 9 000	**35**
je weitere 3 000	+ 2

§ 9 BVG

Zahl der Jugend- u. Auszubildendenvertreter

Zahl der Jugendlichen u. Azubis	Vertreter
5 - 20	1
21 - 50	3
51 - 150	**5**
151 - 300	**7**
301 - 500	**9**
501 - 700	**11**
701 - 1 000	**13**
> 1 001	**15**

§ 62 BVG

Freigestellte Betriebsräte

Mitarbeiterzahl	Zahl der freigestellten Betriebsräte
200 - 500	**1**
501 - 900	**2**
901 - 1 500	**3**
1 501 - 2 000	**4**
2 001 - 3 000	**5**
3 001 - 4 000	**6**
4 001 - 5 000	**7**
5 001 - 6 000	**8**
6 001 - 7 000	**9**
7 001 - 8 000	**10**
8 001 - 9 000	**11**
9 001 -10 000	**12**
je weitere 2 000	+ 1

§ 38 BVG

Änderungen fett gedruckt

HOT 4/01

Arbeitnehmer i. S. des BVG

Arbeiter + Angestellte + Auszubildende, unabhängig davon, ob sie im Betrieb, im **Außendienst** oder mit **Telearbeit** beschäftigt werden.

Als Arbeitnehmer gelten auch die in **Heimarbeit** Beschäftigten, die in der Hauptsache für den Betrieb arbeiten.

§ 5 BVG

HOT 4/01

Vereinfachtes Wahlverfahren für Kleinbetriebe mit 5 - 50 AN
§ 14a BVG

Vorschlagsrecht der Arbeitnehmer hinsichtlich Beratungsthemen
§ 86a BVG

Mitbestimmungsrecht: Durchführung von Gruppenarbeit
§ 87 (13.)

HOT 4/01

Betriebs- und Abteilungsversammlungen
§ 43 (2)

Themen der Betriebs- u. Abteilungsversammlungen
§ 45 BVG

Betriebsräteversammlung
§ 53 (2)

Neu aufgenommen:
- **Gleichstellung von Frauen und Männern im Betrieb**
- **Integration der im Betrieb beschäftigten ausländischen Arbeitnehmer**
- **betrieblicher Umweltschutz**

Arbeitgeber hat mindestens einmal in jedem Kalenderjahr in einer Betriebsversammlung auch hierüber zu berichten.

Auch diese Themen sind neuerdings in Betriebs- und Abteilungsversammlungen zu behandeln.

Arbeitgeber hat mindestens einmal in jedem Kalenderjahr in der Betriebsräteversammlung auch hierüber zu berichten.

HOT 4/01

Allg. Aufgaben der Jugend- u. Auszubildendenvertretung
§ 70 BVG

Neu aufgenommen:

Weitere Maßnahmen, die den Jugendlichen und Auszubildenden dienen, beim Betriebsrat beantragen:

- Übernahme der Auszubildenden in ein Arbeitsverhältnis
- Gleichstellung von Männern und Frauen
- Vereinbarkeit von Familie und Erwerbstätigkeit
- Integration ausländischer Arbeitnehmer im Betrieb

Betriebsänderungen
§ 111 BVG

Neu aufgenommen:

Im Zusammenhang mit Betriebsänderungen, die wesentliche Nachteile für die Belegschaft zur Folge haben können (Unternehmer muss Betriebsrat rechtzeitig und umfassend unterrichten und die geplanten Betriebsänderungen mit dem Betriebsrat beraten) kann der Betriebsrat in Unternehmen mit **mehr als 300 Arbeitnehmern** zu seiner Unterstützung einen **Berater** hinzuziehen.

HOT 4/01

Allgemeine Aufgaben des Betriebsrats

§ 80 BVG

Neu aufgenommen:

- **Gleichstellung** von Frauen und Männern insbesondere bei der Einstellung
- Förderung der Vereinbarkeit von **Familie und Erwerbstätigkeit**
- **Integration ausländischer Arbeitnehmer** im Betrieb sowie Maßnahmen zur Bekämpfung von Rassismus und Fremdenfeindlichkeit im Betrieb beantragen
- Maßnahmen des **Arbeitsschutzes** und des betrieblichen **Umweltschutzes** fördern
- Soweit es zur ordnungsgemäßen Erfüllung des Betriebsrats erforderlich ist, hat der Arbeitgeber dem Betriebsrat **sachkundige Arbeitnehmer als Auskunftspersonen** zur Verfügung zu stellen; er hat hierbei die Vorschläge des Betriebsrats zu berücksichtigen, soweit betriebliche Notwendigkeiten nicht entgegenstehen.

HOT 4/01

Arbeits- und betrieblicher Umweltschutz

§ 89 BVG

- Betriebsrat hat sich darauf einzurichten, dass im Betrieb die Vorschriften über

  - **Arbeitsschutz**
  - **Unfallverhütung**
  - **Umweltschutz**

  durchgeführt werden. Er hat bei Bekämpfung von Unfall- und Gesundheitsgefahren die für den Arbeitsschutz zuständigen Behörden, die Träger der gesetzl. Unfallversicherung durch Anregung, Beratung u. Auskunft zu unterstützen.
- Arbeitgeber und o. g. Stellen müssen Betriebsrat auch bei **Umweltschutzfragen** einschalten
- **Betrieblicher Umweltschutz:** alle personellen und organisatorischen Maßnahmen sowie alle die betrieblichen Bauten, Räume, technische Anlagen, Arbeitsverfahren, Arbeitsabläufe und Arbeitsplätze betreffenden Maßnahmen, die dem Umweltschutz dienen.

HOT 4/01

Beschäftigungssicherung

§ 92a BVG

- Betriebsrat kann dem Arbeitgeber **Vorschläge zur Sicherung und Förderung der Beschäftigung** machen hinsichtlich:

  - flexible Gestaltung der Arbeitszeit
  - Förderung von Teilzeitarbeit + Altersteilzeit
  - neue Formen der Arbeitsorganisation
  - Änderungen Arbeitsverfahren und -abläufe
  - Qualifizierung der Arbeitnehmer
  - Alternativen zur Ausgliederung von Arbeit
  - Produktions- und Investitionsprogramm
- Arbeitgeber muss Vorschläge mit Betriebsrat beraten und Ablehnung von Vorschlägen begründen.

HOT 4/01

Einrichtungen und Maßnahmen der Berufsbildung

§ 97 BVG

- Hat der Arbeitgeber Maßnahmen geplant oder durchgeführt, die dazu führen, dass sich die Tätigkeit der betroffenen Arbeitnehmer ändert und ihre beruflichen Kenntnisse und Fähigkeiten zur Erfüllung ihrer Aufgaben nicht mehr ausreichen, so hat der Betriebsrat bei der Einführung von **Maßnahmen der betrieblichen Berufsbildung** mitzubestimmen.
- Kommt eine Einigung nicht zustande, so entscheidet die **Einigungsstelle**. Der Spruch der Einigungsstelle ersetzt die Einigung zwischen Arbeitgeber und Betriebsrat.

HOT 4/01

Wesentliche Änderungen im Betriebsverfassungsgesetz in Kürze

AN = Arbeitnehmer
AG = Arbeitgeber

- Erhöhung der **Zahl** der Betriebsräte + Jugend- und Auszubildendenvertreter in Betrieben ab 51 AN
- Die Unterscheidung zwischen **Arbeitern** und **Angestellten** entfällt.
- Vereinfachtes **Wahlverfahren** für Kleinbetriebe mit 5 bis 50 AN. Hier kann fortan in kürzester Zeit ein Betriebsrat entstehen. „Grenzfallunternehmen" mit rund 50 Arbeitnehmern könnten versucht sein, die 50-AN-Grenze nicht zu überschreiten.
- Folgende Themen sind bedeutender Bestandteil des neuen Gesetzes in diversen Paragrafen. Der Betriebsrat hat diesbezüglich umfassende Rechte erhalten:
  - Gleichstellung von **Frauen** und **Männern** im Betrieb
  - Integration der im Betrieb beschäftigten **ausländischen Mitarbeiter**
  - betrieblicher **Arbeits- und Umweltschutz, Unfallverhütung**
  - Vereinbarkeit von **Familie** und Erwerbstätigkeit
- Betriebsrat kann bei mehr als 300 AN **Berater** einschalten
- Betriebsrat kann vom AG verlangen, dass ihm dieser zur Erfüllung seiner Aufgaben sachkundige AN als **Auskunftspersonen** zur Verfügung stellt.
- Betriebsrat kann dem AG Vorschläge zur Sicherung und Förderung der **Beschäftigung** machen, AG muss Vorschläge mit Betriebsrat beraten und Ablehnungen begründen.
- Mitbestimmung bei der Einführung von Maßnahmen der **betrieblichen Berufsbildung**
- Mitbestimmungsrecht bei **Gruppenarbeit**
- **Vorschlagsrecht** der **AN** hinsichtlich Beratungsthemen im Betriebsrat
- Jugend- und Auszubildendenvertretung kann beim Betriebsrat Maßnahmen beantragen hinsichtlich Übernahme der **Auszubildenden** in ein Arbeitsverhältnis.
- Betriebsräte haben ein Recht auf bessere **Ausstattung** mit moderner Technik erhalten.
- Bemerkung eines Unternehmers (**Thomas Selter**, der auch Vorsitzender des Unternehmerinstituts der Arbeitsgemeinschaft Selbstständiger Unternehmer ist): „Die Betriebsräte haben viele neue Möglichkeiten bekommen, Kosten zu verursachen und damit Druck auszuüben."

  Beispiel: „Wenn der Unternehmer irgendeinem Anliegen nicht zustimmt, brauchen die nur anzudeuten, dass sie jetzt mal eben zehn Betriebsratssitzungen zum Thema Fremdenfeindlichkeit ansetzen wollen." In mittelständischen Unternehmen, bei denen z. T. bis zu zehn Prozent der Belegschaft im Betriebsrat säßen, wäre ein derartiger Verlust an Arbeitszeit sehr schmerzhaft.

HOT 4/01

Die bisherige Praxis bezüglich Betriebsrat

- Nur in **10,5 % aller Firmen mit mehr als fünf Beschäftigten** hat einen Betriebsrat (laut einer Studie der gewerkschaftsnahen Hans Böckler Stiftung).
- **Nicht einmal fünf Prozent der Betriebe mit weniger als 20 Mitarbeitern** haben einen Betriebsrat. Voraussichtlich wird sich dieses Verhältnis nach Einschätzung von Experten mit dem neuen Betriebsverfassungsgesetz verändern. Die kleineren Firmen werden durch das vereinfachte Verfahren zur Bildung eines Betriebsrates (s. o.) aufholen.

Kreuzworträtsel (Thema: Betriebsrat & Co)

Das Lösungswort (von oben nach unten gelesen):

„Manchmal gibt es durchaus Fälle, da hilft nur die ...“

1. In den Betriebsrat wählbar sind alle Wahlberechtigten, die seit mindestens ... Monaten dem Betrieb angehören.
2. Die Zahl der Betriebsratsmitglieder richtet sich nach der Zahl der ...
3. Betriebsräte können gewählt werden in Betrieben mit mindestens ... ständigen wahlberechtigten Arbeitnehmern.
4. Die Mitglieder des Wirtschaftsausschusses werden vom ... bestimmt.
5. Eine ohne ... des Betriebsrats ausgesprochene Kündigung ist unwirksam.
6. Erst in Betrieben mit mehr als ... Beschäftigten muss eine bestimmte Anzahl der Betriebsratsmitglieder von der Berufstätigkeit freigestellt werden.
7. Bei einer geplanten Betriebsverlegung hat der Betriebsrat ein ...recht.
8. Eingeschränktes Mitbestimmungsrecht
9. Vertrag zwischen Arbeitgeber und Betriebsrat
10. Der Betriebsrat hat bei sozialen Angelegenheiten ein ...recht.
11. In Betrieben mit mehr als neun Betriebsratsmitgliedern führt er die laufenden Geschäfte des BR.
12. Lesestoff zum Betriebsrat
13. Es besteht keine ... , einen Betriebsrat zu wählen.
14. Mitbestimmungsinstitution: Jugend- und ...vertretung
15. Großes Treffen aller Arbeitnehmer während der Betriebszeit

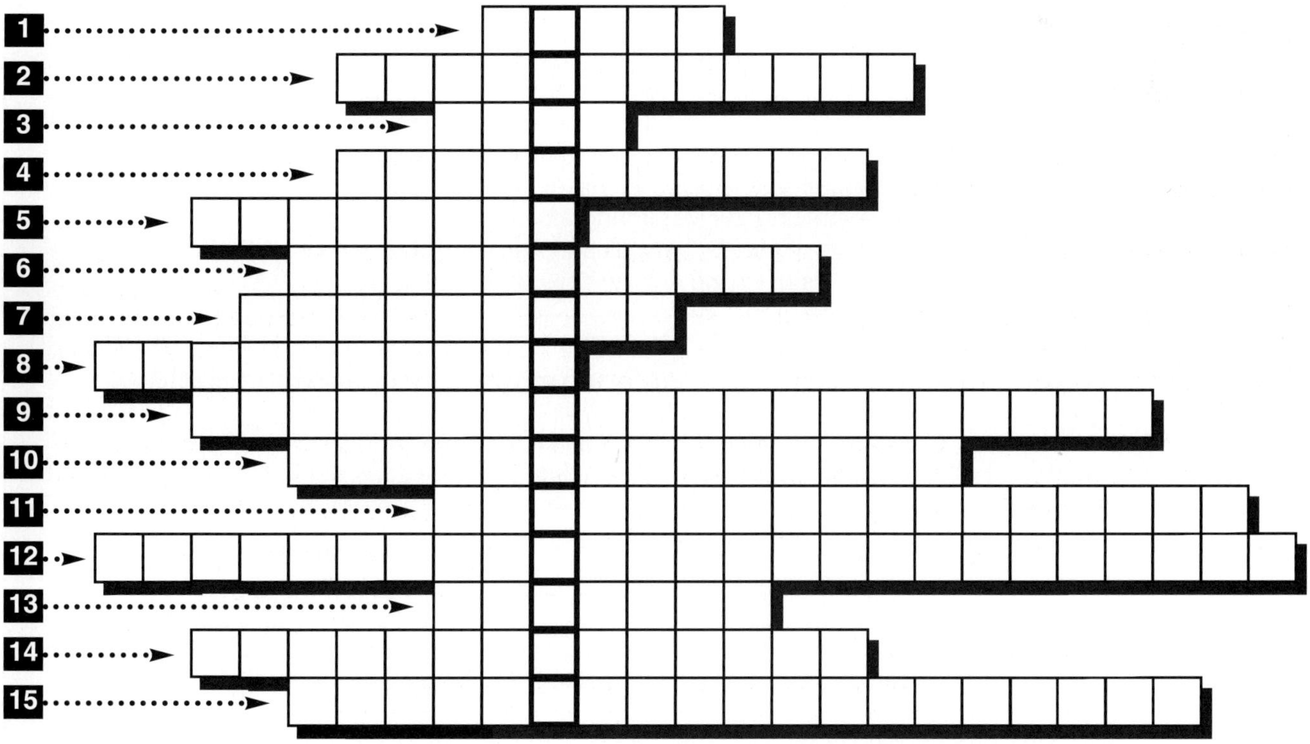

Lösungen: **(Lösungswort: EINIGUNGSSTELLE)**

1. sechs
2. Arbeitnehmer
3. fünf
4. Betriebsrat
5. Anhörung
6. dreihundert
7. Beratungs
8. Mitwirkung
9. Betriebsvereinbarung
10. Mitbestimmungs
11. Betriebsausschuss
12. Betriebsverfassungsgesetz
13. Pflicht
14. Auszubildenden
15. Betriebsversammlung

Beispiel einer Betriebsvereinbarung zum Thema Rauchen

Zunehmend werden in Unternehmen Betriebsvereinbarungen über das Rauchen im Betrieb geschlossen. Aus diesem Grunde nachfolgend das Beispiel einer möglichen Betriebsvereinbarung:

Zwischen der Firma .... und dem Betriebsrat wird folgende

Betriebsvereinbarung

gemäß § 87 Abs. 1 Nr. 1, 2 und 7 Betriebsverfassungsgesetz hinsichtlich der

Einführung eines Rauchverbots

geschlossen:

1. Zum Schutz der Nichtraucher vor gesundheitlichen Beeinträchtigungen durch das Passivrauchen wird für den gesamten Betrieb mit Ausnahme der unter 2. genannten Räume ein Rauchverbot verhängt.
2. Das Rauchen ist nur in folgenden Räumen gestattet: Aufenthaltsraum II im 2. Stock
3. Zur Gewährleistung eines reibungslosen Arbeitsablaufes ist das Rauchen während der Kernarbeitszeit von 8:00 Uhr bis 12:00 Uhr sowie 14:00 Uhr bis 16:00 Uhr nicht erlaubt.
4. Die Mitarbeiter haben ihre Raucherpausen wie jede andere Pause mittels Stempelkarte zu erfassen. Die Raucherpausen zählen nicht zur Arbeitszeit und werden nicht vergütet.
5. Diese Betriebsvereinbarung tritt am .... in Kraft. Sie ist mit einer Frist von drei Monaten kündbar.

Köln, den ....

....
Unterschrift der Geschäftsleitung Unterschrift des Betriebsrats

Teurer Betriebsrat

Alle bei der Arbeit des Betriebsrats anfallenden **Kosten** sind vom Arbeitgeber zu tragen. Hierunter fallen auch aufwändige Sachmittel wie **Gesetzessamlungen** (...), die bei Sitzungen und Sprechstunden des Betriebsrats benötigt werden. Der Arbeitgeber muss, wenn dies verlangt wird, jedem Betriebsratsmitglied eine selbst ausgewählte Gesetzessammlung zur Verfügung stellen.
Eine Warenhauskette wurde aus diesen Gründen verpflichtet, jedem Einzelnen der 164 Betriebsräte eine eigene, aufwändige und teure Gesetzessammlung zur Verfügung zu stellen.

BAG 7 ABR 22/95

Mitarbeiter-Kontrollen nur mit Genehmigung des Betriebsrats

Der Fall: Der Manager eines Hotels ließ ohne Zustimmung des Betriebsrats bei allen Arbeitnehmern Taschen- und Spindkontrollen durchführen, weil Diebstähle seitens der Belegschaft vermutet wurden. Der Betriebsrat klagte.

Urteil: Zustimmung des Betriebsrats ist grundsätzlich notwendig bei Maßnahmen zur Wahrung der Sicherheit und Ordnung im Betrieb.

AG Frankf./M AZ 18 BV 279/94

Mitbestimmung Betriebsrat bei Versetzungen

Der Fall: Eine Versicherungsgesellschaft tauschte ohne Zustimmung des Betriebsrates die Arbeitsplätze von zwei Angestellten mit ähnlichen Tätigkeiten. Laut Versicherung handelte es sich lediglich um eine organisatorische Maßnahme, die keinem der Angestellten Nachteile erbringe. Der Betriebsrat klagte.

Urteil: Der Betriebsrat erhielt Recht. Begründung: Selbst eine Umsetzung von Mitarbeitern mit ähnlichen Tätigkeiten ist bereits eine Versetzung und bedarf der Zustimmung des Betriebsrats.
-

BAG 1 ABR 82/96

14 JUGENDARBEITSSCHUTZGESETZ

Das Jugendarbeitsschutzgesetz

Handlungsorientiertes Unterrichtsbeispiel von Wolfgang Bauknecht

Sachverhalt

Anita, 17 Jahre, ist bei der Maschinenfabrik Heinrich Fröhlich KG Auszubildende zur Bürokauffrau. Sie befindet sich im 2. Ausbildungsjahr. Jede Woche trifft sie in der großen Pause in der Berufsschule ihre Freundin Deborah, 18 Jahre, die sich bereits im 3. Ausbildungsjahr befindet und eine Ausbildung zur Industriekauffrau macht. Heute unterhalten sie sich ganz angeregt über das Jugendarbeitsschutzgesetz.

Anita schildert ihrer Freundin verschiedene Situationen, die sie selbst in ihrem Ausbildungsbetrieb betreffen bzw. dort vorgefallen sind. Anita ist sich nicht sicher, ob ihr Chef, Herr Fröhlich, immer Recht hat. Ihre Freundin möchte ihr helfen, diese Rechtsfragen zu klären und macht ihr den Vorschlag, sich nach der Schule im Café „Kolibri" zu treffen, um ausführlich darüber zu reden. Anita ist damit einverstanden.

Nach der Schule setzen sie sich bei einer Tasse Kaffee mit dem Jugendarbeitsschutzgesetz auseinander, um dort eine eindeutige Antwort auf Anitas Fragen zu finden. Machen Sie es den beiden Freundinnen nach und unterbreiten Sie ebenfalls mithilfe des Jugendarbeitsschutzgesetzes einen Lösungsvorschlag. Ergänzen Sie hierzu die Arbeitsvorlage.

§
JArb
SchG
BERGER

Arbeitsvorlage

Vorkommnisse im Ausbildungsbetrieb / Rechtsfragen	JArbSchG Verstoß ja	JArbSchG Verstoß nein	§	Begründung
1. Wegen der guten Auftragslage muss Anita neuerdings täglich neun Stunden arbeiten.	X		8 (1)	Tägl. Arbeitszeit max. 8,5 Std.
2. Kürzlich fiel der Berufsschulunterricht nach der 4. Stunde aus. Anstatt in den Betrieb ging Anita nach Hause und ist der Ansicht, dass sie sich korrekt verhalten hat, weil sie ja nicht für den Unterrichtsausfall verantwortlich ist. Am darauffolgenden Tag erhielt Anita von ihrem Chef eine Standpauke mit dem Hinweis, zukünftig in diesen Fällen im Betrieb zur Arbeit zu erscheinen.		X	9 (2) 2.	Erst mehr als 5 Stunden entsprechen einem Arbeitstag.
3. Anita arbeitet täglich von 7:30 bis 16:00 Uhr. Als einzige Pause steht ihr eine Mittagspause von 12:00 bis 12:45 Uhr zu.	X		11 (1) 2.	Arbeitszeit > 6 Std.: Ruhepausen mindestens 60 Minuten
4. Weil mehrere Angestellte in der Versandabteilung erkrankt sind, darf Anita auf Anweisung ihres Chefs bis auf weiteres die Berufsschule nicht besuchen.	X		9 (1)	Pflicht zur Freistellung zur Berufsschule
5. Auf Wunsch erhielt Anita den Arbeitstag vor der Zwischenprüfung zum Lernen frei. Ihr Chef hat ihr dafür einen Urlaubstag verrechnet.		X	10 (1) 2.	Zwischenprüfung ist keine Abschlussprüfung
6. Ihr Chef ordnet wegen des bevorstehenden Betriebsurlaubes für alle Mitarbeiter - auch für die Azubi - Samstagsarbeit an, um die Aufträge fristgerecht erledigen zu können. Anita ist darüber nicht begeistert. Andererseits überlegt sie, mit der Zusatzvergütung ihren Sommerurlaub zu finanzieren.	X		16 (1)	Samstagsruhe
7. Bei der Inventur, die zwei Tage dauerte, musste Anita bis 23:00 Uhr arbeiten.	X		14 (1)	Beschäftigung nur zwischen 6:00 und 20:00 Uhr (Einhaltung Nachtruhe)
8. Die Auszubildende Gisela, 16 Jahre, die im September mit der Ausbildung begonnen hat, musste sich keiner ärztlichen Untersuchung unterziehen, da ihr Vater Arzt ist. Anita versteht dies nicht, weil bei ihr die Untersuchung ausdrücklich angeordnet wurde.	X		32 (1) 1.	Erstuntersuchung
9. Demnächst muss Anita drei Monate im Lager arbeiten. Davor graust es ihr schon heute, weil das Schleppen von schweren Paketen zu ihrer Arbeit gehört.	X		22 (1) 1.	Keine Arbeiten, die die physische Leistungsfähigkeit übersteigen
10. Anita hat eine Woche Urlaub außerhalb der Berufsschulferien. Die Berufsschule (BS) besucht sie trotz Urlaub. Ihr Chef ist der Ansicht „Urlaub ist Urlaub“ und schreibt ihr den Berufsschultag nicht als Urlaubstag gut.	X		19 (3)	Für jeden BS-Tag, an dem die BS während des Urlaubs besucht wird, ist ein weiterer Urlaubstag anzurechnen.
11. Um Kosten zu sparen, möchte Anitas Chef die Ausbildungsvergütung um die Berufsschulzeit kürzen, weil sie in dieser Zeit keine betriebliche Leistung erbringe.	X		9 (3)	Kein Entgeltausfall durch den Berufsschulbesuch
12. Anita ist sich nicht sicher, ob die Regelungen des Jugendarbeitsschutzgesetzes sie überhaupt noch im Rahmen ihrer Ausbildung betreffen, weil sie bereits 17 Jahre alt ist.	X		1 (1)	JArbSchG gilt für Jugendliche, die noch nicht 18 Jahre alt sind.

Kopiervorlage

Arbeitsvorlage

Vorkommnisse im Ausbildungsbetrieb / Rechtsfragen	JArbSchG			Begründung
	Verstoß		§	
	ja	nein		
1. Wegen der guten Auftragslage muss Anita neuerdings täglich neun Stunden arbeiten.				
2. Kürzlich fiel der Berufsschulunterricht nach der 4. Stunde aus. Anstatt in den Betrieb ging Anita nach Hause und ist der Ansicht, dass sie sich korrekt verhalten hat, weil sie ja nicht für den Unterrichtsausfall verantwortlich ist. Am darauffolgenden Tag erhielt Anita von ihrem Chef eine Standpauke mit dem Hinweis, zukünftig in diesen Fällen im Betrieb zur Arbeit zu erscheinen.				
3. Anita arbeitet täglich von 7:30 bis 16:00 Uhr. Als einzige Pause steht ihr eine Mittagspause von 12:00 bis 12:45 Uhr zu.				
4. Weil mehrere Angestellte in der Versandabteilung erkrankt sind, darf Anita auf Anweisung ihres Chefs bis auf weiteres die Berufsschule nicht besuchen.				
5. Auf Wunsch erhielt Anita den Arbeitstag vor der Zwischenprüfung zum Lernen frei. Ihr Chef hat ihr dafür einen Urlaubstag verrechnet.				
6. Ihr Chef ordnet wegen des bevorstehenden Betriebsurlaubes für alle Mitarbeiter - auch für die Azubi - Samstagsarbeit an, um die Aufträge fristgerecht erledigen zu können. Anita ist darüber nicht begeistert. Andererseits überlegt sie, mit der Zusatzvergütung ihren Sommerurlaub zu finanzieren.				
7. Bei der Inventur, die zwei Tage dauerte, musste Anita bis 23:00 Uhr arbeiten.				
8. Die Auszubildende Gisela, 16 Jahre, die im September mit der Ausbildung begonnen hat, musste sich keiner ärztlichen Untersuchung unterziehen, da ihr Vater Arzt ist. Anita versteht dies nicht, weil bei ihr die Untersuchung ausdrücklich angeordnet wurde.				
9. Demnächst muss Anita drei Monate im Lager arbeiten. Davor graust es ihr schon heute, weil das Schleppen von schweren Paketen zu ihrer Arbeit gehört.				
10. Anita hat eine Woche Urlaub außerhalb der Berufsschulferien. Die Berufsschule (BS) besucht sie trotz Urlaub. Ihr Chef ist der Ansicht „Urlaub ist Urlaub" und schreibt ihr den Berufsschultag nicht als Urlaubstag gut.				
11. Um Kosten zu sparen, möchte Anitas Chef die Ausbildungsvergütung um die Berufsschulzeit kürzen, weil sie in dieser Zeit keine betriebliche Leistung erbringe.				
12. Anita ist sich nicht sicher, ob die Regelungen des Jugendarbeitsschutzgesetzes sie überhaupt noch im Rahmen ihrer Ausbildung betreffen, weil sie bereits 17 Jahre alt ist.				

Das Jugendarbeitsschutzgesetz I

Geltungsbereich

Beschäftigte Personen, die

mind. 15 Jahre alt

max. 17 Jahre alt

Wer noch keine 15 Jahre alt ist:

= **„Kind“**

Kinderarbeit grundsätzlich **verboten**

Vollzeitschulpflichtige Jugendliche:

Vorschriften für **„Kinder“** gelten

Zweck

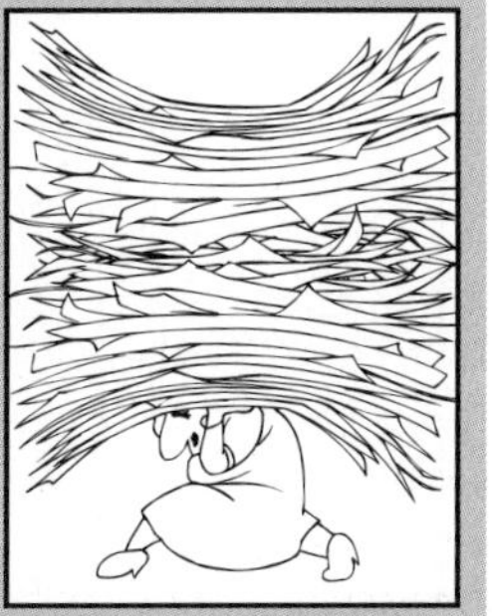

Schutz von Kindern u. Jugendlichen vor:

- Überforderung
- Überbeanspruchung
- Gefahren

Verstöße

- Geld- oder Freiheitsstrafe
- Bei mehrmaligem Vergehen: Beschäftigungsverbot für Jugendliche

Das Jugendarbeitsschutzgesetz I

Geltungsbereich

Beschäftigte Personen, die

mind. ....

max. ....

Wer noch keine

.... alt ist:

= „...........“

....

grundsätzlich **verboten**

....

....

....

....

....

Zweck

....

....

....

....

....

Verstöße

....

....

- Bei mehrmaligem Vergehen:

....

....

Das Jugendarbeitsschutzgesetz II

Arbeitsschutz

Arbeitszeit

- tägl. max. 8,5 Std.
- wöchentl. max. 40 Std.

Verbotene Arbeiten

- Akkordarbeit
- gesundheitsgefährdende Arbeiten
- Arbeiten, die Jugendliche sittlich gefährden
- Arbeiten, die die Leistungsfähigkeit der Jugendlichen übersteigen

Berufsschule und Prüfungen

- > 5 Unterrichtsstunden = ein Arbeitstag
- Freistellung am: **Prüfungstag** und am Arbeitstag unmittelbar vor schriftl. Abschlussprüfung

Gesundheitsschutz

Ärztliche Untersuchungen

- Erstuntersuchung
- 1. Nachuntersuchung vor Ablauf des ersten Beschäftigungsjahres = Pflicht
- 2. und 3. Nachuntersuchung = freiwillig

Überwachung

Gewerbeaufsichtsamt

Offenlegung

Auslage JArbSchG an geeigneter Stelle im Betrieb

Freizeitschutz

Ruhepausen

- 4,5 - 6 Std. –> 30 Min.
- > 6 Std.: –> 60 Min.

Urlaub

- 15-Jähr.-> 30 Werktage
- 16-Jähr.-> 27 Werktage
- 17-Jähr.-> 25 Werktage

Nachtruhe

i. d. R. 20:00 bis 6:00 Uhr

5-Tage-Woche

Samstags-, Sonntags- und Feiertagsruhe

branchenspezifische Ausnahmen

Tägliche Freizeit

Nach Arbeitszeitende ununterbrochene Freizeit von 12 Stunden

Das Jugendarbeitsschutzgesetz II

Arbeitsschutz

Arbeitszeit

- tägl. max. .... Std.
- wöchentl. max. ..... Std.

Verbotene Arbeiten

....
....
....
....
....
....
....
....
....
....

Berufsschule und Prüfungen

....
....
....
....
....
....
....

Gesundheitsschutz

Ärztliche Untersuchungen

....
....
....
....
....
....
....
....

Überwachung

....

Offenlegung

....
....
....

Freizeitschutz

Ruhepausen

....
....

Urlaub

- ...-Jähr.-> .... Werktage
- ...-Jähr.-> .... Werktage
- ...-Jähr.-> .... Werktage

Nachtruhe

i. d. R. .... Uhr

5-Tage-Woche

Samstags-, Sonntags- und Feiertagsruhe

....
....

Tägliche Freizeit

Nach Arbeitszeitende ununterbrochene Freizeit von ...... Stunden

Test: Jugendarbeitsschutz

1. Aufgabe:

Der Personalchef Heinz Schnurr der Maschinenfabrik Weiner KG muss die Auszubildende zur ersten ärztlichen Nachuntersuchung schicken. Wann muss diese Untersuchung nach dem Jugendarbeitsschutzgesetz durchgeführt werden?

1. Unmittelbar vor der Übernahme in das Arbeitsverhältnis
2. Ein Jahr nach Aufnahme der ersten Beschäftigung
3. Sechs Monate nach Aufnahme der ersten Beschäftigung
4. Drei Monate nach Aufnahme der ersten Beschäftigung
5. Unmittelbar nach Teilnahme an der Abschlussprüfung
6. Unmittelbar nach Ablauf der Probezeit

2. Aufgabe:

„Jugendliche dürfen nur an fünf Tagen in der Woche beschäftigt werden". In welchem Gesetz steht diese Aussage?

1. Im Berufsbildungssgesetz
2. Im Tarifvertragssgesetz
3. Im Jugendarbeitsschutzgesetz
4. Im Arbeitszeitgesetz
5. Im Betriebsverfassungsgesetz

3. Aufgabe:

Welcher Sachverhalt ist dem Jugendarbeitsschutzgesetz zuzuordnen?

1. Ein Jugendlicher beantragt Bildungsurlaub.
2. Ein Jugendlicher, der sich in der Ausbildung befindet, wird zum Jugendvertreter des Betriebes gewählt.
3. Ein Jugendlicher wird auf dem Weg zur Arbeit bei einem Verkehrsunfall verletzt.
4. Ein Jugendlicher wird zur Spätschicht eingeteilt.
5. Ein Jugendlicher wird durch seinen Betrieb zur Kaufmannsgehilfenprüfung angemeldet.

4. Aufgabe:

Welche Pausenregelung entspricht der Mindestvorschrift des Jugendarbeitsschutzgesetzes?

	Arbeitsbeginn	Gesamtarbeitszeit	Pausenlänge
1.	7:00 Uhr	390 Minuten	30 Minuten
2.	7:00 Uhr	240 Minuten	10 Minuten
3.	8:00 Uhr	300 Minuten	15 Minuten
4.	8:00 Uhr	360 Minuten	15 Minuten
5.	7:30 Uhr	360 Minuten	30 Minuten

▶ ☐

5. Aufgabe:

Das Jugendarbeitsschutzgesetz legt die Ruhepausen für Jugendliche fest. Welche Aussage ist richtig?

1. Ruhepausen betragen insgesamt mindestens 60 Minuten bei einer Arbeitszeit von mehr als sechs Stunden täglich.
2. Ruhepausen werden in die tägliche Arbeitszeit mit eingerechnet.
3. Länger als fünf Stunden hintereinander dürfen Jugendliche nicht ohne Ruhepausen beschäftigt werden.
4. Die Ruhepausen können zu Beginn oder am Ende der Arbeitszeit eingelegt werden.
5. Die zeitliche Festlegung der Ruhepausen kann täglich, je nach Arbeitsanfall, neu geregelt werden.
6. Als Ruhepausen gelten nur Unterbrechungen von mindestens 30 Minuten.

▶ ☐

6. Aufgabe:

Welche Aussage zum Jugendarbeitsschutzgesetz ist zutreffend?

1. Über die Kürzung der Ausbildungsvergütung für die Zeit des Berufsschulbesuchs kann eine gesonderte Vereinbarung zwischen dem Betrieb und dem Jugendlichen getroffen werden.
2. In Berufsschulwochen (mindestens 25 Stunden an mindestens 5 Tagen) sind zusätzliche betriebliche Ausbildungsveranstaltungen bis zu zwei Stunden in der Woche erlaubt.
3. Die Zeit, die ein Jugendlicher für den Hin- und Rückweg zur Berufsschule benötigt sowie die Teilnahme an freiwilligen Schulveranstaltungen, ist auf die Arbeitszeit anzurechnen.
4. Der Arbeitgeber hat den Jugendlichen an den Arbeitstagen, die der Abschlussprüfung (schriftlicher + mündlicher Teil) vorangehen, freizustellen.
5. Hat ein Jugendlicher am arbeitsfreien Samstag Berufsschulunterricht von 5 Zeitstunden, darf er Montag bis Freitag 40 Stunden beschäftigt werden.

▶ ☐

7. Aufgabe:

Welchen Geltungsbereich hat das Jugendarbeitsschutzgesetz?

1. Das Gesetz gilt für die Beschäftigung von Jugendlichen als Arbeitnehmer, die noch nicht 18 Jahre alt sind.
2. Das Gesetz gilt für die Beschäftigung von Jugendlichen bis zum Alter von 16 Jahren.
3. Das Gesetz gilt für die Beschäftigung von allen Jugendlichen bis zu 21 Jahren.
4. Das Gesetz gilt für jede Beschäftigung von Jugendlichen.
5. Das Gesetz gilt für Personen, die der Jugend- und Auszubildendenvertretung angehören.

▶ ☐

8. Aufgabe:

Was regelt das Jugendarbeitsschutzgesetz?

1. Den Aufenthalt von Jugendlichen in Gaststätten
2. Die Vergütung für die Auszubildenden
3. Den Mindesturlaubsanspruch
4. Die Ausbildungszeitdauer
5. Die Wahl der Jugend- und Auszubildendenvertretung

▶ ☐

9. Aufgabe:

Berufsbildungsgesetz und Jugendarbeitsschutzgesetz bilden den rechtlichen Rahmen für die Berufsausbildung.
Welche Vorschrift enthält das Jugendarbeitsschutzgesetz?

1. Der Auszubildende ist verpflichtet, die für die Ausbildungsstätte geltende Ordnung zu beachten.
2. Während der Probezeit kann ohne Einhaltung einer Kündigungsfrist und ohne Angaben von Gründen gekündigt werden.
3. Dem Auszubildenden sind nur Verrichtungen zu übertragen, die dem Ausbildungszweck dienen.
4. Jugendliche Auszubildende dürfen nicht mehr als acht Stunden täglich beschäftigt werden.
5. Schreibt der Ausbildende eine besondere Berufskleidung vor, so muss er sie dem Auszubildenden zur Verfügung stellen.

▶ ☐

10. Aufgabe:

Wer überwacht die Durchführung der Vorschriften nach dem Jugendarbeitsschutzgesetz?

1. Die Industrie- und Handelskammer bzw. die Handwerkskammer
2. Das Jugendamt
3. Die Gewerkschaften
4. Das Sozialamt
5. Die Gewerbeaufsichtsbehörde

▶ ☐

11. Aufgabe:

Ordnen Sie aus den sechs gesetzlichen Merkmalen die drei richtigen den Abschnitten des Jugendarbeitsschutzgesetzes zu.

Gesetzliche Merkmale	Abschnitte des Jugendarbeitsschutzgesetzes

1. Das Gesetz regelt den Mindesturlaubsanspruch für jugendliche Arbeitnehmer.
2. Das Gesetz regelt die Vergütung für die Auszubildenden.
3. Das Gesetz gilt für die Beschäftigung von Jugendlichen als Arbeitnehmer, die noch nicht 18 Jahre alt sind.
4. Das Gesetz ist beim Betriebsrat aufzubewahren.
5. Das Gesetz gilt für alle jugendlichen Arbeitnehmer bis 25 Jahre.
6. Das Gesetz ist an geeigneter Stelle im Betrieb zur Einsicht auszuhängen oder auszulegen.

- Geltungsbereich ▶ ☐
- Inhalt ▶ ☐
- Durchführung des Gesetzes ▶ ☐

12. Aufgabe:

Das Jugendarbeitsschutzgesetz legt fest, wer Jugendlicher im Sinne des Gesetzes ist. Welche Aussage ist richtig?

1. Jugendlicher ist, wer 7, aber noch nicht 18 Jahre alt ist.
2. Jugendlicher ist, wer 14, aber noch nicht 18 Jahre alt ist.
3. Jugendlicher ist, wer 14, aber noch nicht 21 Jahre alt ist.
4. Jugendlicher ist, wer 15, aber noch nicht 18 Jahre alt ist.
5. Jugendlicher ist, wer 10, aber noch nicht 18 Jahre alt ist.

▶ ☐

13. Aufgabe:

Die 17-jährige Auszubildende Sabine Faiss will sich über Ausbildungsfragen informieren. Welche Informationen erhält sie aus dem Jugendarbeitsschutzgesetz?

1. Informationen über die allgemeinen Aufgaben der Jugend- und Auszubildendenvertretung
2. Informationen über die Zulassung zur Abschlussprüfung
3. Informationen über die Bezahlung des Jugendlichen im Krankheitsfall
4. Informationen über die Dauer der Probezeit bei einem Ausbildungsverhältnis
5. Informationen, ob er an dem Arbeitstag direkt vor der schriftlichen Abschlussprüfung vom Arbeitgeber freigestellt werden muss

14. Aufgabe:

Der 16-jährige Auszubildende Christoph Klein wird zur Nachtschicht eingeteilt. Welches Gesetz gibt ihm Auskunft, ob diese Maßnahme zulässig ist?

1. Das Mitbestimmungsgesetz
2. Das Betriebsverfassungsgesetz
3. Das Jugendarbeitsschutzgesetz
4. Das Berufsbildungsgesetz
5. Das Arbeitszeitgesetz

15. Aufgabe:

Die 17-jährige Auszubildende Nadine König hat im Rahmen ihres Ausbildungsverhältnisses eine Vielzahl von Pflichten zu erfüllen. Welche Ihrer Pflichten ist im Jugendarbeitsschutzgesetz geregelt?

1. Die Pflicht zur Erst- und Nachuntersuchung
2. Die Schweigepflicht
3. Die Pflicht zur Berichtsheftführung
4. Die Lernpflicht
5. Die Teilnahmepflicht an der Zwischenprüfung

Lösungen zum Test Jugendarbeitsschutz

Aufgaben:	1	2	3	4	5	6	7	8	9	10	11	12	13	14	15
Lösungen:	2	3	4	5	1	2	1	3	4	5	3 - 1 - 6	4	5	3	1

Neues Jugendarbeitsschutzgesetz (JArbSchG)

Gültig seit 1. März 1997. Wesentliche Neuerungen:

Geltungsbereich → **Personen unter 18 J.**

→ **Jugendliche: 15 bis 17 Jahre** (Bisher: 14 bis 18 Jahre!)

→ **Kinder: unter 15 Jahre** (Bisher: unter 14 Jahre!)

Kinderarbeit → **Ausnahmen vom grundsätzlichen Verbot der Kinderarbeit:**

Beschäftigungsverbot gilt nicht für Kinder ab 14 Jahren, wenn die

- **Einwilligung** der Eltern vorliegt
- Beschäftigung **leicht** und für Kinder **geeignet** ist.

Die bisherige Beschränkung auf bestimmte Tätigkeiten (z. B. Zeitungen austragen) entfällt. Zudem gilt neuerdings einheitlich die (max.) 5-Tage-Woche sowie veränderte tägliche Zeitbegrenzungen für zulässige Kinderarbeit:

- max. 2 Std. täglich (landwirtschaftl. Familienbetrieb 3 Std. tägl.)
  = max. 10 Std. (15 Std.) je Woche bei 5-Tage-Woche
- nur zwischen 8:00 und 18:00 Uhr (wie bisher)
- nicht vor oder während des Schulunterrichtes

Auszubildende →

- **Jugendliche:** – **bei einem Berufsschultag/Woche > 5 Unterr.std.:** völlige Freistellung von Beschäftigung an diesem Tag (d. h. dieser Berufsschultag wird mit 8 Stunden auf die Arbeitszeit angerechnet).
  – **bei zweitem Berufsschultag in der Woche:** auch bei > 5 Unterr.std. besteht Möglichkeit, den Jugendl. anschließend im Ausbildungsbetrieb zu beschäftigen
- **Volljährige:** müssen nunmehr auch an Tagen, an denen sie > 5 Unterr.std. gebüffelt haben, noch in den Betrieb: Verrechnung der tatsächlichen Berufsschulzeiten einschließlich Pausen als Arbeitszeit. Die Differenz zur üblichen Arbeitszeit im Betrieb ist „abzuarbeiten".
- Somit **Ungleichbehandlung** von jugendlichen und volljährigen Azubis.

Hinweis: Das Heftchen „Klare Sache" **(Jugendarbeitsschutz mit Gesetzestext - Best. Nr. A 707)** kann kostenlos angefordert werden bei:

Bundesministerium für Arbeit und Sozialordnung
Referat Öffentlichkeitsarbeit
Postfach 500
53105 Bonn

Tel.: 0228 5271111
Fax.: 0180 5151511

15 MOTIVATIONSFÖRDERUNG

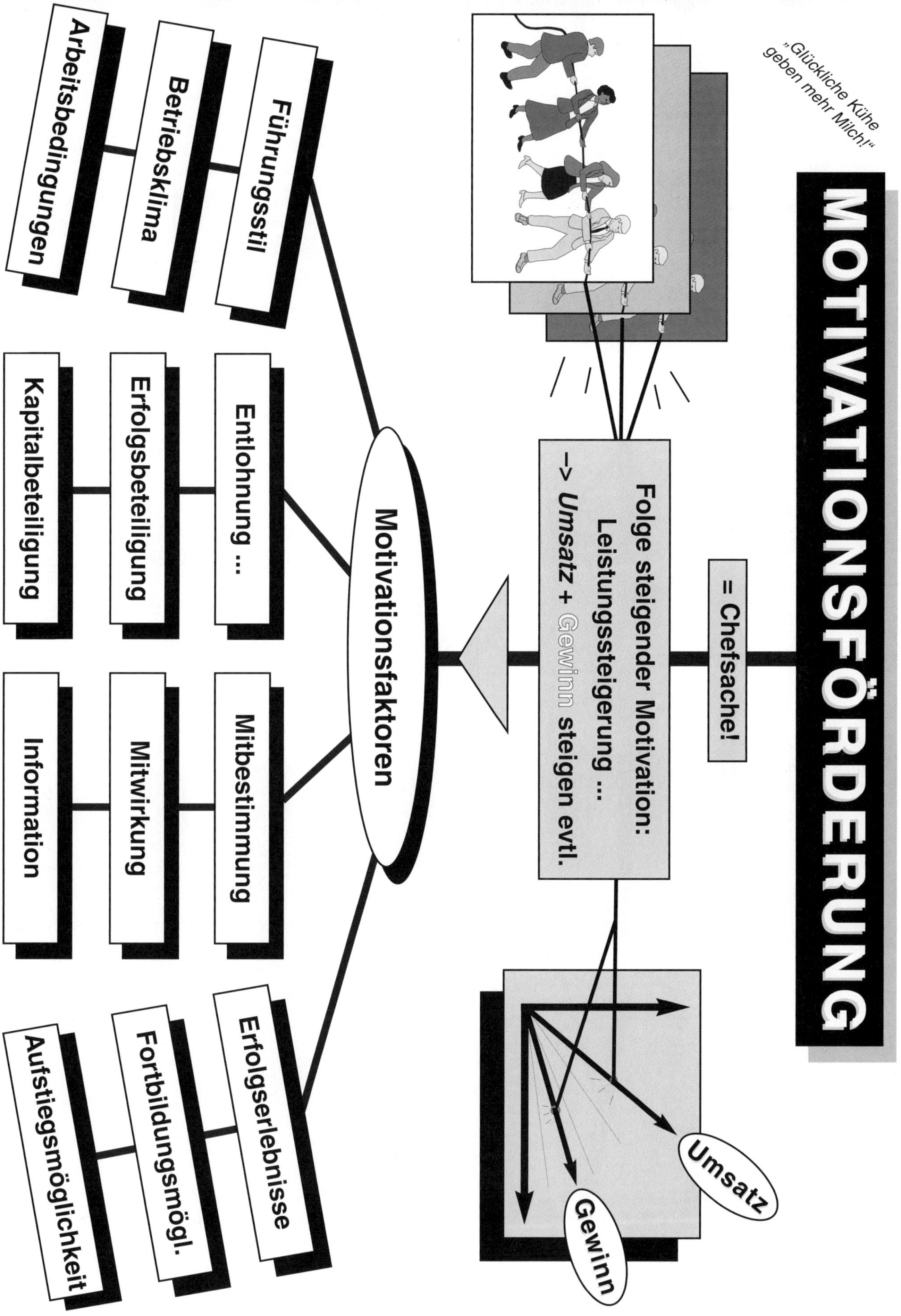

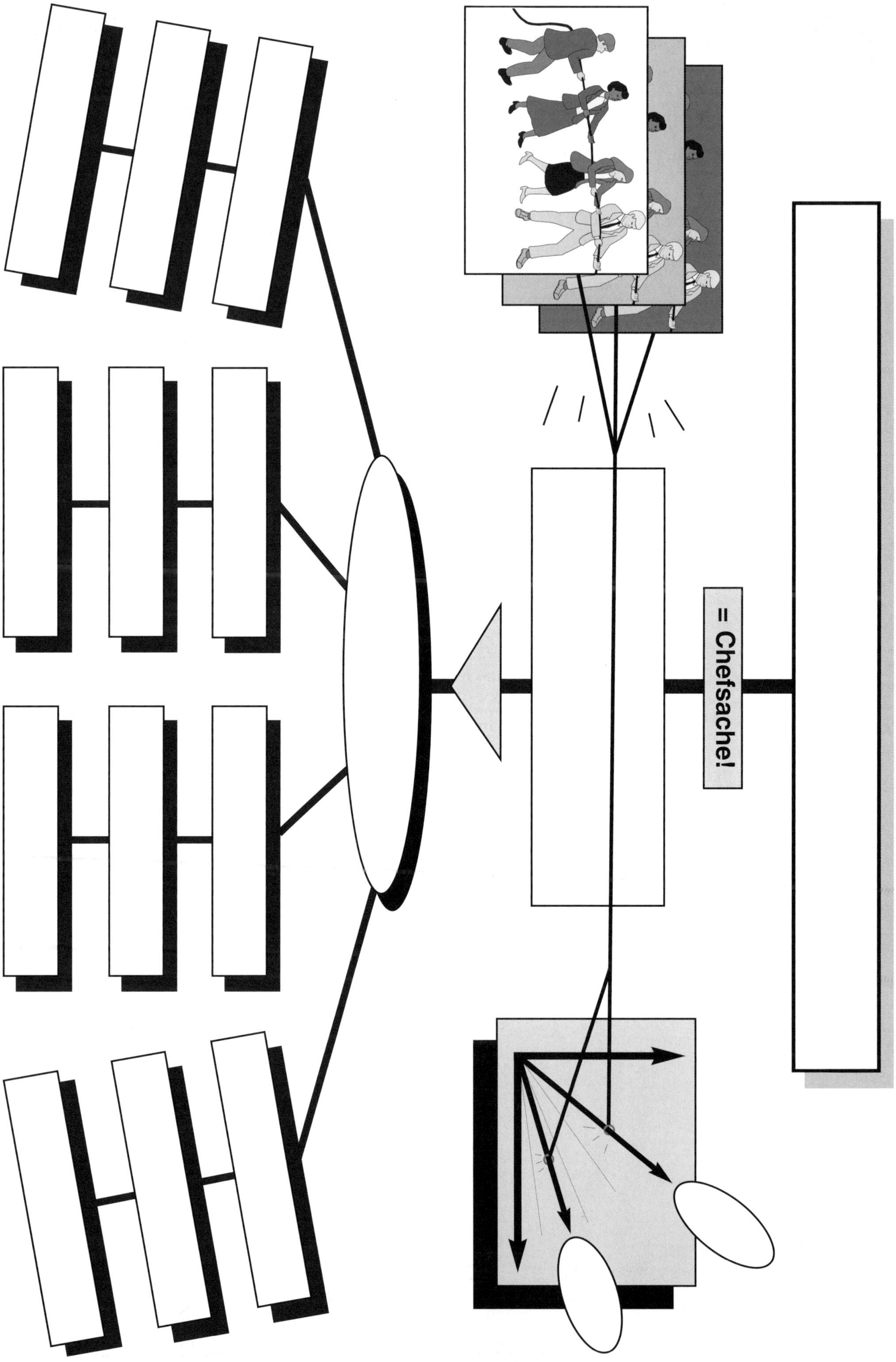
= Chefsache!

16 ERFOLGS- UND/ODER KAPITALBETEILIGUNG DER MITARBEITER

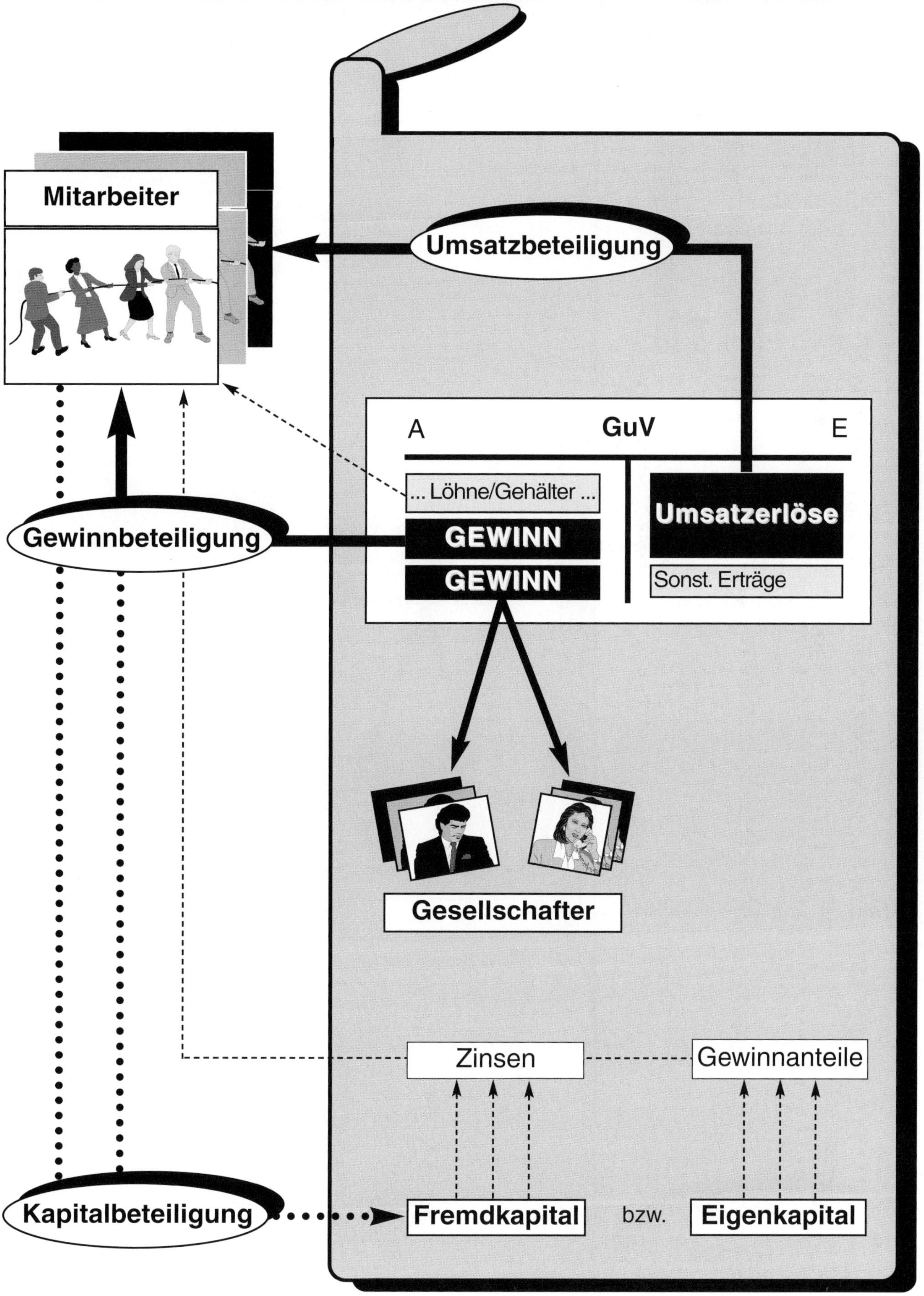

ERFOLGS- UND/ODER KAPITALBETEILIGUNG DER MITARBEITER

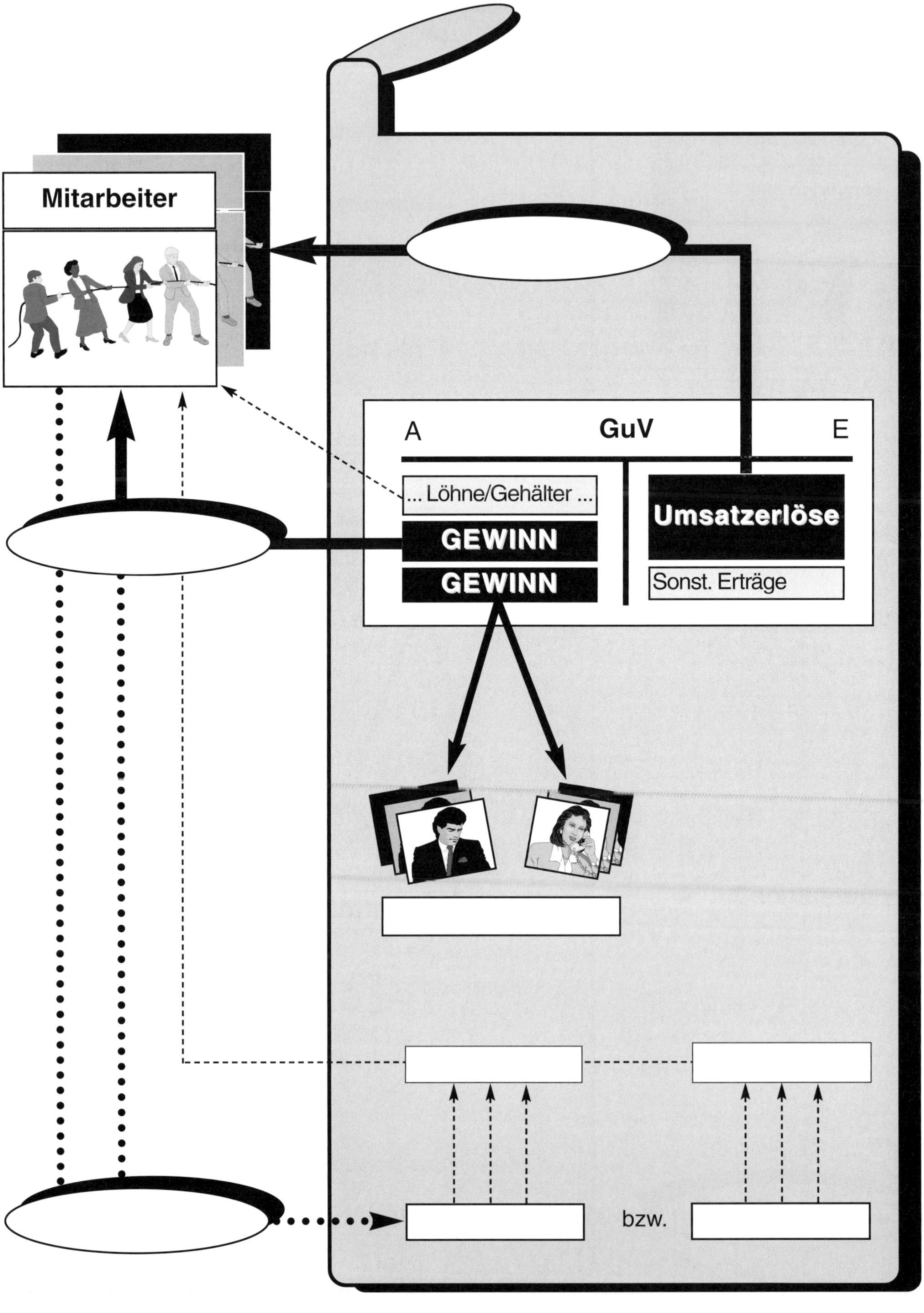

Erfolgs- und/oder Kapitalbeteiligung der Mitarbeiter
– Vorteile, Nachteile und Probleme –

+ Vorteile

- mehr Motivation –> mehr Leistung
- Fluktuation, Krankheitsquote sinken
- höheres Pflichtbewusstsein
- höhere Arbeitsfreude + Identifikation
- evtl. weniger Streiks

– Nachteile

- Einkommensverzicht f. Unternehmer
- Liquiditätsentzug
- i. d. R. keine Verlustbeteiligung
- komplizierte Berechnung
- Erfolgsbeteiligung oft mit Sperrfrist

Probleme

Woran beteiligen?

Beteiligung am/an:

- Gewinn lt. GuV?
- Betriebsgewinn?
- Umsatz?
- Kapital?
- Dividendensumme?

In welchem Verhältnis beteiligen?

Unternehmeranteil ↕ Mitarbeiteranteil

Wie auf Mitarbeiter aufschlüsseln?

nach

- Köpfen?
- Löhnen?
- Betriebszugehörigkeitsdauer?
- Alter?
- sozialen Aspekten?

Erfolgs- und/oder Kapitalbeteiligung der Mitarbeiter

– Vorteile, Nachteile und Probleme –

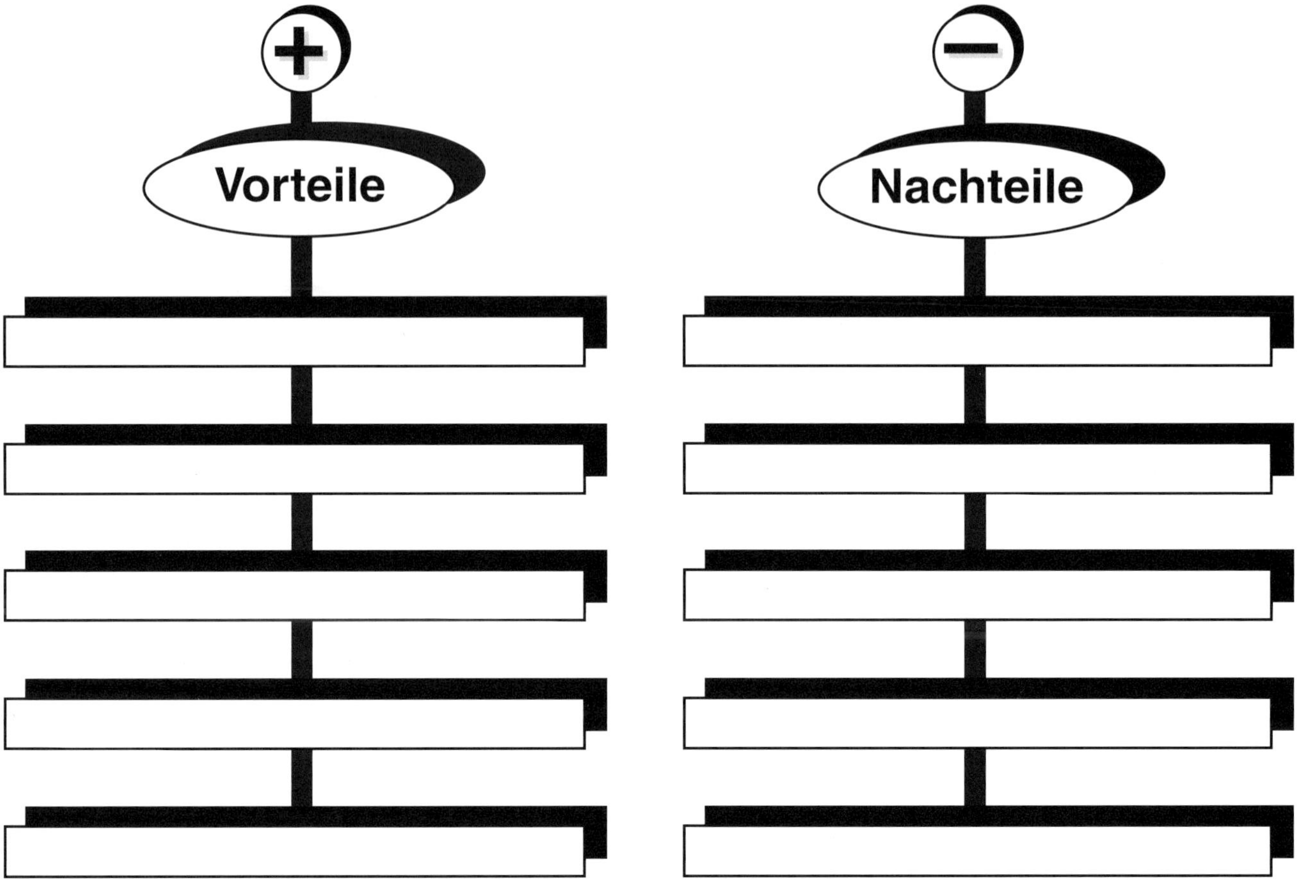

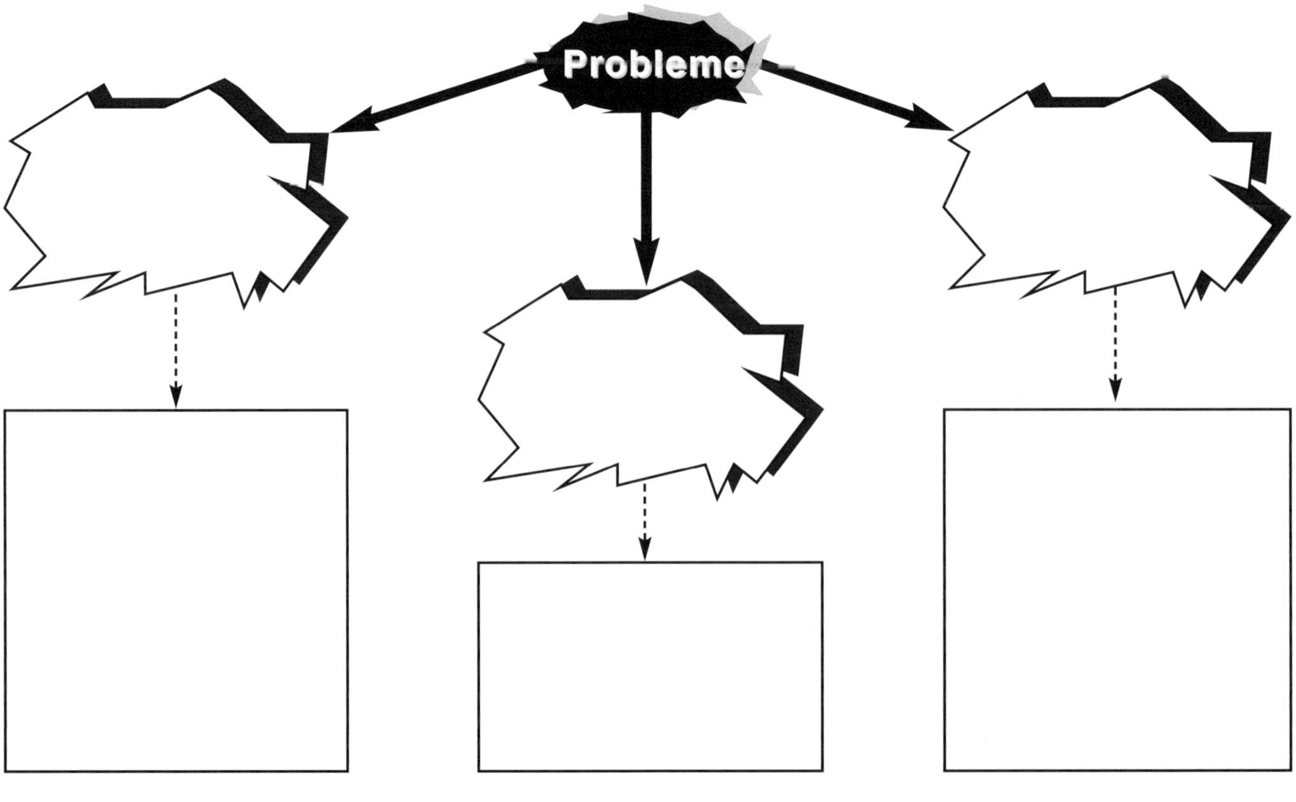

Die Mitarbeiterbeteiligung (Erfolgsbeteiligung)

Handlungsorientiertes Unterrichtsbeispiel von Wolfgang Bauknecht

Methodisch - didaktische Vorgehensweise

Lernorganisation

- Lehrer teilt die Klasse in sechs Gruppen ein (Gruppenstärke maximal 5 Teilnehmer). Er wirft hierbei jedem Schüler einen Tennisball mit einer Nummer zu. Die Durchnummerierung erfolgt von eins bis sechs. Die gleichen Nummern bilden jeweils eine Gruppe. Die Gruppenbildung erfolgt nach dem Zufallsprinzip.
- Jede Gruppe erhält vor Beginn des Rollenspiels eine Aufgabenkarte, damit sich jede Gruppe auf die ihr gestellte Aufgabe konzentrieren kann.
- Zur Festhaltung der Ergebnisphase empfehlen sich drei bis sechs Metaplan-Wände.
- Jede Gruppe erhält andersfarbige Kärtchen und Schreibstifte zur Beschriftung für die Metaplan-Wand.
- Die Rolle des Spielleiters übernimmt der Lehrer.
- Rollenspieler sitzen in der Mitte des Klassenzimmers, die übrigen Schüler kreisförmig darum.

Motivationsphase

Lehrer bestimmt aus Zeitersparnisgründen vor Unterrichtsbeginn eine Schülerin und einen Schüler für das gebundene **Rollenspiel** und händigt ihnen die Rollentexte aus (natürlich können auch andere Möglichkeiten für die Rollenbesetzung gewählt werden, z. B. Losentscheid usw.). Auf eine intensive Vorbereitungsphase für die Rollenspieler kann so verzichtet werden.

Nach dem Rollenspiel legt der Lehrer noch motivationsverstärkend die **Karikatur** (**Farbfolie**) zur Problematik der Mitarbeiterbeteiligung auf.

Ziel

Mit dem Rollenspiel soll es gelingen, auf einen problemorientierten Sachverhalt hinzuführen und die Schüler zu Lösungsbemühungen zu motivieren.

Spielphase

Aufgrund des Rollenspiels und der Aussagekraft der Karikatur setzen sich die Gruppen mit der Problematik der Mitarbeiterbeteiligung auseinander. Dazu greift jede Gruppe vor Beginn des Rollenspiels auf die **Aufgabenkarte** zurück, liest diese aufmerksam und beobachtet das Rollenspiel aufgrund der Aufgabenstellung.

Die **Aufgabenkarten** haben folgenden Inhalt:

Gruppe I: Geben Sie Ihre Stellungnahme zur **Problematik** der gerechten Erfolgsbeteiligung ab.

Gruppe II: Übernehmen Sie die Rolle der **Geschäftsleitung** der Maschinenbau Knoll GmbH und argumentieren Sie, was von der Unternehmerseite **für** die Erfolgsbeteiligung spricht.

Gruppe III: Übernehmen Sie die Rolle des Azubi Daniel Kraft und bringen Sie Argumente, die aus **Arbeitnehmersicht** für die Erfolgsbeteiligung sprechen.

Gruppe IV und V sollen ein **Streitgespräch** führen, das sich zwischen der Azubi Angelika und ihren zwei Chefs abspielen könnte, weil Angelika in ihrem Ausbildungsbetrieb Ihre zwei Chefs nach einer Erfolgsbeteiligung fragt (neues spontanes, **ungebundenes Rollenspiel**). Dabei sind die Aufgaben wie folgt verteilt:

Gruppe IV: Argumentieren Sie aus der Sicht der Azubi Angelika.

Gruppe V: Argumentieren Sie gegen die Mitarbeiterbeteiligung aus der Interessenlage Ihrer Chefs.

Gruppe VI: Nehmen Sie Stellung zu der Aussage von Dr. Christian Dräger, dem langjährigen Vorsitzenden der Drägerwerke AG in Lübeck: „Ohne Erfolg lässt sich nichts verteilen, aber ohne Verteilungsbereitschaft auch kein optimaler Erfolg erringen".

Auswertungsphase

Nach der Rollenspielphase erhalten die einzelnen Gruppen ca. 20 Minuten Zeit, um die Lösung der gestellten Aufgabe gemeinsam zu erarbeiten. Die in der jeweiligen Gruppe erarbeiteten Ergebnisse werden auf die farbigen Kärtchen geschrieben und von einem Gruppenmitglied (Gruppensprecher) an die Metaplan-Wand gepinnt und auch präsentiert.

Die Lösungsvorschläge (schülerabhängig) von den einzelnen Gruppen können wie folgt aussehen:

Gruppe I (Metaplan-Wand I)

Gerechte Mitarbeiterbeteiligung?

- Verteilungsbasis? (Gewinn, Umsatz...?)
- Wie Leistung feststellen? (geleistete Stunden, Überstunden, Engagement...?)
- Wie verteilen? (Alter, Betriebszugehörigkeitsdauer, Familienstand...?)
- Soziale Gerechtigkeit?
- Durchschaubare Berechnungsmethode?

Gruppe II (Metaplan-Wand II)

Geschäftsleitung: Was spricht für Mitarbeiterbeteil.?

- Höhere Produktivität
- Mehr Verantwortung
- Identifikation
- Kostenreduzierung
- Höhere Motivation
- Betriebstreue
- Fehlzeitenverringerung
- Pflichtbewusstsein

Gruppe III (Metaplan-Wand III)

Vorteile aus Arbeitnehmersicht

- höhere Arbeitsfreude
- höhere Einkommen
- Leistungsanreiz
- gerechte Entlohnung

Gruppe IV (Metaplan-Wand IV)

Weitere Argumente aus Arbeitnehmersicht

- Gleichbehandlungsgrundsatz aller Arbeitnehmer (branchen- und firmenunabhängig)
- keine Spaltung der Arbeitnehmer mit und ohne Erfolgsbeteiligung
- Gerechtigkeitsidee

Gruppe V (Metaplan-Wand V)

Argumente gegen Erfolgsbeteiligung

- Liquiditätsabfluss
- Selbstfinanzierung
- Haftung
- hohes Unternehmerrisiko
- Investitionsbereitschaft
- keine Verlustbeteiligung

Gruppe VI (Metaplan-Wand VI)

„Ohne Erfolg lässt sich nichts verteilen, aber ohne Verteilungsbereitschaft kein optimaler Erfolg erringen."

- Partnerschaft
- Kompromissbereitschaft
- keine Produktionsfaktorentrennung Arbeit/Kapital
- gemeinsame Erwirtschaftung des Erfolgs

Diskussionsphase

Nach der Auswertungs- und Präsentationsphase erfolgt die Abschlussdiskussion. Es ist denkbar, dass hier noch zusätzliche Argumente gefunden werden, die dann ergänzend an den einzelnen Metaplan-Wänden aufzunehmen sind. Der Lehrer übernimmt die Rolle des Diskussionsleiters.

Ergebnisphase

Die Schüler übernehmen evtl. die Inhalte der Metaplan-Wände in ihre Aufzeichnungen.

Erfolgssicherung

Die Sicherung der Lernziele erfolgt mittels Arbeitsblatt, das das Tafelbild ersetzt. Die fehlenden Lücken werden gemeinsam mit den Schülern ergänzt. (Vgl. Kopiervorlage)

Hausaufgabe

Um die Arten der Mitarbeiterbeteiligung in den nächsten Unterrichtsstunden erarbeiten zu können, erhalten die Schüler folgende Hausaufgabe:

1. Versuchen Sie zusätzliche Informationen über die Mitarbeiterbeteiligung aus dem Internet zu gewinnen.

Ziel: Schüler soll lernen, mit neuen Medien umzugehen und die Nutzungseffekte zu erkennen.

2. Sammeln Sie in den nächsten Wochen gezielt Zeitungsausschnitte über die Mitarbeiterbeteiligung.

Ziel: Schüler soll lernen, die Zeitung mit der Schere zu lesen.

Zeitungsartikel und Informationen aus dem Internet werden im weiteren Unterrichtsverlauf zur Erarbeitung der unterschiedlichen Arten der Mitarbeiterbeteiligung benötigt (Teil II).

Die Mitarbeiterbeteiligung (Erfolgsbeteiligung)

Vgl. Farbfolie

Ausgangssituation

Daniel Stark ist Auszubildender (Industriekaufmann) bei der Firma Maschinenbau Knoll GmbH. Seine Freundin Angelika Hübschle macht ihre Ausbildung zur Bürokauffrau im Autohaus Schnell & Zuverlässig KG. Beide befinden sich im 3. Ausbildungsjahr. An ihrem Berufsschultag treffen sie sich immer in der großen Pause. Heute unterhalten sie sich ganz angeregt über ihre Firmen.

Rollenspiel

Daniel: Gestern bekam ich wieder eine interessante Nachricht von meiner Firma.

Angelika: War es eine gute oder schlechte Nachricht?

Daniel: In unserer Firma gibt es nur gute Nachrichten.

Angelika: Jetzt übertreibst du wieder einmal.

Daniel: Ich arbeite eben in einem Großbetrieb mit 500 Beschäftigten. Nur dort ist so etwas möglich und durchführbar.

Angelika: Jetzt machst du mich aber neugierig. Fällt die gute Nachricht unter deine Schweigepflicht oder kannst du es mir erzählen?

Daniel: Das kannst du hier selbst schwarz auf weiß in unserer Mitarbeiter- und Kundenzeitung lesen.

Angelika: Lass sehen.

Daniel: Nur dieser Abschnitt ist für dich interessant.
„Als besondere Anerkennung für die fruchtbare Gemeinschaftsarbeit gewährt die Geschäftsleitung jedem Betriebsangehörigen - wie seit mehreren Jahren - eine beachtliche Sonderprämie als Beteiligung am Erfolg des Unternehmens".

Angelika: Wie hoch ist denn deine Erfolgsbeteiligung, die dir da einfach so überraschend zufliegt.

Daniel: Das behalte ich für mich. Das geht niemanden etwas an.

Angelika: Sag schon .... Erhält da jeder denselben Betrag?

Daniel: Das ist kaum vorstellbar. Aber ich weiß es wirklich nicht.

Angelika: Behalt alles für dich. Ich will nichts mehr wissen.

Daniel: Komm, komm, sei nicht so verärgert, wenn ich es selbst nicht weiß.

Angelika: Dir geht es wieder gut. Davon kann ich nur träumen und soll nicht verärgert sein. Ich glaube einfach, dass ich im falschen Betrieb arbeite. Hast du so eine Erfolgsbeteiligung überhaupt verdient?

Daniel: Gleich ist es mit der Freundschaft aus.

Angelika: So, so.

Daniel: Du weißt ja, dass ich nichts über meine Firma kommen lasse und bei der Arbeit immer Vollgas gebe. Das honoriert eben unsere Geschäftsleitung. Die versteht etwas von Mitarbeitermotivation.

Angelika: Meinst du, ich mache täglich meinen Büroschlaf in meinem Betrieb? Wieso gibt es so eine Erfolgsbeteiligung nicht auch bei uns? Es gilt doch der Grundsatz: „Gleiches Recht für alle".

Daniel: So einfach ist dieser Grundsatz doch nicht übertragbar. Unsere Geschäftsleitung hat eben die Zeichen der Zeit erkannt und weiß, was hoch motivierte Mitarbeiter zu leisten vermögen. Das spielt doch in eurem kleinen Fünf-Mann-Betrieb keine Rolle.

Angelika: So kannst nur du denken. Du bist und bleibst ein Egoist. Ich setze mich genauso für meinen Betrieb ein wie du und erhalte monatlich nur meine Ausbildungsvergütung, sonst nichts.

Daniel: Die steht dir ja auch nur für deine Tätigkeit zu. Nicht mehr und nicht weniger.

Angelika: Du hast gut reden. Aber ist das gerecht, wenn unsere Geschäftsinhaber den erwirtschafteten Betriebsgewinn für sich beanspruchen und die Mitarbeiter leer ausgehen? Das ist doch Betrug am Mitarbeiter.

Daniel: Gerecht oder nicht gerecht - darüber habe ich noch gar nicht nachgedacht. Treffen wir uns nach der Schule im Café Waldeck, um das Gespräch bei einer Tasse Kaffe und einem Stück Kuchen fortzusetzen?

Angelika: Aber natürlich. So lange träume ich auch von einer Erfolgsbeteiligung und welche Wünsche ich mir damit erfüllen könnte. Ich glaube, darüber muss ich unbedingt mit meinen zwei Chefs reden.

Daniel: Lass das ruhig bleiben. Die verärgerst du sonst nur. Das ist eine freiwillige Angelegenheit, die jeder Unternehmer so handhaben kann, wie er möchte,

Angelika: Hauptsache, dir geht es gut: Wie kann es nur solche Unterschiede geben?

Daniel: Es klingelt. Wir müssen wieder in den Unterricht. Also, bis später im Café Waldeck,

Angelika: Ja, bis später du Glückspilz.

Mitarbeiterbeteiligung - kritisch betrachtet

Arbeitnehmersicht (Produktionsfaktor Arbeit)	**Unternehmersicht (Produktionsfaktor Kapital)**	
Vorteile	**Vorteile**	**Nachteile**
• partnerschaftliche Zusammenarbeit • höheres Einkommen • Empfinden der gerechten Entlohnung • höhere Arbeitsfreude	• mehr Motivation –> mehr Leistung • Fluktuation, Krankheitsquote sinken • höheres Pflichtbewusstsein • Identifikation mit der Arbeit • Kostenreduzierung durch weniger Zeit- und Materialvergeudung • Steigerung der Produktivität • Verbesserung Betriebsklima	• Liquiditätsabfluss • Einkommensverzicht für Unternehmer • Selbstfinanzierungsspielraum wird kleiner • u. U. geringere Investitionsbereitschaft

Die Mitarbeiterbeteiligung (Erfolgsbeteiligung)

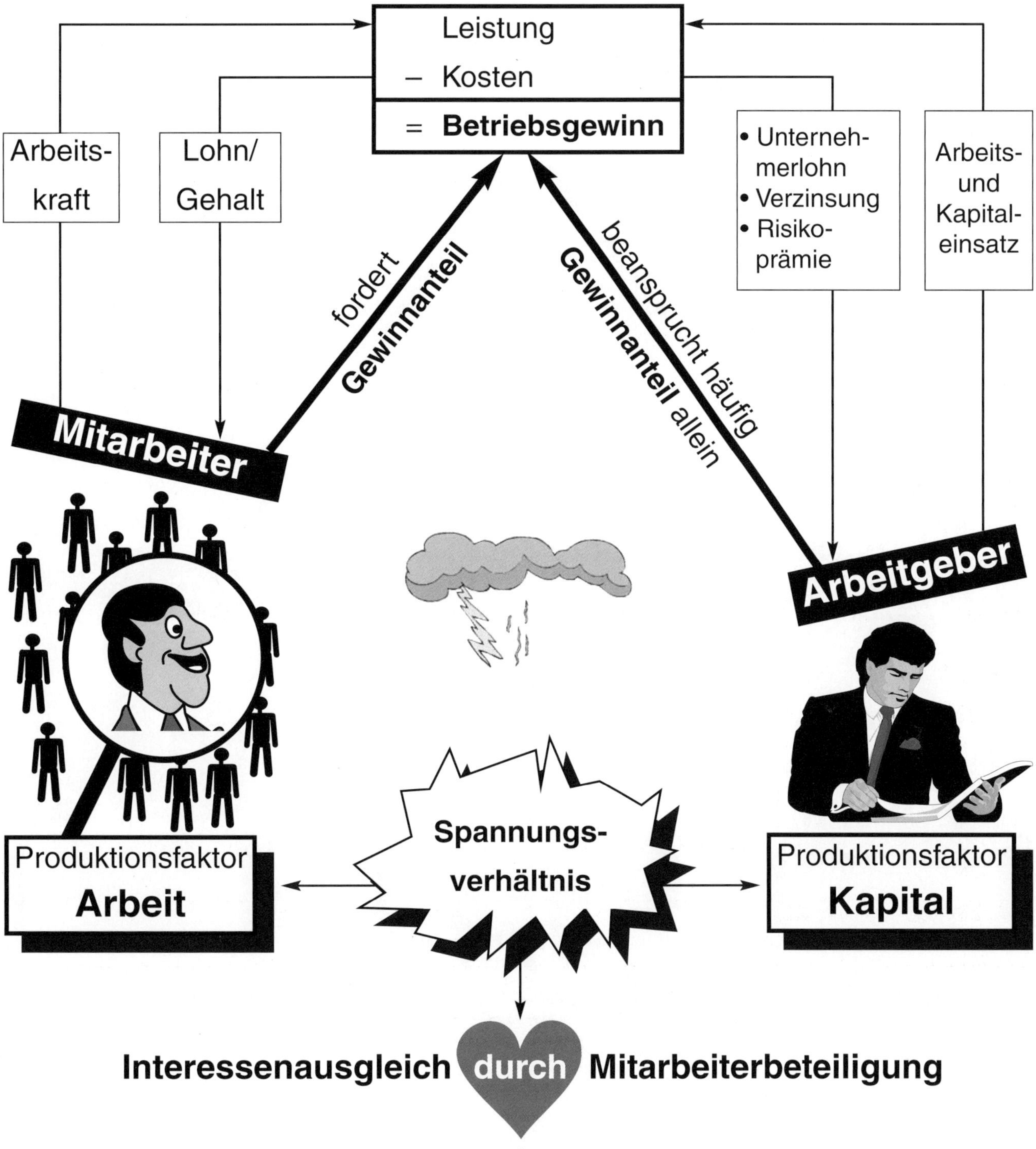

Probleme

Woran beteiligen?	Gewinn lt. GuV? Betriebsgewinn? Umsatz?
Wie viel verteilen?	Verhältnis Unternehmer-, Mitarbeiteranteil?
Wie aufschlüsseln?	nach Köpfen? Löhnen? Alter? Betriebsjahren?

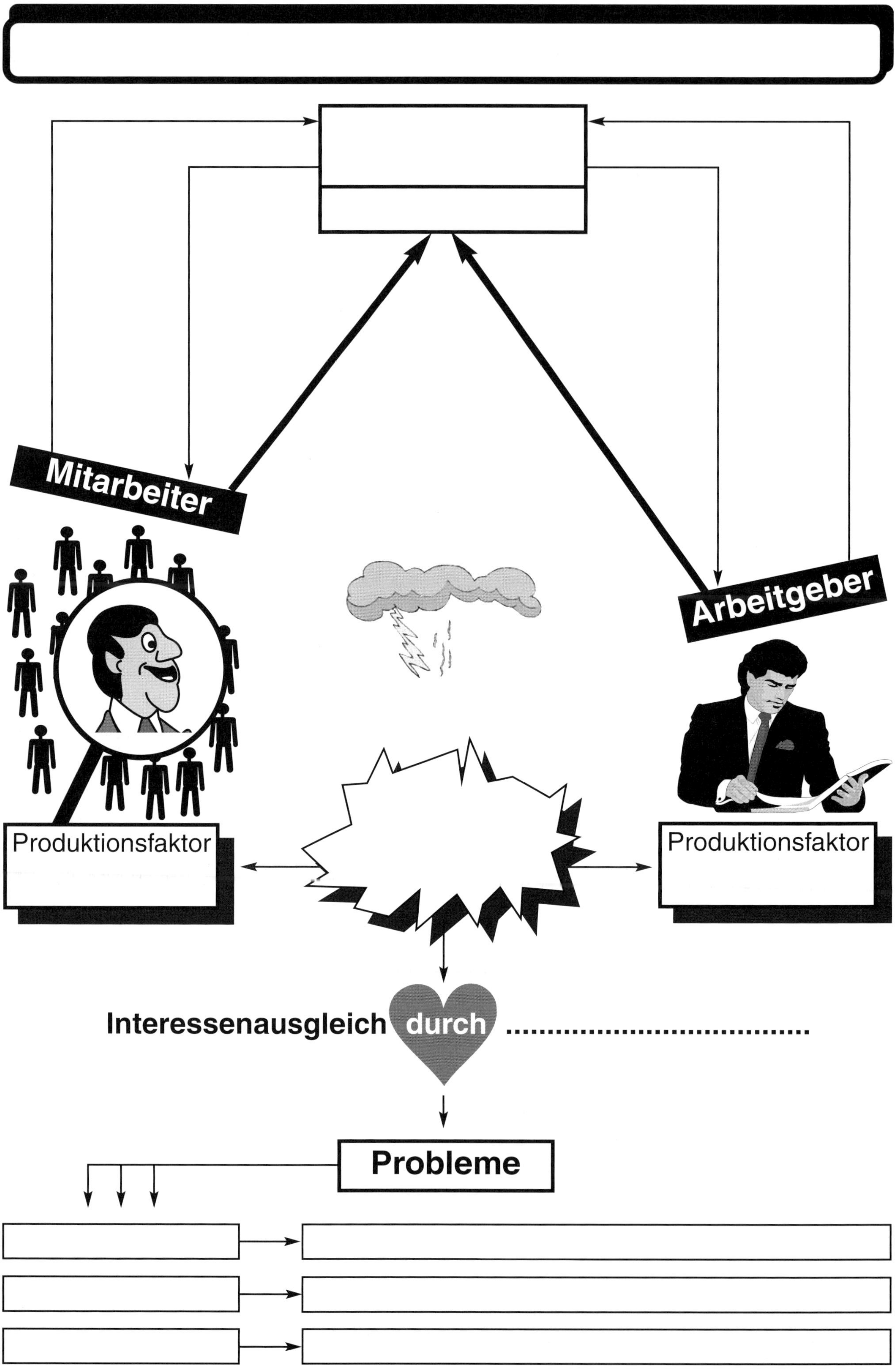
Mitarbeiter
Arbeitgeber
Produktionsfaktor
Produktionsfaktor
Interessenausgleich durch ....
Probleme

Abkürzungen: **AG** = Arbeitgeber; **AN** = Arbeitnehmer; **TVP** = Tarifvertragsparteien

17 ARBEITSGERICHTSBARKEIT

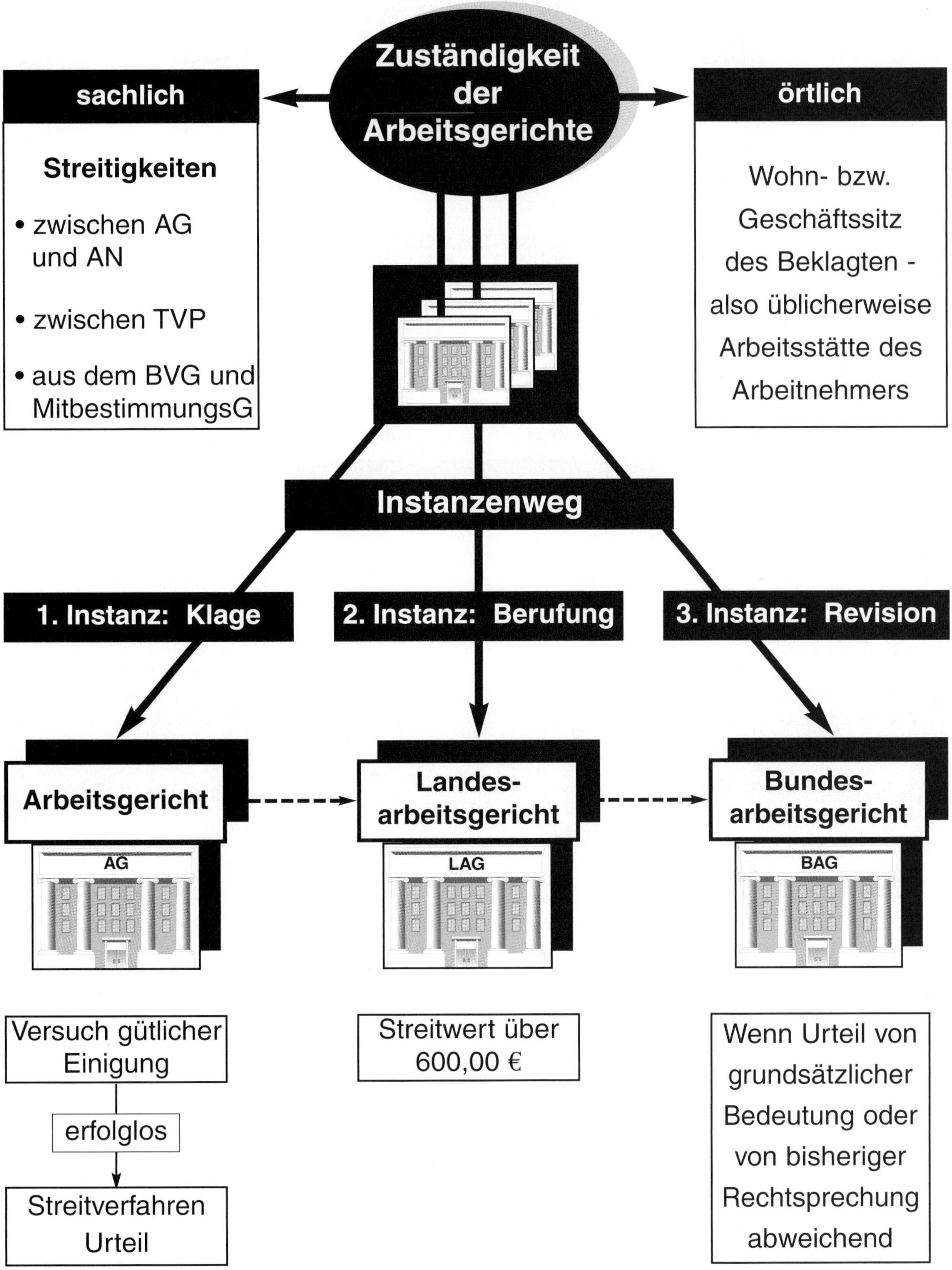

Abkürzungen: **AG** = Arbeitgeber; **AN** = Arbeitnehmer; **TVP** = Tarifvertragsparteien

Arbeitsgerichtsbarkeit

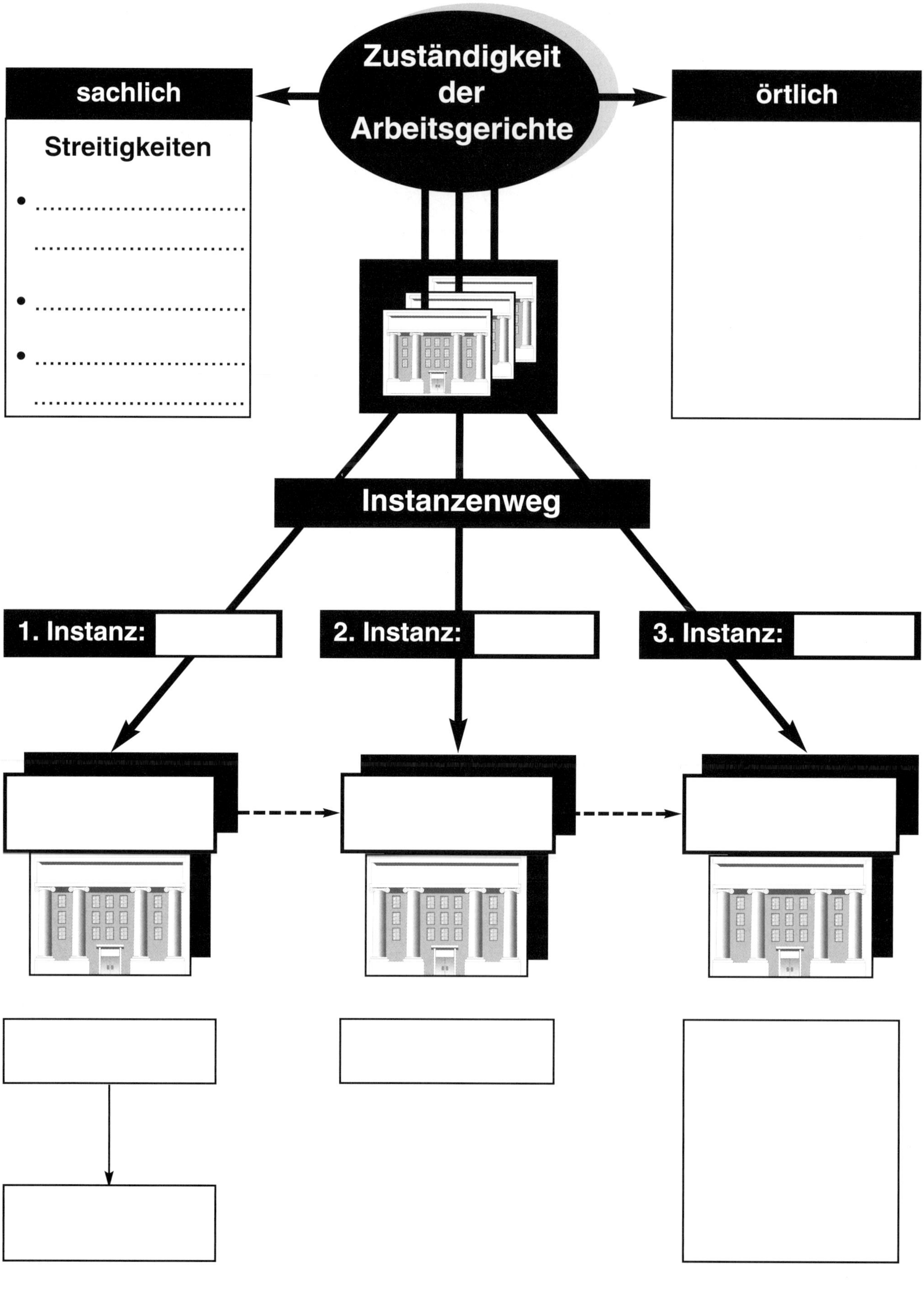

HOT 2/01

Das Bundesarbeitsgericht: Statistik 2000

Vgl.
www.bundesarbeitsgericht.de

Das Bundesarbeitsgericht in Erfurt

- Durchschnittliche **Verfahrensdauer**:
  16 Monate (in Kündigungssachen: 10 Monate)
- Insgesamt gingen 2 012 Sachen ein.
- 2 054 Sachen wurden erledigt.
- Verfahren nach **Rechtsgebieten (Erledigungen)**:

Kündigungen u. befristete Arbeitsverhältnisse:	28,5 %		
Tarifvertragsrecht:	20,3 %	Entgelt für geleistete Arbeit:	4,3 %
Betriebsverfassung und Personalvertretung:	7,2 %	Schadenersatz:	3,7 %
Entgeltfortzahlung bei Krankheit:	1,4 %	Gratifikationen:	3,7 %
Maßregelungsverbot (§ 613 a BGB):	2,0 %	Urlaubsrecht:	3,3 %
Ruhegeld (einschließlich Vorruhestand):	7,5 %	Sonstige:	18,4 %

18 VERMÖGENSWIRKSAME ANLAGEN
(Neuerungen ab 2002)

Bild — **Vermögenswirksame Leistungen**

Zeitungsausschnitt

Staatliche Sparförderung und Euro im Jahr 2002

Frankfurt (kre) - Im kommenden Jahr wird auch die staatliche Sparförderung für Arbeitnehmer auf Euro umgestellt.

*Beschäftigte, die von ihrem Arbeitgeber **vermögenswirksame Leistungen** von weniger als 480,00 € erhalten, sollten den Betrag aus eigener Tasche aufstocken. Nur wer 480,00 € im Jahr **vermögenswirksam anlegt,** erhält nämlich vom Staat die höchstmögliche **Arbeitnehmersparzulage.** Wie die Allgemeine Deutsche Direktbank empfiehlt, sollten betroffene Arbeitnehmer deshalb mit ihrem Arbeitgeber vereinbaren, einen Teil des Lohns als vermögenswirksame Leistung anzulegen.*

*Anlagen in Aktien oder Aktienfonds werden mit einer Sparzulage von **20 Prozent** in Westdeutschland und von **25 Prozent** in den neuen Bundesländern gefördert.*

*Und Arbeitnehmer, die ihre 480,00 € in einen **Bausparvertrag** einzahlen, haben die Möglichkeit, darüber hinaus noch 408,00 € in einem Aktienfonds anzulegen. Das Bausparen wird dann mit einer Zulage von **10 Prozent** und das Aktiensparen mit **20/25 Prozent** gefördert.*

*Die maximale Sparzulage beträgt dann im Westen **130,00 €** im Jahr und in den neuen Bundesländern **150,00 €.***

*Voraussetzung ist allerdings, dass das verfügbare Einkommen nicht über **17.900,00 €** bei Ledigen und **35.800,00 €** bei Ehepaaren liegt.*

Beantworten Sie folgende Fragen zum nebenstehenden Zeitungsausschnitt:

1 Wer kann generell vermögenswirksam sparen?

Arbeitnehmer

2 Wer **bezahlt** die Sparzulage? Staat

3 Wer **beteiligt** sich oft an vermögenswirks. Leistungen?

Arbeitgeber

4 Welche aktuellen Voraussetzungen müssen vorliegen, damit Anspruch auf Sparzulage besteht?

- Vermögenswirksames Sparen in bestimmten Anlageformen (v. a. Einzahlungen in Bausparverträge und Anlage in Aktien)
- Bestimmte Einkommensgrenzen dürfen nicht überschritten werden:

  17.900,00 €/J. (Led.) bzw. 35.800,00 €/J. (Verh.)

5 Wie viel € können pro Jahr und Monat maximal vermögenswirksam angelegt werden?
Nennen Sie alle Alternativen.

- **Generell:** 480,00 €/Jahr = 40,00 €/Monat
- **Sonderfall:** Bei Anlage von 480,00 € in Bausparguthaben können zusätzlich 408,00 € in Aktien angelegt werden, also insgesamt 888,00 €/Jahr bzw. 74,00 €/Monat.

6 Wie viel € Sparzulage erhalten Arbeitnehmer ABC?

A überweist monatlich 100,00 € an die Bausparkasse.
B überweist mtl. 40,00 € an die Bausparkasse und beteiligt sich mit 408,00 €/Jahr an einem Aktienfonds
C legt 500,00 €/Jahr in Aktien an

A:	10 % von 480,00 € =	**48,00 €/Jahr**
B:	10 % von 480,00 € =	48,00 €/Jahr
	+ 20 % von 408,00 € =	81,60 €/J. (W)
		129,60 €/J. (W)
C:	20 % von 408,00 € =	**81,60 €/J. (W)**

Bild — Vermögenswirksame Leistungen

Alternative 1 (Arbeitnehmerin A)

Anlage in **Bausparverträgen**

Arbeitnehmersparzulage:

10 %

Obergrenze der Einzahlung:
480,00 €/Jahr
= 40,00 € monatl.

Alternative 2 (Arbeitnehmer C)

Anlage in **Aktien, Aktienfonds**

Arbeitnehmersparzulage:

alte Bundesländer: 20 %
neue Bundesländer: 25 %

Obergrenze der Einzahlung:
408,00 €/Jahr

Alternative 3 (Arbeitnehmer B)

Kombination: Anlage in **Bausparverträgen + Aktien**

Arbeitnehmersparzulage:

10 % (Bausparverträge)
20 % W / 25 % O (Aktien)

Obergrenze der Einzahlung:
480,00 €/Jahr Bausparen
408,00 €/J. Aktien (Kapitalbet.)

Maximale Sparzulage:

10 % aus 480,00 €
+ 20 (25) % aus 408,00 €
= 129,60 € West
(150,00 € Ost)

Voraussetzung für Sparzulage:

Verfügbares Einkommen max. 17.900,00 € (Ledige); 35.800,00 € (Ehepaare)

Kopiervorlage zu Bild BWL - 170 — Vermögenswirksame Leistungen

Alternative 1 (Arbeitnehmerin A)

Anlage in **Bausparverträgen**

Arbeitnehmersparzulage:

%

Obergrenze der Einzahlung:

Alternative 2 (Arbeitnehmer C)

Anlage in **Aktien, Aktienfonds**

Arbeitnehmersparzulage:

Obergrenze der Einzahlung:

Alternative 3 (Arbeitnehmer B)

Kombination: Anlage in **Bausparverträgen + Aktien**

Arbeitnehmersparzulage:

%
%

Obergrenze der Einzahlung:

Maximale Sparzulage in €:

Voraussetzung für Sparzulage:

Verfügbares Einkommen max. € (Ledige); € (Ehepaare)

Bild BWL Vermögenswirksame Leistungen

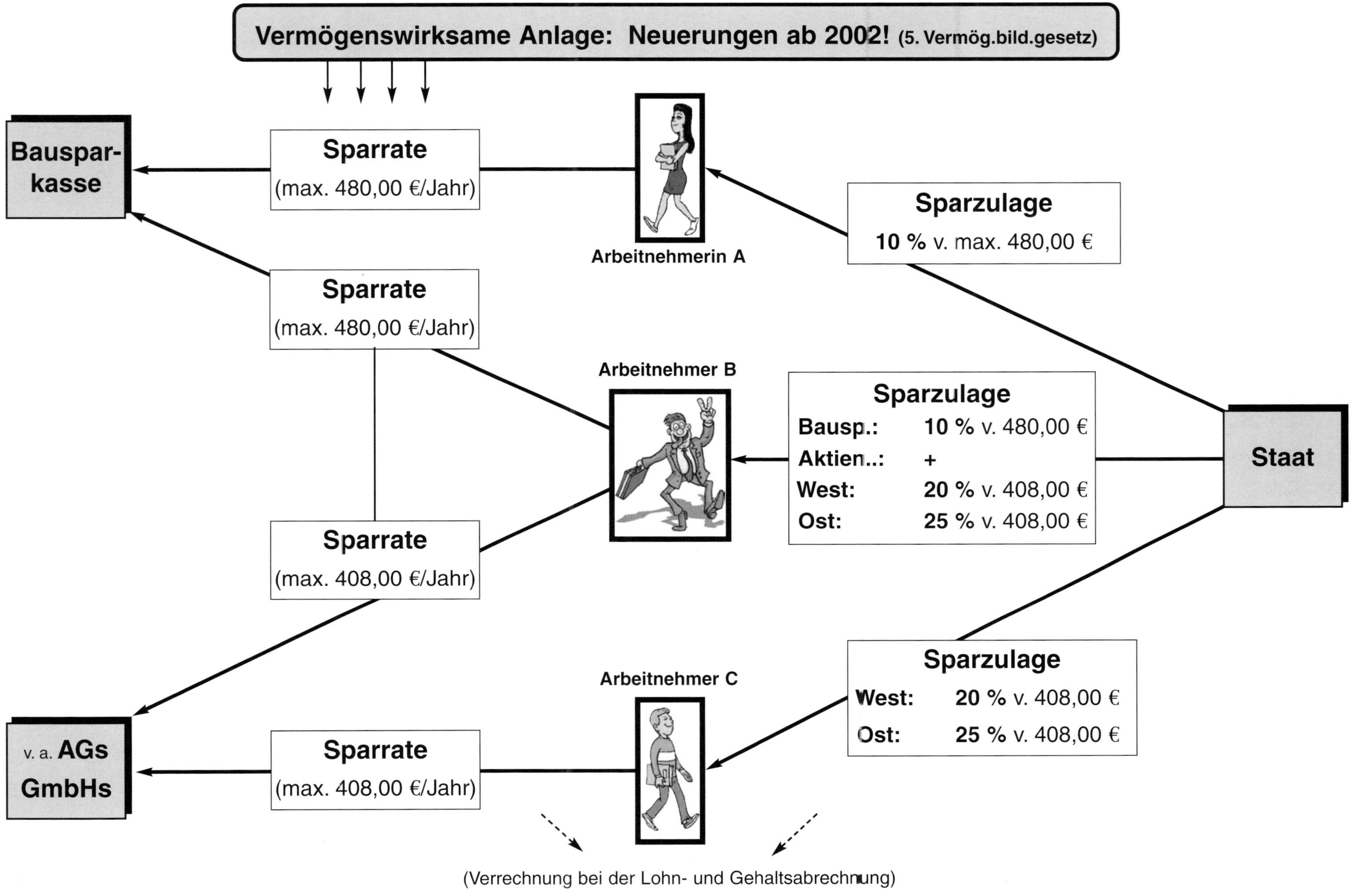

Kopiervorlage

Vermögenswirksame Leistungen

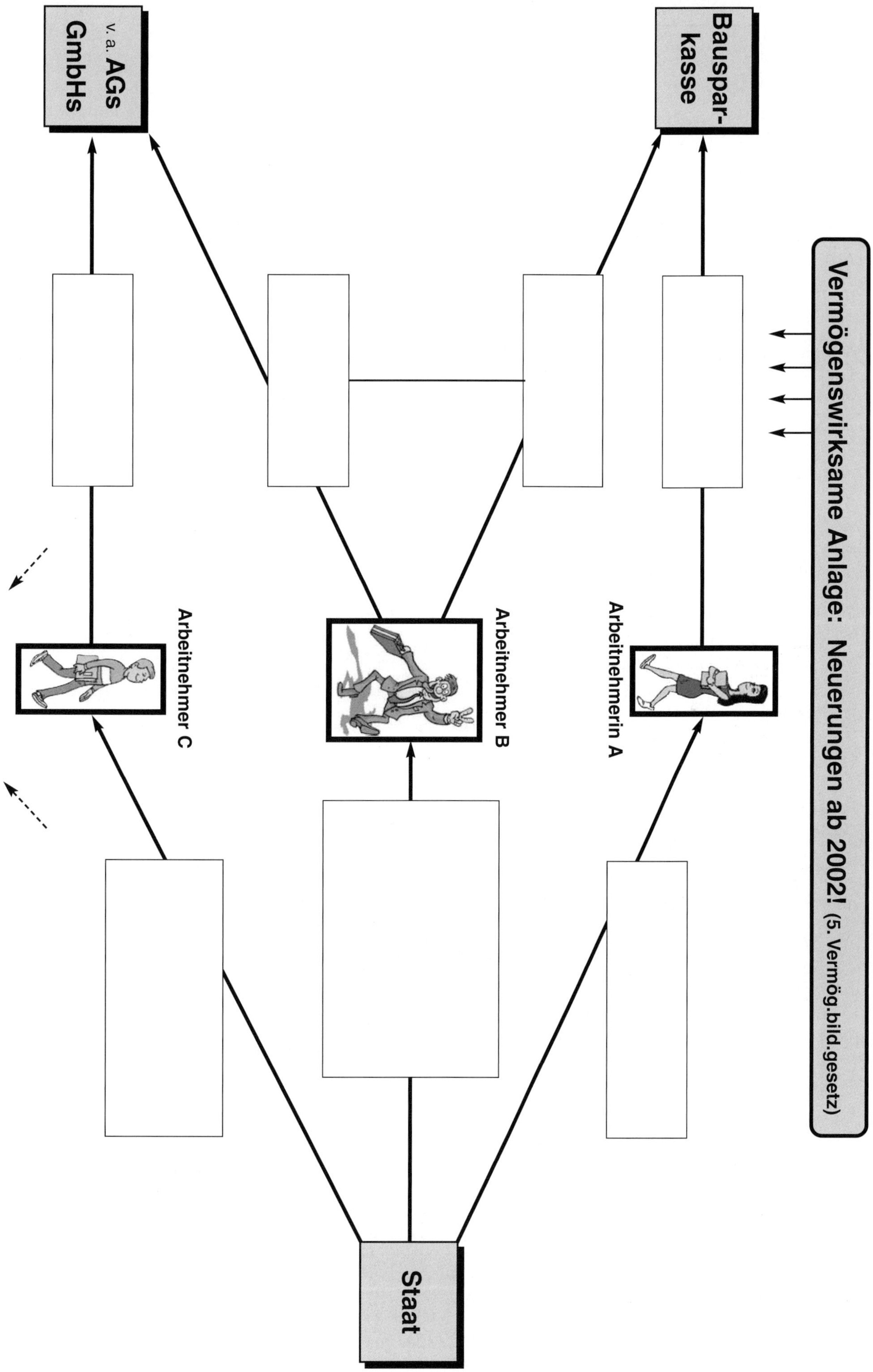

19 TELEARBEIT

Aktuelles Unterrichtsthema: Die Telearbeit

- **Kurzdefinition:** Arbeitsplatz am Bildschirm im Haus des Arbeitnehmers
- Unterschied zur **„Heimarbeit"**: Telearbeit insbes. geeignet für qualifizierte, evtl. kundennahe Arbeiten.
- **Varianten,** z. B.: vollständige Telearbeit / alternierende Telearbeit mit regelmäßiger Anwesenheit im Betrieb
- Die Telearbeit steckt noch in den **Kinderschuhen.** Experten prognostizieren ihr ein großes **Wachstum.**
- Laut Expertenmeinung sind 5 bis 10 % der 35 Millionen Arbeitsplätze geeignet.
- Momentan gibt es in Deutschland ca. **150 000 Telearbeitsplätze.**
- Besonders **geeignet** für Telearbeit:
  - Daten- und Texterfassung
  - Programmieren
  - Schreiben, Redigieren
  - Übersetzen
  - Rechnungswesen
  - Bestellungen

Argumente für Telearbeit

Aus Arbeitnehmersicht:

- erhöhte Flexibilität
- Motivation der Mitarbeiter
- bessere Vereinbarkeit Beruf / Privat
- mehr Freiheit bei Wohnortwahl
- Wegfall der Pendelzeiten
- Eingehen auf individuelle Mitarbeiterwünsche
- Arbeit nach individuellem Zeitrhythmus
- neue Behindertenarbeitsplätze

Aus Arbeitgebersicht:

- weniger Raum- und Mietkosten
- geringere Reisekosten
- qualifizierte Arbeitskräfte gewinnen und halten (Anreiz der Telearbeit)
- Nutzung räumlich entfernten Wissens
- größere Kundennähe, besserer Service

Aus gesamtwirtschaftlicher Sicht:

- Entlastung der Umwelt: weniger Pendler, Energieeinsparungen
- Entzerrung der Ballungszentren
- Aufwertung des ländlichen Raums
- Schaffung neuer Arbeitsplätze, v. a. in strukturschwachen Räumen
- Flexibilisierung des Arbeitsmarktes

Argumente gegen Telearbeit

Aus Arbeitnehmersicht:

- soziale Isolation
- fehlende Trennung Beruf / Privat

Aus Arbeitgebersicht:

- hohe Telekommunikationskosten
- hohe Hardware-Kosten
- fehlende Mitarbeiterkontrolle
- organisatorischer Aufwand
- evtl. unvereinbar mit Tätigkeitsfeld des Unternehmens
- evtl. rechtliche Probleme (Arbeitsrecht)
- evtl. unwirtschaftlich
- mangelnder Datenschutz bzw. Datensicherung
- evtl. Reibungen mit traditionell unflexiblem Management
- höherer Koordinierungsbedarf
- evtl. Abwandern von Arbeitsplätzen ins Ausland
- Landschaftszersiedelung

HOT 3/02

Zahl der deutschen Telearbeiter nimmt zu

1994:	1,4 %
1999:	6,0 %
2005 (Prognose):	12,6 %

Inzwischen arbeiten rund zwei Millionen Beschäftigte außerhalb ihrer Unternehmen, davon sind 80 % männlich. Durch die Verbreitung des Internet lässt sich die Arbeit außerhalb der Firma perfekt organisieren.

Aktuelle Stichworte zur Telearbeit

Innovative Form der Arbeitsorganisation

höhere Produktivität und Motivation

- Das Institut der Deutschen Wirtschaft (IW), Köln, brachte eine **neue Broschüre zur Telearbeit** heraus:

  „Telearbeit in Deutschland und Europa - neue Chancen, neue Arbeitsstrukturen" mit Checklisten für Beschäftigte und Manager, Internetadressen und Projektübersicht.

- Laut IW, Köln, ist Telearbeit in Deutschland zwar im Kommen, im europäischen Vergleich landet **Deutschland aber nur im Mittelfeld.**

- Anstieg der Telearbeitsplätze in **Deutschland** in den letzten fünf Jahren um ca. 34 % auf **2,1 Millionen = 6 % aller Erwerbstätigen**

- Zum Vergleich:

  In **Finnland, Schweden** und den **Niederlanden** sind es zwischen **15 und 17 %!**
  In den **südlichen Länder Europas** liegt die Telearbeitsquote demgegenüber lediglich bei **1 bis 3 %**!

- Als **Gründe für die relative Zurückhaltung in Deutschland** werden genannt:

  - Managerzweifel an der Sicherheit der Datenübertragung
  - Befürchtungen, dass die Telearbeiter zu Hause schlechter und langsamer arbeiten
  - mangelhafte Kenntnisse der Unternehmensführung über Telearbeit
  - organisatorische Probleme

- Das IW sieht die Telearbeit als wichtigen Schritt in postindustrielle international verflochtene Erwerbsstrukturen, in denen **Normalarbeitsverhältnisse eher die Ausnahme** sind.

- Aus diversen Studien (Bundeswirtschaftsministerium, Deutsche Telekom AG) ging hervor, dass mehr als 80 % aller befragten Unternehmen durch Einführung der Telearbeit eine

  - **größere Produktivität** (+ 15 %) und eine
  - **höhere Motivation** bei den Mitarbeitern verzeichneten.

- Unternehmen, die mit Telearbeit Erfahrung gesammelt haben, sind der Meinung, dass

  jeder zweite Arbeitsplatz

  räumlich getrennt vom Unternehmen abgewickelt werden kann.

- **BMW** kann auf einige Jahre Erfahrung mit Telearbeit zurückblicken: Seit 1995 startete BMW in Zusammenarbeit mit der Bayerischen Staatsregierung das Projekt **TWIST** (Teleworking in flexiblen Strukturen).

  Beteiligt sind gegenwärtig ca. 500 Mitarbeiter. Hervorzuheben bei diesem Projekt ist die

  Vielzahl der beteiligten Unternehmensbereiche.

  Eine BMW-Sprecherin:

  „Das Band kann zwar noch nicht nach Hause verlegt werden, aber ..."

  u. a. können folgende Bereiche in Telearbeit erledigt werden:

- Forschung und Entwicklung	**- Vertrieb**	**- Planung**
- Finanzen	**- Produktion**	**- Dienstleistungen**

Es sind also nicht einfache Sekretariats- und Schreibjobs (laut Einschätzungen in den 80-er Jahren), sondern vor allem **planerische und konzeptionelle Tätigkeiten** geeignet. Ein in der Forschung und Entwicklung arbeitender kreativer Kopf ist mittels Telearbeit in der Lage, **dann zu arbeiten, wenn ihm der Einfall kommt** - tagsüber, abends oder am Wochenende.

- Unterstützend und fördernd wirken:
  - **ISDN**
  - **Internet**
  - **Videokonferenz-Anwendungen**
  - **Groupware- und Workflow-Systeme** (automat. Verteilung elektron. Dokumente oder Dateien über Unternehmensgrenzen hinaus an die einzelnen Tele-Mitarbeiter)
  - **Einscannen der gesamten Eingangspost** und **Abrufmöglichkeit** für alle internen und externen Mitarbeiter
- **Kosten eines Telearbeitsplatzes**: ca. 3.700,00 € Ausstattung + 100,00 € Verbindungsgebühren mtl.
- Wichtig ist ein **neues Rollenverständnis** bei den Führungskräften:

  Management ist dabei nach Ergebnissen, nicht nach Präsenz gefordert.
- Wichtig: **Telearbeit fordert Vertrauen in die Mitarbeiter!**
- Häufig genannte **Probleme:**
  - Vorgesetzte empfinden häufig die schwindende Möglichkeit zur ständigen Einflussnahme auf die nicht anwesenden Mitarbeiter als **Macht- und Kontrollverlust.**
  - Geeignete organisatorische Maßnahmen sind notwendig, damit die Telearbeiter weiterhin **im Team integriert** bleiben.
  - **Verlust des Kontaktes** zu Vorgesetzten und Mitarbeitern
  - Wachsende **Entfremdung** vom Unternehmen
- Häufig genannter **Pluspunkt:**
  - Die gewonnene **Zeitsouveränität** mit allen ihren Vorteilen führt zu steigender **Motivation.**

Telearbeit: Modellprojekt bei Landesversicherungsanstalt Münster

- Aufgrund akuten Platzmangels in den Büros kam die Idee, bei bestimmten Arbeitsplätzen **alternierende Telearbeit** einzuführen. Nach Ablauf einer einjährigen Pilotphase entschieden sich von den ca. 2 400 Mitarbeitern 355 für den (teilweise) außerbetrieblichen Arbeitsplatz **(„Abap").** Durch eine Betriebsvereinbarung werden ihnen die gleichen tariflichen Bedingungen zugesichort wie den „Innendienstlern".
- Freiwillige arbeiten **abwechselnd** einen Tag zu Hause und einen Tag im Büro. Das interne Büro teilen sich jeweils zwei LVM-Telearbeiter (= „Abap-Team"). Alle Altersklassen und Berufsgruppen sind vertreten.
- Voraussetzungen für den Erhalt eines „Abaps": keine familiären Probleme, Platz zu Hause für das Büro
- Weitere Firmen, die bereits alternierende Telearbeit eingeführt haben: z. B. Telekom, Siemens-Nixdorf, IBM
- Laut LVM Vorteile alternierender Telearbeit insbesondere: Kosteneinsparung, Motivationssteigerung, keine Vereinsamung, gesparte Fahrzeiten, z. T. freie Zeiteinteilung
- Neue Unternehmenskultur (Umdenkprozess): „Vertrauen ersetzt Kontrolle". Einige „Alternierende" wurden dennoch in den reinen Innendienst zurückgeholt.

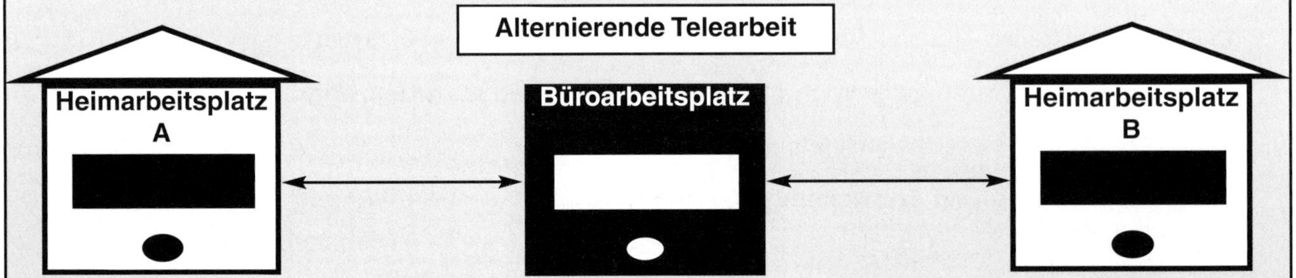

20 SONSTIGES

Gleichbehandlung von Mann und Frau bei Bewerbung

• § 611 b BGB in Verb. mit § 611 a Abs. 1 Satz 2 BGB:

„Der Arbeitgeber darf einen Arbeitsplatz weder öffentlich noch innerhalb des Betriebs nur für Männer oder nur für Frauen ausschreiben, es sei denn", „ein bestimmtes Geschlecht" ist „unverzichtbare Voraussetzung für diese Tätigkeit".

• **Fall 1:** Unternehmen suchte per **Zeitungsanzeige** Sekretärin/Sachbearbeiterin. Einem männlichen Bewerber wurde mitgeteilt, dass dessen Qualifikationen zwar den Anforderungen entsprochen hätten, man jedoch eine weibliche Sekretärin suche. Die Stelle sei zudem inzwischen bereits an eine Bewerberin vergeben worden. Folge: Der Bewerber klagte und verlangte einen Entschädigungsanspruch von 4.500,00 € (drei Monatsverdienste).
Urteil: Der Mann erhielt einen Entschädigungsanspruch von 250,00 €.

• **Fall 2:** Eine Immobilienfirma schaltete folgendes Zeitungsinserat: → ***Versierte Assistentin der Vertriebsleitung gesucht***

Ein Mann bewarb sich. Sein Bewerbungsschreiben wurde nicht beantwortet, seine Unterlagen nicht zurückgesandt. Er **klagte** auf **Schadenersatz.** Er sei der bestqualifizierte Bewerber gewesen.

Urteil des Europäischen Gerichtshofes (EuGH) in Luxemburg:
Der Mann gewann das Verfahren wegen Benachteiligung aufgrund seines Geschlechts. Ihm wurde eine Entschädigung von mehr als drei Monatsgehältern zugebilligt.

Heimliche Videoüberwachung

Die **heimliche** Videoüberwachung im Lager zwecks Überführung von diebischen Mitarbeitern ist nicht erlaubt. Begründung: **Verletzung des Persönlichkeitsrechts**, sofern die Mitarbeiter über die Überwachung nicht informiert werden.

LAG Köln, 12 Sa 639/96

Keine Schikane durch Arbeitgeber!

Der Fall: Ein Monteur arbeitete im Raum Köln u. wurde stets mit Werksbus an Einsatzorte gebracht. Nach einem Streit zwischen ihm u. seinem Arbeitgeber verlangte dieser, dass der Monteur mit seinem Privatwagen oder öffentl. Verkehrsmitteln zu einer Baustelle in Aachen fahre. Der Monteur weigerte sich und erschien mehrere Monate wie bisher im Stammbetrieb, wofür er bei seinem Ausscheiden seinen Lohn (8.500,00 €) verlangte.

Urteil: Anweisungen des Arbeitgebers dürfen Arbeitnehmer nicht schikanieren (schaden). Anderenfalls kann er sich - wie hier - weigern, die Anweisungen zu befolgen.

BAG (2 AZR 665/94)

Neue Verordnung über Kinderarbeitsschutz (gültig seit 1. Juli 1998)

• Die Verordnung konkretisiert die **Beschäftigung von Kindern über 13 Jahre und vollzeitschulpflichtigen Jugendlichen:**

Eine Beschäftigung mit den üblichen u. gesellschaftlich anerkannten Tätigkeiten wird **zugelassen,** z. B.:

(+)

- Austragen von Zeitungen + Zeitschriften
- Hilfeleistungen in privaten Haushalten
- Baby-Sitting
- Erteilung von Nachhilfeunterricht
- Einkaufstätigkeiten
- Handreichungen beim Sport
- Hilfeleistungen in der Landwirtschaft.

Nach wie vor nicht erlaubt sind (weil grundsätzlich nicht zumutbar):

(−)

- Beschäftigung in gewerbl. Wirtschaft
- Beschäftigung im Handel
- Beschäftigung in der Produktion
- Akkordarbeiten oder andere tempoabhängige Arbeiten

Arbeitsschutz: Neue Bildschirmarbeitsplatz-Verordnung (Termine!)

20. Dez. 96 Bildschirmarbeitsplatz-Verordnung in Kraft getreten.

21. Aug. 97 Bis zu diesem Termin mussten alle Bildschirmarbeitsplätze auf mögliche Gesundheitsgefährdungen analysiert werden. Das Ergebnis dieser Gefährdung war in Betrieben mit mehr als 10 Arbeitnehmern zu dokumentieren. Die Analyse konnten die Betriebe selbst vornehmen. In mittelständischen Betrieben genügte es, wenn sich Betriebsinhaber und Belegschaft zusammensetzten und über Schwachstellen der Arbeitsplätze redeten.

31. Dez. 99 Alle Bildschirmarbeitsplätze müssen den Vorgaben der Verordnung entsprechen.

- Änderungen im Betriebsablauf
- Einführung neuer Software
- Kauf neuer Geräte
- Umzüge

→ Die Auflagen sind sofort zu erfüllen!

- Folge: Arbeitnehmer haben gesetzlichen und damit einklagbaren Anspruch auf einen

ergonomisch gestalteten Arbeitsplatz (= neue Dimension im Arbeitsschutz).

- Mit der Bildschirmarbeitsplatz-Verordnung wurden Vorgaben des Europäischen Gesetzgebers in deutsches Recht umgesetzt.

Ziel Prävention von Gesundheitsschäden bedingt durch die Arbeit am Bildschirm

Mindeststandards

- **Bildschirme:** **flimmerfrei, entspiegelt, strahlungsarm**; so aufstellen, dass Reflexe und Spiegelungen vermieden werden
- **Monitore:** schwenkbar, neigbar
- **Arbeitsfläche:** ausreichend groß
- **PC-Tastatur:** beweglich; Möglichkeit zur Hand- oder Armauflage
- **Arbeitsstuhl:** Lendenbereich ausreichend abstützend, kippsicher, individuell verstellbar
- **Beleuchtung:** zu jeder Jahreszeit mind. 500 Lux
- **Raumtemperatur, Luftfeuchtigkeit, Geräuschpegel:** genaue Werte fixiert

- Erstmalig muss die **Software** (Entwicklung, Auswahl und Änderung) dem Aspekt der Benutzerfreundlichkeit untergeordnet sein, zudem müssen **psychologische Belastungen** einbezogen werden.
- Nebenbei: In Deutschland arbeitet bereits jetzt schon mehr als **jeder dritte Arbeitnehmer am PC.**
- Die Bildschirmverordnung ist für Deutschland nicht völliges Neuland. Viele Anforderungen (insbesondere die Hardware-Ergonomie) sind bereits seit langem anerkannte Regeln der Technik und Arbeitsmedizin. Die Regelungen finden sich in zahlreichen staatlichen und berufsgenossenschaftlichen Vorschriften. Neu ist jedoch insbesondere der weite Anwendungsbereich der Verordnung (verbindliche Rechtsvorschrift für die private Wirtschaft und den öffentlichen Dienst).
- Einklagbare Ansprüche der Arbeitnehmer u. a. auch (bereits seit Anfang der 80-er Jahre):
  - Recht, über den Umgang mit dem PC vor Aufnahme der PC-Tätigkeit unterwiesen zu werden
  - Arbeitgeber muss vor Aufnahme der PC-Tätigkeit Augenuntersuchung anbieten.
  - Wiederholte regelmäßige Augenuntersuchungen (insbes. auch bei auftauchenden Sehproblemen)

Das neue Arbeitsschutzgesetz

Pflichten Arbeitgeber

- **Gefährdungsbeurteilung:** Ermittlung und Bewertung von Ursachen und Bedingungen, die zu Unfällen bei der Arbeit und arbeitsbedingten Gesundheitsgefahren führen können (Gefährdungen erkennen - Gefährdungen bewerten). Gefährdungsbeurteilung = Grundlage für wirksame Arbeitsschutzmaßnahmen.
- **Arbeitsschutzmaßnahmen treffen (Gefährdungen beseitigen)**
- **Wirksamkeit der Maßnahmen kontrollieren**
- **Information und Anhörung der Beschäftigten über Gefährdungen, mögliche Schädigungen sowie Schutzmaßnahmen**

Pflichten Arbeitnehmer

- Für die eigene Sicherheit und Gesundheit sowie für die von ihren Handlungsweisen betroffenen Personen Sorge tragen
- Meldung unmittelbarer Gefahren sowie festgestellter Mängel an Schutzsystemen

Rechte Arbeitnehmer

- Mitwirkungsrecht beim betrieblichen Arbeitsschutz

21. Aug. 1997

Seit diesem Termin müssen Betriebe mit mehr als 10 Beschäftigten über Unterlagen verfügen, aus denen das Ergebnis der Gefährdungsbeurteilung, die festgelegten Maßnahmen sowie das Ergebnis ihrer Überprüfung ersichtlich sind. Verwendbar hierfür: Protokolle von Betriebsbegehungen durch Fachkräfte für Arbeitssicherheit u. Betriebsärzte, Eintragungen in Prüflisten, Betriebsanweisungen...

HOT 1/01

Mitarbeiterbeteiligung: Vom Stakeholder zum Shareholder

- Beteiligungen der Mitarbeiter am Aktienkapital ihres Unternehmens werden immer beliebter und sind weltweit momentan große Mode. Grund: Motivationssteigerung und somit geringere Fluktuation
- Die gute Seite der Aktienoptionen für Angestellte: Steigt der Aktienkurs, können Pförtner oder Sekretärinnen im Extremfall zu Millionären werden.
- Die schlechte Seite der Aktienoptionen: Fällt der Aktienkurs, bleiben die Mitarbeiter auf ihren Gehältern ohne „Zusatzgehalt" sitzen.
- 25 der 30 im DAX notierten Aktiengesellschaften vergüten die Arbeit nicht mehr nur über ein festes Monatsgehalt, sondern zusätzlich durch eine variable erfolgsabhängige Prämie: Den Angestellten wird das Recht gewährt, dem Unternehmen zu einem vorab festgelegten Preis Aktien abzukaufen.
- Verlassen die Mitarbeiter ihr Unternehmen vorzeitig (i. d. R. vor Ablauf von zwei Jahren), verfällt die Option - von einem eventuellen grandiosen Kursfeuerwerk würden sie in diesem Fall nicht profitieren.
- Zu den heute häufig verwendeten Begriffen:

Shareholder → = Aktionär (Anteilseigner) - „Shareholder value": Ein Unternehmen soll alles tun, was dem Wohle des Aktionärs dient.

Stakeholder → = Mitarbeiter

Neue Bürophilosophie: Büronomaden – Desk-Sharing („Reise nach Jerusalem“)

Im Rahmen eines Langzeitprojekts („Office 21“) wurde unter Federführung des Fraunhofer Instituts für Arbeitswissenschaft und Organisation (IAO) in Stuttgart ein niederländisches Modell an deutsche Verhältnisse angepasst und bei der Datenverarbeitungsgesellschaft (Dvg) in Hannover (Europas größtes Rechenzentrum der Sparkassen mit 1 850 Mitarbeitern) in die Tat umgesetzt.

Die neue **Bürophilosophie** heißt **„Desk-Sharing“:** Jeder Mitarbeiter belegt möglicherweise täglich einen anderen Schreibtischarbeitsplatz.

- Für die **1 850 Beschäftigten** stehen nur **1 400 Arbeitsplätze** zur Verfügung. Begründung: Ein Viertel der Belegschaft ist ohnehin im Urlaub, auf Dienstreise oder krank. Das Geld für diese Arbeitsplätze kann also gespart werden.
- Weiter in Planung: zusätzliche Einführung eines **Telearbeitkonzeptes** (Arbeit von zu Hause aus)

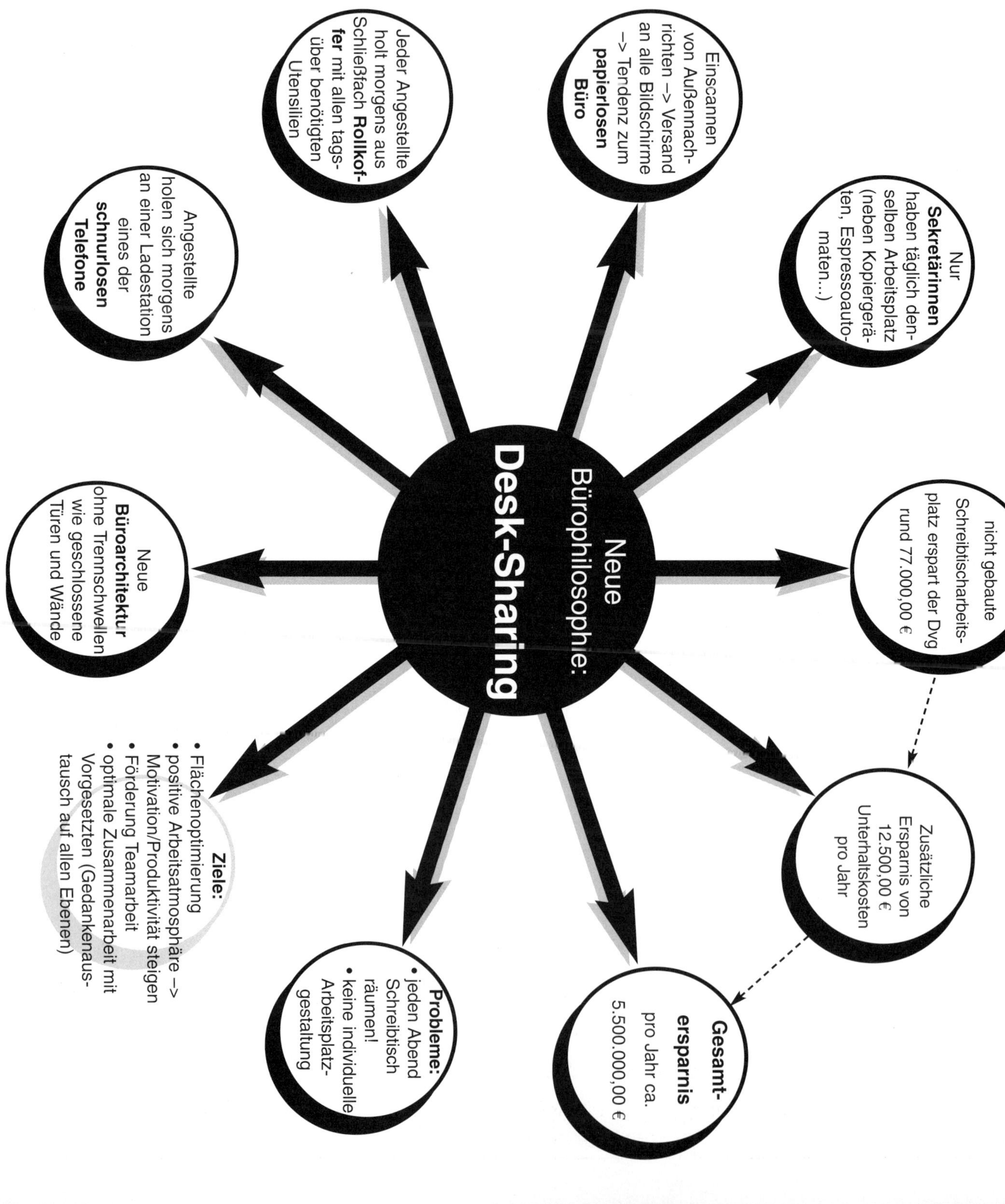

Personalzusatzkosten 1999 auf ca. 20.500,00 € je Beschäftigten gestiegen

Quelle: Institut der Deutschen Wirtschaft, Köln

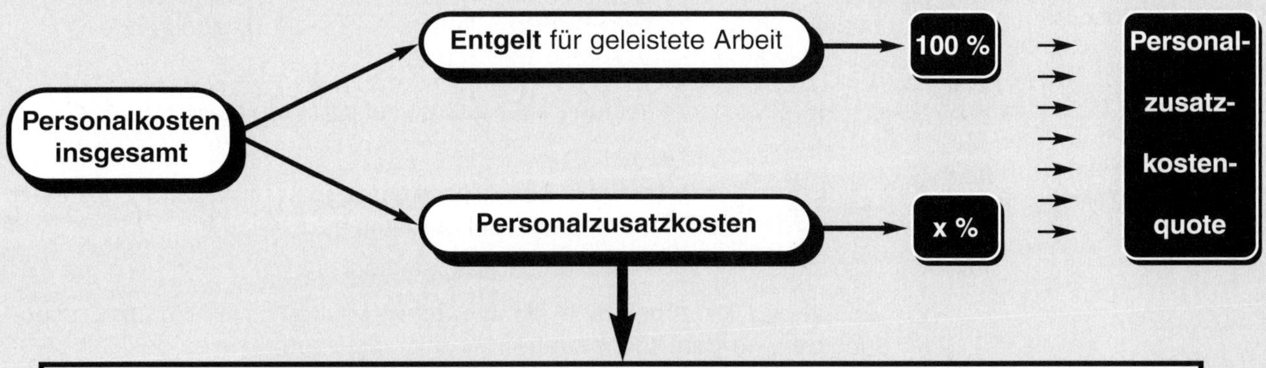

Struktur der Personalzusatzkosten (Quelle: IW)

- **Entgelt für arbeitsfreie Tage**
  - Feiertage
  - Urlaub
  - Krankheit
- **Sonderzahlungen**
  - 13. Monatsgehalt, Erfolgsbeteiligungen
  - Urlaubsgeld
  - vermögenswirksame Leistungen
- **Aufwendungen für Vorsorgeeinrichtungen**
  - Arbeitgeberbeiträge zur Sozialversicherung
  - Betriebliche Altersversorgung
  - Sonstige Personalzusatzkosten

• Personalzusatzkosten im **produzierenden Gewerbe** 1999 je Arbeitnehmer:

alte Bundesländer: 20.470,00 € = 81,6 % Personalzusatzkostenquote
neue Bundesländer: 12.045,00 € = 68,1 % Personalzusatzkostenquote

• Personalzusatzkostenquoten **Dienstleistungssektor** (alte Bundesländer):

Bankgewerbe	–> 102,7 %
Versicherungsgewerbe	–> 102,2 %
Einzelhandel	–> 69,8 %
Großhandel	–> 69,3 %
Dienstleistungen ges.	–> 81,0 %

HOT 3/02

Bundesanstalt für Arbeit: Neuer Chef

• **Florian Gerster** ist neuer Chef der Bundesanstalt für Arbeit (Vorgänger: Bernhard Jagoda)

• Einige Daten zu Florian Gerster: gelernter Diplom-Psychologe, zuvor rheinland-pfälzischer Arbeits- und Sozialminister (SPD)

Detektive in Betrieben auf der Jagd nach wirtschaftskriminellen Arbeitnehmern

- Unternehmen sind heute die wichtigsten Kunden der bundesweit knapp 1 300 Detektive; rund 80 % der Aufträge kommen aus der Wirtschaft.
- Einsatzgebiete v. a.:
  - Spionage
  - Sabotage
  - Patentverletzungen
  - Computerkriminalität
  - Umweltkriminalität
  - Versicherungsbetrug
  - **„Blaumacher“** (s. u.)
  - Produktpiraterie
- Einsatz der Detektive v. a., wenn Betrugsverdacht besteht, aber ausreichende Beweise für eine Klage oder Entlassung fehlen.
- Vorgehensweisen:
  - Einschleusung der Detektive in betriebliche Positionen („inkognito“), die es ermöglichen, dem vermutlichen Täter auf die Finger zu schauen.
  - Oft tagelanges „Ausspähen“ von „Scheinkranken“.
  - Zur Enttarnung von Arbeitnehmern, die Schwarzarbeit zu Hause am Computer erledigen, werden Nachbarn befragt oder die Stammkneipe des Betroffenen besucht = gute Informationsquellen bei geschickter Vorgehensweise.
  - Die „Schnüffler“ bewegen sich häufig am Rande der Verletzung von Persönlichkeitsrechten. Sie dürfen nur aktiv werden, wenn ein konkreter Anfangsverdacht und ein den Schutz der Persönlichkeitsrechte überwiegendes Interesse des Auftraggebers vorliegt.
- Stundenlohn: Zwischen 54,00 und 110,00 €
- Haupteinsatzgebiet: **Enttarnung „scheinkranker“ Arbeitnehmer:**

  In jedem dritten Fall, die Detektive aus der Wirtschaft übernehmen, geht es um Lohnfortzahlungsbetrug.

- Drohende Konsequenzen für enttarnte „Sünder“: • Fristlose Kündigung • Zahlung der Detektivkosten

HOT 3/02

Job-AQTIV-Gesetz zum 01.01.2002 in Kraft getreten

- Job-AQTIV-Gesetz = Gesetz zur Reform der arbeitsmarktpolitischen Instrumente, das die Arbeitsmarktpolitik modernisieren und die arbeitsmarktpolitischen Instrumente neu ausrichten soll.
- **„AQTIV“** = „Aktivieren, Qualifizieren, Trainieren, Investieren und Vermitteln“

Wesentliche Inhalte des Gesetzes

- Verbesserungen in der **Arbeitsvermittlung** und -beratung
- Geldleistungen an den Arbeitgeber, z. B.:
  - **Eingliederungszuschuss**: Die bisher einschränkende Voraussetzung einer zuvor mindestens sechsmonatigen Arbeitslosigkeit entfällt. Der Zuschuss in Höhe von bis zu 70 % des maßgeblichen Arbeitsentgelts für die Dauer von bis zu 60 Monaten kann somit auch sofort nach Eintritt der Arbeitslosigkeit bewilligt werden. Die Altersgrenze für den Eingliederungszuschuss bei Einstellung eines älteren Arbeitnehmers wird auf das 50. Lebensjahr gesenkt und gilt für Einstellungen bis 31.12.2006.
  - Förderung der **Weiterbildung**: *Beschäftigte Arbeitnehmer* sollen in die berufliche Weiterbildung einbezogen werden; den Arbeitgebern soll ein Anreiz gegeben werden, ihren Beschäftigten eine berufliche Qualifizierung zu ermöglichen.
    Die Arbeitgeber, die einem Beschäftigten ihres Unternehmens die Teilnahme an einer beruflichen Weiterbildung ermöglichen und dafür vertretungsweise einen Arbeitslosen einstellen („Job-Rotation“) können einen Zuschuss zum Arbeitsentgelt dieses Vertreters von 50 bis 100 Prozent erhalten, wenn sie zur Vertretung für den an der Weiterbildung teilnehmenden Arbeitnehmer einen Arbeitslosen einstellen („Job-Rotation“).
  - Arbeitnehmer von **Zeitarbeitsfirmen**: Arbeitgeber können Arbeitnehmer von Zeitarbeitsfirmen bis zu zwei Jahre beschäftigen (bisher maximal ein Jahr).

HOT 2/01

Neues Gesetz für befristete Arbeitsverträge

Ca. acht Prozent aller Arbeitnehmer hatten in Deutschland befristete Arbeitsverträge. Die Gründe, wann Arbeitgeber derartige Beschäftigungsverhältnisse auf Zeit eingehen dürfen, sind seit 1. Januar 2001 erstmalig in einem Gesetz geregelt.

Gesetz über Teilzeitarbeit und befristete Arbeitsverträge (ZvBfG)

Definition „befristeter Arbeitsvertrag“:
Die Dauer des Arbeitsvertrags ist **kalendermäßig** bestimmt oder ergibt sich aus Art, Zweck oder Beschaffenheit der Arbeitsleistung. Erforderlich: **Schriftform**. Gesamtdauer maximal **zwei Jahre** (innerhalb dieser Frist maximal drei Mal verlängerbar). Ein **zweckbefristeter** Arbeitsvertrag (z. B. Abschluss einer Forschungsprojektes) endet mit Erreichen des Zwecks.

§ 4 ZvBfG: Ein befristet beschäftigter Arbeitnehmer darf nicht wegen der Befristung schlechter gestellt werden als ein vergleichbarer unbefristet beschäftigter Arbeitnehmer, es sei denn, sachliche Gründe rechtfertigen eine unterschiedliche Behandlung.

Grundsätzlich notwendig für die Zulässigkeit der Befristung: sachlich rechtfertigender Grund muss vorhanden sein sowie Schriftform (wenn nicht: Vertrag gilt als unbefristet –> normale Kündigungsfrist gilt)

§ 14 ZvBfG: Typische Gründe für eine sachliche Befristung

Betrieblicher Bedarf ziemlich sicher nur vorübergehend

Beispiele:

- Erntesaison
- Kauf neuer techn. Anlage ernsthaft geplant

Vertretung eines anderen Arbeitnehmers mit Sachgrund

Sachgründe:

- Krankheit
- Beurlaubung
- Einberufung zum Wehrdienst

Befristung im Anschluss an Ausbildung oder Studium

Zweck:

Erleichterung des Übergangs in Anschlussbeschäftigung

Eigenart der Arbeitsleistung

Beispiele:

Arbeitsverträge mit Schauspielern, Solosängern, Tänzern usw. an Bühnen

Befristung aufgrund eines gerichtlichen Vergleichs

Beispiel:

Beendigung eines Rechtsstreits über eine vorausgegangene Kündigung

Zeitlich begrenzte Mittel

Beispiel:

bestimmtes Forschungsprojekt

In der Person des Arbeitnehmers liegende Gründe

Beispiele:

- vorübergehende Beschäftigung aus sozialen Gründen
- befristete Aufenthaltserlaubnis

Beschäftigung zur Probe

Zweck:

Eignungsprüfung

Kreuzworträtsel (Thema: Arbeitsrecht) - Autor: Dr. Klaus Lange

Das Lösungswort (von oben nach unten gelesen) steht über dem Arbeitsvertrag.

1. Partner beim Arbeitsvertrag
2. Regelt Arbeitsrechtsstreitigkeiten
3. Pflicht zur Loyalität
4. Pflicht, sorgsam zu arbeiten
5. Hauptpflicht des Arbeitnehmers
6. Arbeitsvertraglich festgelegter Zeitabschnitt
7. Dient der Anbahnung eines Arbeitsverhältnisses
8. Zeitarbeitsverhältnis
9. Übereinkunft, die u. a. Lohngruppen regelt
10. Auf sechs Monate begrenzter anfänglicher Zeitabschnitt
11. Obhutspflicht des Arbeitgebers
12. Abzuführender Pflichtteil des Bruttogehaltes
13. Grund für fristlose Entlassung
14. Einseitige arbeitsrechtliche Willenserklärung
15. Förmlicher Verweis im Arbeitsrecht
16. Unter Kündigungsschutz stehende Personengruppe
17. Punkt, der ein unbefristetes Arbeitsverhältnis ohne Kündigung beendet
18. Beurteilung
19. Ein ungültiger Arbeitsvertrag ist ...
20. Entlohnung (Alternativbegriff)

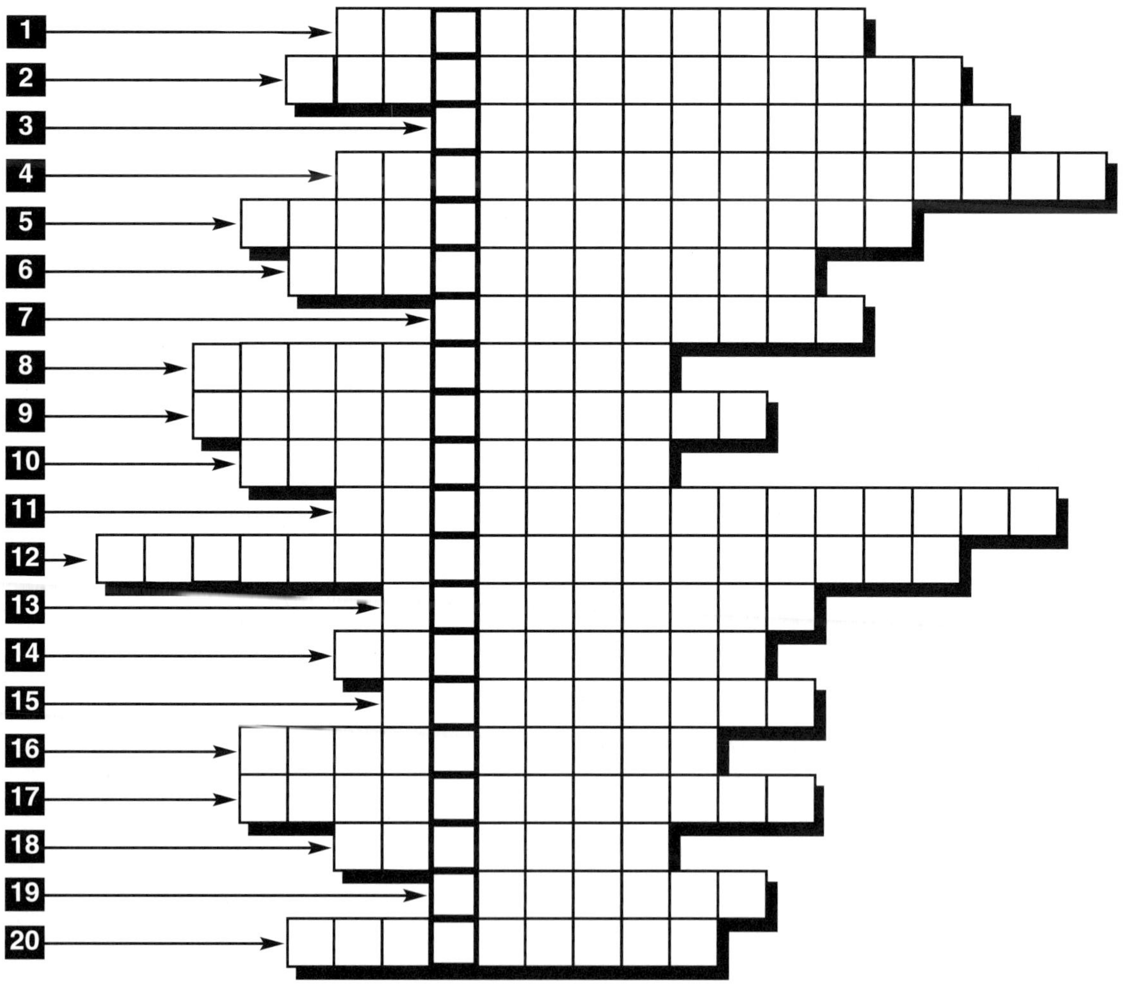

Lösungen: **(Lösungswort: BETRIEBSVEREINBARUNG)**

1. Arbeitgeber
2. Arbeitsgericht
3. Treuepflicht
4. Sorgfaltspflicht
5. Arbeitspflicht
6. Arbeitszeit
7. Bewerbung
8. Befristung
9. Tarifvertrag
10. Probezeit
11. Fürsorgepflicht
12. Sozialversicherung
13. Diebstahl
14. Kündigung
15. Abmahnung
16. Schwangere
17. Altersgrenze
18. Zeugnis
19. Nichtig
20. Vergütung

21 WER WIRD ARBEITSMILLIONÄR?

Ein tolles **Spiel** für den Unterricht von **Uta Winter** zum Thema:

Arbeitswelt

Hinweise zum Spielverlauf

Es ist so weit! Die Show beginnt. Sie sind ein potentieller Arbeits-Millionär!
Ihr Lehrer / Ihre Lehrerin stellt eine **Einstiegsfrage** als Zuordnungsfrage, wie z. B.:

Bringen Sie die Bilanzpositionen in die richtige Reihenfolge:

A Bank
B Maschinen
C Waren
D Gebäude

Sie schreiben die richtige Buchstabenfolge auf ein Blatt und stehen auf! Wenn Sie der erste / die erste mit der richtigen Antwort sind, können Sie gewinnen, d. h. Sie dürfen vorne Platz nehmen und sich bei den vom Lehrer / von der Lehrerin gestellten Punktfragen (auf Folie) von 100 bis 1 000 000 „hocharbeiten“.

Drei **Joker**, die jeweils einmal eingesetzt werden können, stehen Ihnen zur Verfügung:

- Die **50-50 Chance**, d. h. es werden zwei falsche Antworten vom Lehrer gelöscht.
- Der **„Anruf"**, d. h. Sie können einen Mitschüler Ihres Vertrauens direkt um Rat fragen.
- Die **Publikumsbefragung**, d. h. Sie befragen alle Mitschüler durch Abstimmung mit der Hand nach der richtigen Alternative.

Die Fragen sind nicht nach Schwierigkeitsgraden sortiert - was schwer oder leicht ist, entscheidet Ihr Wissen!

Das Spiel ist zu **Ende** wenn:

1. Sie es selbst beenden.
2. Sie eine falsche Antwort geben.
3. Die Unterrichtszeit abgelaufen ist - vielleicht spielen Sie dann am nächsten Tag weiter!

Weitere Hinweise für den Lehrer / die Lehrerin:

Bei der Einstiegsfrage stehen möglicherweise sehr schnell hintereinander mehrere Schüler/innen auf. Der Lehrer / die Lehrerin muss schnell reagieren. Alternativen:

Alt. 1: Sofort nach Aufstehen des Schülers Lösungsblatt nehmen und auf Richtigkeit prüfen ... die erste richtige Antwort beendet die Einstiegsphase - der Schüler / die Schülerin kommt nach vorne und „steigt ein“.

Alt. 2: Aufgrund der Hektik nummeriert der Lehrer / die Lehrerin die ersten sechs bis zehn Schüler laut durch und sieht sich danach die Lösungen an - die erste richtige Lösung ist wiederum entscheidend.

Folie

Wer wird Arbeitsmillionär?

Wenn der Schüler / die Schülerin einen Joker benutzt hat, wird das Icon mit dem Folienstift rot durchgestrichen.

Punktetafel und Joker

1.000.000

500.000

250.000

125.000

64.000

32.000

16.000

8.000

4.000

2.000

1.000

500

300

200

100

50 : 50

Folie

Einstiegsfragen

1

Bringen Sie die folgenden Zweige der Sozialversicherung in die richtige Reihenfolge.
Beginnen Sie mit dem frühesten Gründungsjahr:

A Pflegeversicherung	**C** Unfallversicherung
B Krankenversicherung	**D** Rentenversicherung

2

Bringen Sie folgende Vollmachtsarten in eine Rangfolge.
Beginnen Sie mit der Vollmacht, die am umfassendsten ist:

A Artvollmacht	**C** Filialprokura
B Einzelprokura	**D** Allg. Handlungsvollmacht

3

Bringen Sie die folgenden Zweige der Sozialversicherung in die richtige Reihenfolge. Beginnen Sie mit dem höchsten Beitragssatz für den Arbeitnehmer:

A Unfallversicherung	**C** Pflegeversicherung
B Krankenversicherung	**D** Rentenversicherung

4

Bringen Sie die folgenden Schritte des Arbeitskampfes nach dem Auslaufen eines bestehenden Tarifvertrags in eine chronologische Reihenfolge:

A Scheitern	**C** Tarifverhandlungen
B Aussperrung	**D** Streik

Folie (Einstiegsfragen)

❺

Ordnen Sie folgende Gewerkschaften (G) nach der Anzahl ihrer Mitglieder. Beginnen Sie mit der größten:

A	Gewerkschaft der Polizei	**C**	G. Garten, Land- u. Forstw.
B	IG Metall	**D**	G. Handel, Banken, Vers.

❻

Bringen Sie folgende Aussagen eines qualifizierten Zeugnisses in eine Rangfolge von gut nach schlecht:

„Er / Sie hat seine / ihre Aufgaben .... erledigt“

A	stets zur vollsten	**C**	zur vollen Zufriedenheit
B	zur Zufriedenheit	**D**	ständig zur vollen Zufried.

❼

Ordnen Sie folgende Gesichtspunkte in einer Bewerbung nach ihrer Wichtigkeit für den idealen Personalleiter:

A	Zeugnisnoten	**C**	Nationalität
B	Vollständigk. d. Unterlagen	**D**	Erscheinungsbild

❽

Bringen Sie die Problemfälle, die Betriebsräte am meisten beschäftigen, in eine Reihenfolge. Beginnen Sie mit dem häufigsten Problem:

A	Personalabbau	**C**	betriebliche Sozialpläne
B	Kündigungsschutz	**D**	neue Arbeitszeitformen

❾

Ordnen Sie folgende Lehrberufe nach ihrem Beliebtheitsgrad bei Frauen. Beginnen Sie mit dem beliebtesten Beruf:

A	Hotelfachfrau	**C**	Arzthelferin
B	Bürokauffrau	**D**	Industriekauffrau

Folie

Punktfragen

1

Zu welchem der folgenden Themen sind Fragen bei einem Vorstellungsgespräch arbeitsrechtlich keinesfalls zulässig:

A Vorstrafen	**C** bisheriges Gehalt
B Schwangerschaft	**D** Schwerbehinderung

2

Welche der folgenden Institutionen ist direkt an der Berufsausbildung beteiligt:

A Arbeitsamt	**C** Ind.- u. Handelskammer
B Gewerkschaft	**D** Oberschulamt

3

Bei welcher der folgenden Personen handelt es sich um an der Berufsausbildung Beteiligte im Sinne des Berufsbildungsgesetzes:

A Auszubildender	**C** Stift
B Lehrling	**D** Schreiber

4

Welcher der folgenden Gründe kann nicht zu einer vorzeitigen Beendigung einer Ausbildung nach der Probezeit durch den Arbeitgeber führen?

A Aufhebungsvertrag	**C** Unzufriedenheit des Azubi
B Universitätsstudium	**D** Diebstahl

5

Welche der folgenden Personen unterschreibt den Ausbildungsvertrag auf keinen Fall?

A Betriebsrat	**C** Eltern
B Ausbilder	**D** Auszubildender

Folie (Punktfragen)

6

Ein Zeugnis, das die Leistung bzw. Fähigkeiten des Arbeitnehmers hervorhebt, nennt man auch ...

A einfach	**C** quantifiziert
B mehrfach	**D** qualifiziert

7

Hinter welcher der folgenden Abkürzungen steckt kein Träger der gesetzlichen Krankenversicherung?

A AOK	**C** DAK
B LVA	**D** KKH

8

Für welches Grundprinzip der Sozialversicherung steht der folgende Ausspruch „Einer für alle - alle für einen"?

A Generationenprinzip	**C** Solidargemeinschaft
B Solidaritätszuschlag	**D** Solidarnose

9

Mit welchem Zusatz unterschreibt der Prokurist?

A per pro	**C** i. A.
B ppa	**D** i. V.

10

Welche Rechtshandlung darf ein Prokurist nicht vornehmen?

A Wechsel unterschreiben	**C** Grundstück kaufen
B Arbeitsvertrag unterschr.	**D** Grundstück verkaufen

11

Welche Vollmacht kann über den Umfang der Prokura hinausgehen?

A Offiziersvollmacht	**C** Generalvollmacht
B Generalhandlungsvollmacht	**D** Gesamtvollmacht

12

In welchem Fall handelt es sich um eine Gewerkschaft?

A veni	**C** vici
B vidi	**D** ver.di

Folie (Punktfragen)

13

Wer ist beim Abschluss eines Tarifvertrags nicht beteiligt?

A Gewerkschaften	**C** Arbeitgeber
B Sozialpartner	**D** Bundeskanzler

14

In welchem Tarifvertrag wird die Arbeitszeit geregelt?

A Manteltarifvertrag	**C** Rahmentarifvertrag
B Haustarifvertrag	**D** Zeittarifvertrag

15

Was muss einem Streik vorausgehen?

A Uhrabstimmung	**C** Unabstimmung
B Urabstimmung	**D** Urnenabstimmung

16

Welches Gesetz regelt die Berufsausbildung?

A Berufsausbildungsgesetz	**C** Berufsgesetz
B Berufsbildungsgesetz	**D** Ausbildungsordnung

17

Was zählt nicht zu den Mindestangaben in einem Ausbildungsvertrag?

A Dauer des Urlaubs	**C** Dauer der Probezeit
B Höhe der Vergütung	**D** bisherige Vorbildung

18

Welche Dauer der Probezeit eines Auszubildenden entspricht nicht den gesetzlichen Vorschriften?

A ein Monat	**C** drei Monate
B zwei Monate	**D** vier Monate

19

Wobei handelt es sich nicht um eine Arbeitszeitform?

A Jobsharing	**C** Jobrotation
B Top Job	**D** Teleworking

20

Wer unterliegt nicht dem besonderen Kündigungsschutz?

A Geschäftsführer	**C** Schwerbehinderte
B Schwangere	**D** langjährige Beschäftigte

Folie (Punktfragen)

21

Folgenden Personen soll zum gleichen Zeitpunkt gekündigt werden. Wer muss als Erstes den Betrieb verlassen?

A Azubi A, im 2. Lehrjahr	**C** Betriebsrat C, 10 J. im Betrieb
B Arbeiter B, 5 Jahre im Betrieb	**D** Angestellte C, 8 J. im Betrieb

22

In welcher Stadt hat das Bundesarbeitsgericht seinen Sitz?

A Karlsruhe	**C** Erfurt
B Berlin	**D** Kassel

23

Eine „gemeinsame Arbeitsniederlegung mehrerer Arbeitnehmer" nennt man auch?

A Motivation	**C** Kollektiv
B Kündigung	**D** Streik

24

Wann spricht man von einem „wilden Streik"? Wenn ...

A ... er mit viel Wein gefeiert wird	**C** ... Lohnforderung > 10 %
B ... er nicht gewerkschaftlich organisiert ist	**D** ... Streikdauer > 30 Tage

25

Das Recht gewählt zu werden nennt man auch ... ?

A aktives Wahlrecht	**C** passives Wahlrecht
B aktives Votum	**D** passives Votum

26

Was gehört nicht zu den Pflichten des Arbeitgebers aus dem Arbeitsvertrag?

A Fürsorgepflicht	**C** Verschwiegenheitspflicht
B Informations- u. Anhörungspflicht	**D** Pflicht zur Zeugnisausstellung

---

Lösungen zu den Einstiegsfragen

1.	2.	3.	4.	5.	6.	7.	8.	9.
B C D A	B C D A	D B C A	C A D B	B D A C	A D C B	B D A C	A D C B	B C D A

Lösungen zu den Punktfragen

1.	2.	3.	4.	5.	6.	7.	8.	9.	10.	11.	12.	13.	14.	15.	16.	17.	18.	19.	20.	21.	22.	23.	24.	25.	26.
B	C	A	C	A	D	B	C	B	D	C	D	D	A	B	B	D	D	B	A	B	C	D	B	C	C